三木　英著

宗教集団の社会学

その類型と変動の理論

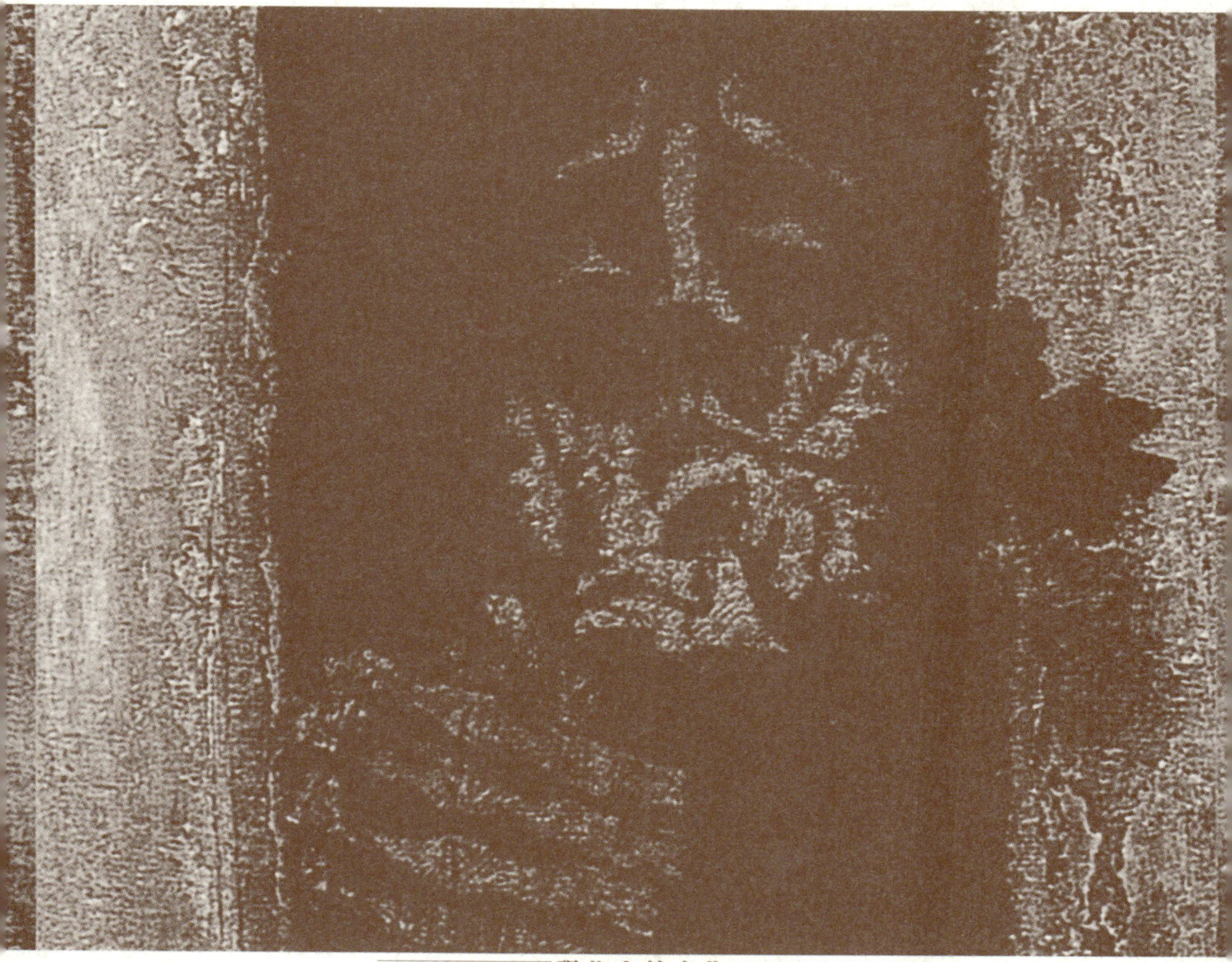

現代宗教文化
研究叢書
003

北海道大学出版会

緒　言

一九六〇年代後半から七〇年代にかけて、宗教は「世俗化」という観点から盛んに論じられた。宗教の現状および未来に関し、ネガティブからポジティブまで、様々な見解がその正しさを主張し合ったのである。現在ある程度の決着を見ている世俗化論のいうところは、かつて「聖なる天蓋」として社会全体を覆った宗教がその影響力を喪失し、そこに包摂されていた政治・経済・教育等の世俗的諸機能を専らに果たす機関の分化を許して、同時に宗教は純粋に宗教的と呼べる本来的機能に特化して世俗的諸機関と並立するようになる、というものであろう。そして人々にとって宗教は運命的に与えられるものでは最早なく、自らの意向に応じて選択する対象と化す。

この理解は多分にキリスト教圏の世俗化過程に偏向している――たとえば日本において、神道や仏教が全体社会を覆うほどに君臨していたとはいえない――といえようが、世界の先進諸国において伝統と力を誇っていた宗教が凋落して昔日の輝きを失っていることは、あながち絵空事ではない。そしていま、私事となった宗教はあたかも市場にディスプレイされた商品のごとく、人々からの支持を獲得しようと躍起になっているとの情勢は、欧米のキリスト教、日本の仏教・神道、そして社会の近代化のなか勃興した新宗教を問わず、該当するところと思われる。

どの宗教を選ぶのか、それは各自が決めればよい。あるいは、自身の人生には不要であるとして宗教を選択しないことも、現代にあっては一つのオプションである。そしてこのオプションを、多くの現代人は選んでいるかのように思われる。となれば、宗教は個人の心の問題に帰着するものであり、社会的な意義など持ちようもない私的な些事となったと考えてよいだろうか。

必ずしもそうはいえないのではないか、というのが本書の立場である。宗教絡みの事件が世間の耳目を驚かせることは、絶えることがない。マス・メディアによるこれについての報道は人々の心胆を寒からしめ、なぜこの時代に宗教がかくも叢生し、それに魅了される者の後を絶たないのかという問題を、人々に考え込ませることとなっていよう。宗教はすぐれて現代的な、解読を求められるイシューなのである。また選挙ともなれば、宗教団体の持つ組織票の行方が趨勢に影響を及ぼすことは周知のことであり、日本社会におけるその影響力は侮れない。そして影響力といえば、教団の経営になる学校・病院は数多く、それらなくして日本の教育・医療が立ちゆかないことも確かなことであろう。一部教団の動向が世間から不審視される一方、その他多くの教団は先の政治・教育・医療のみならず経済・娯楽を含む我々の生活の諸局面と密接に関係しているのである。加えて、いま「公共宗教」への注目が高まってきていることにも言及しておこう。公共領域に活動する宗教についての学界での議論の活発化は、その背景に宗教の「脱」世俗化・「脱」私事化と見なしうる現象を持つであろう。かつてのトレンドへの反動が現代世界に観察できるということである。となれば、宗教は社会にとって小事ではない。

このことだけで宗教を研究する必要性を強調しようというのではない。各種世論調査が示すように、日本において信仰を持つと回答を寄せる者は全人口中の三割程度に過ぎず、彼らのほとんどは何らかの宗教団体への帰属を自覚する者と見てほぼ誤りではあるまい。そうであれば、日本において彼らはマイノリティと認識されざるをえない。しかし残る七割程度が完全に宗教と無縁の生活を送っているとは、いえないのではないか。むしろ我々すべての基層には漠たる宗教性が存していると考える方が、宗教というイシューを考えようとする者の視点としては相応しいのではないか。宗教への無関心を表明していたはずの人がいつの間にか教団に出入りするようになったと知れば我々は驚くが、もともと我々に宗教性が内包されていたと思えば、少しは得心がいく。何らかのきっかけで地下のマグマが噴出したのだ、と。教団メンバーになるほどではないにしても、無宗教を自認する人が霊や不思議等、オカルティックな事柄に関心を寄せていることは珍しいことではない。さらに、困ったときには神頼みをしたり、あるいは親しき人の死に接してその霊の安らかならんことを祈ることは、誰しもが行うところであろう。基層の宗教性が時に顔を出して、(後になって考えてみれば)宗教的と冠せざるをえないような行動、考えを、我々にさせるのである。

我々は特定宗教の信者ではなくとも、あくまでもホモ・レリギオスス Homo Religiosus(宗教的人間)なのであろう。宗教イコール教団とのみ把握していては、この事実を見落とすことになる。教団信者ではない日本人口のほぼ七割は、政治における無党派層にも似て、宗教的無党派層と敢えて喩えてもよい。そして政治における無党派がこの国の命運を左右する潜在勢力であるように、宗教における無党派もまた我々の生活の行く末を決定づけることがあるのではないか。たとえば生命倫理の問題をめぐっては我々の内なる宗教性がものをいうであろうし、あるいは自然に対する「畏怖」の感情が環境問題を考える鍵ともなっているはずである。基層に宗教性が伏在する限り、我々の思想も行動も宗教的なニュアンスを――程度の差こそあれ――帯びることがあろう。いま宗教を論じることに、意義はある。

宗教の社会学的研究は一九世紀前半の社会学誕生とともにあった、といって過言ではない。そもそも「社会学 Sociologie」という名称を案出したとして学史上にその名を残すオーギュスト・コントにとって、社会学とは宗教(カトリシズム)に代るものとして位置づけられるものであった。市民革命後の混迷した社会状況に秩序をもたらすべく、旧き秩序の源泉であったがゆえに旧体制とともに打倒の対象となった宗教を継ぐものをコントは模索し、自らの手でつくり上げたのが社会学だったのである。この後、社会学は二人の巨人の時代を迎える。コント的な「宗教的」社会学ではない、真の実証科学としての社会学を確立したフランスのエミール・デュルケム、ドイツのマックス・ヴェーバーの時代である。そして両者とも、宗教に対して並々ならぬ関心を寄せた。デュルケムは宗教を、人々を社会集団に統合する力を持った聖なるものに関する信念と行事との体系と定義し、宗教をその機能から研究する道を拓く。ヴェーバーは近代資本主義の淵源に宗教(プロテスタンティズム)を求め、宗教的な理念によって形成された世界像が人間行為の軌道を決定する転轍手の役割を果たすと論じて、史的唯物論に席巻されていた当時の学界に一石を投じる。そして彼らの学問は——もちろん、宗教社会学研究にとどまらず——続く世代に継承され、現在へと至るのである。

日本の宗教社会学も、強くデュルケムとヴェーバーの影響下にある。日本宗教社会学の初期段階は彼ら、そして彼らの欧米の後継者たちから激しい知的衝撃を受け、その研究を輸入し紹介することに情熱を傾けてきた段階であったように思われる。デュルケムの『宗教生活の原初形態』、ヴェーバーの『プロテスタンティズムの倫理と資本主義の精神』が訳出され、これら不滅の古典を直接の題材とした研究がいくつも、世に問われたものである。また、彼らの着想を日本社会に適用した分析も、数多く発表されている。この時代の日本宗教社会学は、社会学の他の下位領域と同様、先進国の議論を貪欲に摂取することで欧米主導の知的潮流に合流していったのである。

やがて、実存主義の影響もあろう、宗教は高度に発展を続ける社会に無用の長物として遇されて、宗教研究はマイナーな研究領域の地位を甘受することとなっていった。冒頭に指摘した世俗化論もこの文脈から現れ、いずれ宗教は死滅するものと論じられたことも確かである。しかしこの同じ時期、また一九七〇年代以降も、日本にあっては新しい宗教運動が数多出現し、人々から熱狂的に支持されるという事態も出来する。そして、「なぜいま宗教が」との疑問が新宗教を学問の対象と捉える関心を喚起し、個別教団に関する優れた研究が世に現れることとなった。日本宗教社会学の戦後第二期というところであろう。

いま日本宗教社会学は、既に欧米の社会学先進国からの研究に多くを学んで消化し、そして自前のデータも十分に蓄積した。これから、第三期は、その成果を世界に向けて発信する段階であろう。かつて受容するにとどまった欧米産の理論に日本産のデータから得た知見をぶつけ、理論の精緻化に向けて研究を進める段階に、我々は来ているのである。宗教が現代的イシューであることは、日本だけに該当することではない。いわゆる「カルト」的な宗教運動の展開、ファンダメンタリスト的宗教の動向など、世界の未来に影響を及ぼしうる宗教現象について、我々はよく知っているはずである。そして人間がホモ・レリギオスである限り、その構築するであろう世界は何らかの宗教性を帯びよう。神を信じる者が全人口中のほとんどを占める国々においてはもちろん、日本のような教団信者以外の人々がマジョリティを形成する国にあっても、である。グローバル化が進行するなか、国際的な比較研究は時代の要請するところであり、日本における宗教研究も視野をグローバルに広げる必要があろう。

本書は、この思いから出発している。そして先行き不透明なこの時代に世界の宗教がどうなってゆくのか、また宗教がどのように我々に関係し続けるのか、その未来を読むにあたっての一助たらんとの思いが、本書の根底にはある。したがって、宗教文化圏の境界を越えた、グローバルな視点からの理論構築を本書は目指そうとしている。また本書は、宗教集団論的考察という体裁を採っている。宗教集団といえば何より宗教団体・教団組織であり、これは目に「見える」宗教の様態と解されるであろう。本書はこれらに主なる照準を合わせて議論を展開しているが、それは現代世界で話題となっている宗教の様態が、明らかにこれだからである。いかなるタイプの宗教集団のもとに人々が集うのか、人々に対し宗教集団は何をアピールしているのか、そして宗教集団は時の経過のなかでどのような展開を遂げてゆくのかを、論じようとしている。もちろん、前記を念頭に据えた研究が数多く行われ蓄積されてきたことは確かなことである。とはいえそれらは、ほぼ具体的な宗教集団を対象に行われたものであり、理論研究と呼べるものではない。本書はその理論研究を、行わんとしているのである。

同時に、議論には宗教的無党派層をも取り込んでいる。これは、組織とは到底いえないがゆえに目には「見えない」宗教の様態であるが、そこに潜む可能性を無視して宗教を論ずることが多くの実りをもたらすとは思われない。そして、この宗教的無党派層という一群に着目しての宗教集団論は、これまで展開されてこなかったのではないか。この点で本書は、これまで展開されてきた同種の議論よりも射程を広げている。

他研究にない特異さを本書が持ちえているとするならば、それが宗教集団の理論的研究であるということであり、そして従来の宗教集団論に新しい集団類型を加えることによって議論の守備範囲を広げている、ということであろうか。

目次

目次

第一章　宗教集団類型論と日本の宗教集団

第一節　宗教集団類型論の展開

まず、宗教社会学の学祖というべきエミール・デュルケムの主著『宗教生活の原初形態』を参照して、本書の拠って立つ宗教の定義を確認しておくことから始めよう。

宗教とは、神聖すなわち分離され禁止された事物と関連する信念と行事との連帯的な体系、教会と呼ばれる同じ道徳的共同社会に、これに帰依するすべての者を結合させる信念と行事である[Durkheim 1912＝1975, 上巻八六－八七頁]。

宗教社会学研究の有力な起点として評価されるこの定義を敷衍するなら、「聖なるもの」を真とする信念をいう「信仰」、そしてその信念を定型化された行動として表現した行事である「儀礼」を構成要素とし、さらに信仰を同じくし同一の儀礼に参与する人々による道徳的共同社会である「教会」という集団を伴うもの、これが宗教である。

これら諸要素が相互依存的に宗教という体系を成立せしめることはいうまでもないが、聖なるものへの信仰であれ聖なるものに捧げられる儀礼であれ、それが教会に担われることによって安定し、次代への継承も可能となることは確かなことである。この宗教の集団的側面が、宗教社会学による探求の主なる対象となる。外部からの観察が可能である宗教集団に着眼し、そこから得られる経験的事実を考察して一般的命題の発見へと至ることが、この学問の大きな課題とするところなのである。

とはいえ、宗教集団の形態は一様ではない。カトリシズムやプロテスタンティズム諸派、日本における仏教諸宗派や新宗教等々、これらを一つの宗教集団カテゴリーに括り上げてしまうならば、宗教社会学が多くの学的成果をもたらすことは期待できないだろう。多様な宗教集団を理解し命題を導き出すためには、それらを整理し、内包される諸特徴を見出して類別する作業がなされねばならない。その結果として構築されることになる宗教集団の諸類型が、分析のための拠るべき枠組みとなる。

ヨアヒム・ワッハは、人々の結合の原理に基づいて、社会を構成する集団を二つに分類している[Wach 1971, pp. 54-58/pp. 109-112]。一つは「合致的 identical」集団であり、自然的であると同時に宗教的なものである。それは血縁関係に基づく集団、居住地域を同じくする集団、年齢や性別等の同一といった自然的類似の上に形成される結社の、三つに下位分類される。宗教的価値以外の要因を重要な結合契機として成立しているこれらの集団が、信仰を共有し共同で祭儀を行うとき、宗教的紐帯と社会的紐帯は合致し、宗教は集団の結合に力を与えるのである。原始宗教や民族宗教における集団が多くこれであり、日本における神道(カミ)をめぐる氏子集団や仏教(先祖)をめぐる「家」などがここで想起されるところであろう。もう一つは「特殊宗教的 specifically religious」集団[1]と称され、宗教的価値を第一の結合原理とするものである。部族や国家の内部に見出される特異な祭祀集団や、世界宗教を好例とするような民族的もしくは政治的境界を越えて信徒となった人々をメンバーとする集団がこれである。

宗教社会学の領域において展開されてきた宗教集団論は、主に後者に照準を定めたものであった。世界の歴史において顕著な影響力を発揮してきたものが後者であり、それは現在もなお端倪すべからざる動向を見せるからである。またたとえば西洋世界においては、社会はキリスト教的価値によってこそ結合されるのであり、社会あってこそのキリスト教ではないとの発想が、「公式」だからである。新宗教であれ、仏教諸派であれ、もちろんキリスト教圏の諸集団であれ、それらは特殊宗教的集団であるといえようが、しかしながらそう把握するだけでは十分でないことは明らかである。宗教の社会学的研究にあたっては、その下位類型を構築し、分析のためのツールとなさねばならない。

1　チャーチ-セクト-デノミネーション

厳密な意味での宗教集団類型論[2]は、マックス・ヴェーバーとエルンスト・トレルチの業績を嚆矢とする。ヴェーバーのこの分野での最大の貢献は、以降の類型論を貫く二つの基本類型を提示していることであろう。すなわち、「官職カリスマの保有者・管理者」[Weber 1922＝1962, 五三七頁]としてのチャーチ Kirche, church と、「純個人的にカリスマ的資質を有するひとびとの共同体」[Weber 1922＝1962, 五三七頁]であるセクト Sekte, sect である。チャーチは官職カリスマを保有し、そのカリスマゆえに救済へと至る道の独占管理を主張するものであり、人々は救われることを欲する限り、永き伝統を担う聖職者に服して日々を繰り返し送るほかない。対照的にセクトは、「宗教上、倫理上の有資格者だけに加入を許す自発的な団体である」[Weber 1920a＝1968, 八九頁]。誰であれ、望めばセクトに参与できるというものではなく、「みずから信じかつ再生した諸個人」[Weber 1920b＝1989, 二六四頁]だけから形成される共同体がセクトなのである。いうまでもなく、ヴェーバーの関心はセクトにあった。より正確にいうなら、世俗内禁欲への志向を育むプロテスタンティズムのセクト（わけてもカルヴァン派）を見据えることで、近代資本主義の淵源へとたどり着こうとしたのである。世俗の内部で職業に精励しつつ禁欲するという過酷な責務に耐えうる資質の持ち主が、生活全般の合理化を成し遂げて歴史を新たな方向へと動かしていったことを、彼は論じたのである。宗教集団のチャーチとセクトへの類別は、ヴェーバーにとって、近代資本主義と選択的親和関係にあるエートス成立にあたっての背景を理解するため、試みられたものだったのである。

このヴェーバーの議論は、トレルチの研究に触発されたものであるといってよい。トレルチは、宗教集団を類型として分類することに重点を置き、チャーチ-セクトの整理を行って以降の類型論の基礎を固めた人物として評価できる。以下に、彼によるチャーチ-セクトについての論述を引用しよう。

チャーチの類型はすぐれて保守的で、相対的に世俗を肯定し、大衆を支配下に置き、そしてそれゆえに普遍的な、つまりあらゆるものを包括しようと欲する組織である。対してセクトは比較的小規模な集団である。成員の人格的・直接的交わりをセクトは求めており、それで本来的に小規模な集団を形成するのである。また現世において成功を収めることを断念するものであり、現世・国家・社会に対して無関心な態度をとるか、それらに忍従するか、もしくは敵対的な態度を示す。そして現世・国家・社会を克服したり、それらに組み込まれるのではなく、それらを避けて並存するか、あるいはセクト独自の社会で補うことを欲する。チャーチもセクトも、社会の情勢や推移に密接に関係する。十分に発達したチャーチは国家や支配層を自らに奉仕させ、組み入れ、普遍的秩序の要素となして規定し保証するものの、国家や支配層に依存し、またその発展にも左右される。逆にセクトは下層階級や国家・社会に対立する分子と関係を持つのであって、上から下へでなく下から上へと働きかける[Troeltsch 1965, S. 362]。

チャーチの本質は客観的なアンシュタルト的性格である。人はチャーチのなかに生れ落ち、幼児洗礼によって奇蹟の環のなかに入ってゆく。伝統とサクラメント的恩寵と司法権の保持者である聖職者とヒエラルヒーが、客観的な恩寵の宝庫であることを表している[Troeltsch 1965, SS. 371-372]。

セクトは自由意志と自覚的加入のゲマインシャフトである。現実的な個人的奉仕と協力に依存しており、めいめいが自主的な成員としてこのゲマインシャフトに参加する。結束は神の恩寵の共有によって仲介されるのではなく、個人間の生活関係のなかで直接に実現される。人はセクトのなかに生れ落ちるのではない。自覚的回心に基づいて加入するのである[Troeltsch 1965, S. 372]。

ここに見るように、トレルチはチャーチとセクトを対照的なものとして描き出している。そしてキリスト教の歴史を、この二つの類型の弁証法的連関の結果として把握するのである。

補足の意も込めて、ここであらためて両類型についてまとめるなら、チャーチとは社会の支配層に結びつき、ヒエラルヒー構造を持ち、世俗を肯定して全体社会を包括しようとする恩寵の独占機関をいい、最盛期のカトリック教会がその典型である。そしてセクトは、社会の下層階級あるいは社会への不満分子と関係を持ち、宗教的・倫理的に資格を有すと認められた者だけが自らの意思で参加する自発的結社であり、万人祭司主義を原則とする平等主義的結社のことである。具体的なセクトとしては、プロテスタント諸派、わけてもバプティストやメノ派がその代表として指摘できる。

トレルチが提示しヴェーバーが明示したチャーチ-セクトは、二つの基本類型として評価されるべきものである。そしてこれにもう一つの類型が付け加えられて、宗教集団類型論の基軸が完成する。デノミネーション denomination がその第三の類型であり、リチャード・ニーバーがアメリカにおける宗教状況のなかから析出し提示したものである[Niebuhr 1929=1984]。ピルグリム・ファーザーズの存在が如実に示すように、アメリカは旧大陸から移入したセクトによって建国された新世界であり、そこにおいてチャーチは当初から不在であった。世俗社会との緊張関係にあるセクトの成員はこの新天地において、自らを倫理的に厳しく規定し、神の栄光を弥増すための生活を展開していったのである。しかし時を経て世代交代が進むにつれ、セクトはその性格を変質させることになる。

セクト型組織は、それ自身の性質のためにただ一世代の間にのみ有効である。自発的参加によって成員になった第一世代の者に生まれた子供は、分別年齢に達するよりずっと前に、そのセクトを教会《チャーチ》的なものに変え始める。彼らが登場するとセクトは、教育と規律の制度としての性質を帯びざるを得ないが、これはすでに伝統化してしまった諸理想・諸習慣に新しい世代を適合させるという目的のためである。父親たち[第一世代]は、戦いの炎のただ中でその確信を形づくり、殉教の危険を冒すほどの熱情をもってそれを守った。第二世代がこうした確信を受け継ぎ、父親と同程度の熱情をもって守ることは稀である。世代交代に伴い、[信仰]共同体が[世俗]世界からの孤立を保つことは次第に困難になる。さらに、セクトが、労働と消費において禁欲主義の戒律に従う場合にはしばしばその財が増加し、それに伴って文化の中でセクトが実現できることも増し、全体として国家の経済生活に巻き込まれないようにすることが次第にむずかしくなっていく。妥協が始まり、セクトの論理は教会型《チャーチ》の道徳に近づいていく[Niebuhr 1929＝1984, 二六頁]。

入信第一世代に続く二代目以降にあっては、自発的入信のセクト原理が崩れ、彼らはそのセクトのもとに生れ込むことになるだろう。また、社会の下層にある人々と関係を有していたセクトは、その要請する清厳な生活態度が帰結する富の増加によって中産階級の宗教集団へと変化し、その結果として世俗社会との緊張関係は緩和されて、チャーチ型の性格を帯びるようになる。ただ、本来のチャーチ型のように全体社会を包摂するほどの志向は見せることなく、各々が背負う歴史や文化・民族といった世俗的要因を基盤として自己同定し、他派と協調する宗教集団へと変容を果たしてゆく。このチャーチともセクトとも異なる宗教集団に、ニーバーは着目したのであった。すなわちデノミネーションとは、セクトの発展形態として組織的に成熟し、世俗社会と妥協し他派との共存を受容する宗教集団類型をいうのである。

ヴェーバー、トレルチ、ニーバーの業績は宗教集団類型論における古典と位置づけられるべきものである。そして彼ら以降、その業績を土台に、類型論の精緻化を目論んだ研究が盛んになって宗教社会学における活発な下位領域を形成するようになってゆく。なかでもチャーチ以外の類型に言及する研究が、二〇世紀半ば以降は数多く現れるようになる。包括的な強制団体であるチャーチの支配力が衰え、その桎梏から解放された人々が宗教を自由に選ぶようになったという状況が、その背景として指摘できよう。

ブライアン・ウィルソンによるセクト研究は、その代表的なものである。彼は、セクトがメンバーに提示する「悪しき」現世からの救済の多様性を凝視して、セクトの下位類型を設定している[Wilson 1970＝1991, 三三―四三頁]。救いは回心による徹底した自己変革によってのみ得られるとする①回心主義 conversionist、神が世俗社会を転覆させることを待望する②革命主義 revolutionary type、世俗社会から自らを切り離して退いた共同体のなかで救いを見出そうとする③内省主義 introversionist、超自然的・秘術的手段を用いて現世を操作しうると信じる④マニピュレーショニスト manipulationist、奇蹟によって通常の因果法則から特別に、個人的に免れることを求める⑤奇蹟派 thaumaturgical sect、現世の悪は宗教的直感が正当化する良心の命令に従う改革によって克服できると考える⑥改革主義 reformist、そして創造主が人間を生かそうと意図した基本原理への復帰を図る⑦ユートピア主義 utopian sect、の七つである。いうまでもなく、人々の自発的宗教活動の活性化が多様な宗教集団(セクト)を成立せしめ、分析概念としての(下位)類型を案出せしめたのである。

セクトという概念を用いてはいないが、二〇世紀後半以降の新宗教運動を対象としたロイ・ウォリスによる三類型——現世拒否 world-rejecting 型・現世肯定 world-affirming 型・現世適応 world-accommodating 型——もここに提示しておこう[Wallis 1984, pp. 9-39]。クリシュナ意識国際協会 ISKCON やチルドレン・オブ・ゴッドに代表される現世拒否型とは、神(もしくは神に匹敵する人格的実在)の思惑から逸脱した産業社会とその価値を批判するものであり、信奉者には個人的欲求や目標を捨てて神あるいは神の代理人に奉仕する生活を送ることを求めるものである。現世肯定型の運動は、人々の苦悩の源泉が社会構造にではなく個々人の内側にあると考え、ほとんどの人間には利用しきれていない潜在能力が備わっているとして、その能力を引き出す手段を自分たちが有していることをアピールする。超越瞑想 Transcendental Meditation やエスト Erhard Seminar's Training、また日蓮正宗(創価学会)がこのタイプに含まれている。現世適応型は、社会において安定した生活を営みながらもスピリチュアルなレベルにおいて満たされないものを感じている人々を構成員とするものである。ネオ・ペンテコスタリズムやカリスマ刷新運動を典型とするこのタイプが異議申し立てをするのは社会に対してではない。

既存宗教制度に対してなのである。このウォリスの三類型は、合理化が加えてくる圧迫への対応として新しい宗教運動の発生を捉えるウィルソン的な見地につながるものであろう。

2　ミスティシズムとカルト

ここでもう一つの、新しい類型に言及しなければならない。なぜなら、二〇世紀後半から現在に至るまで、チャーチ-セクト-デノミネーションとは質を異にするように見える宗教集団が数多登場し、世界の耳目を集めるという事態が出来しているからである。(3)とくに北米においてそれらの増加は顕著であり、ロバート・ウスノウの指摘によれば、一九七〇年代半ばまでにアメリカおよびカナダ国民の大多数がそれらの集団の存在を認識するようになり、またその一割程度が少なくとも一つの団体への参加経験を持つまでになったという[Wuthnow 1986, p. 7]。そしてそれらの集団のほとんどは、カルト cult と総称されることが通例であろう。

いまネガティブなニュアンスを伴って口の端にかかるばかりのカルトは元来、文化人類学によって、何らかの崇拝対象を取り巻く信仰と儀礼のセットとして解されてきた。歴史のなかに我々は、ディオニューソスをめぐるカルトや聖母マリアのカルト、あるいは一九世紀末からメラネシア各地に起こったカーゴ・カルトを見出すことができる。(4)また、未開社会の宗教制度全体を指すものとしても用いられており、ここではカルトは未開宗教と同義である。このカルトに社会学は、宗教集団の一類型としての特殊な意味を与えてきたのである。

宗教集団類型としてのカルトは、そのルーツを、トレルチの提唱した第三の類型であるミスティシズム Mystik, mysticism(5)に求めることができる。トレルチはチャーチ-セクトにミスティシズムを加えたトリコトミーを構想し、三つの類型が相互に連関し合いながらキリスト教の歴史をつくり上げてきたと主張したのである。

言葉の最も広い意味でのミスティシズムは、宗教経験の直接性・内面性・現在性の主張にほかならない。ミスティシズムは礼拝・儀礼・神話・教義のなかへの宗教生活の客体化を前提としており、この客体化を活きとした過程のなかで解消することを求め、あるいは個人的で活力に溢れた刺激によって、因習的な礼拝を補足しようとするものである。またミスティシズムは常に副次的な何かであり、意図的な熟考された何かであって、意図的に引き起こされる興奮状態である。そしてこの興奮状態は、それに全く対立する感情の直接性と同時的に生起する。それゆえ、ミスティシズムにはパラドックスがつきまとう。つまり、成員を一塊と見て集合性を重視するか、成員一人一人の平均性を重視するかの対立であり、人為的に解消できる昂揚でありながら、その昂揚は固有の人為性を直接的なるもののなかで解消してしまう、というパラドックスである[Troeltsch 1965, S. 850]。

チャーチ-セクトが類型論において常に基軸としての位置を保持してきたことと比較すると、ミスティシズムは久しく看過されてきたといわねばならない。それはこの概念の曖昧さに因る。「非組織的観念が組織の型を生み、組織でありながら常に組織そのものを溶解する働きを内包し、キリスト教を支える流れの一つでありながらキリスト教をこえる志向を持つ、トレルチの描くミスティシズムは矛盾の固まりである」[赤池 一九七八、二〇二頁]と、批判されるのである。

「この『ミスティシズム』のオリジナルな概念は、彼に続いた研究者によって『カルト』のカテゴリーへと転化された」[Hill 1973, p. 56]。それはハワード・ベッカーの業績を転機とする。ベッカーは四つの類型を設定するのである。すなわち、保守的で世俗社会と争わず、普遍主義を標榜する強制的性格のエクレシア ecclesia、小さく分離主義的で自発的メンバーシップと排他性を特徴とするセクト、セクトが発展した形態で相互に、また世俗社会に適応するデノミネーション、そしてセクトに見られる個人主義的傾向の最終的結果として現れ、純粋に個人的な忘我経験や救済・慰安、そして精神的もしくは身体的癒しを求める人々による無定型でゆるやかな結合のカルトが、ミスティシズムの援用として類型に加えられる[Becker 1932, pp. 624-628]。ベッカーを継いでカルトに注目したミルトン・インガーによれば、カルトはカリスマ的指導者を中心に形成されるが、ローカルで、小規模で、組織構造を欠く集団であって、短命である。社会変革を志向せず、社会の秩序を問うことなく、専ら個人の問題に関与して神秘経験を探求する。そしてシンクレティックな「新たな」宗教伝統の創始を主張するがゆえに、既存の伝統と断絶する。いわばカルトは「宗教的突然変異 religious mutants」なのである[Yinger 1970, p. 279]。

これらのカルトの諸特性からは、各地に勃興する(とりわけ萌芽期の)新宗教が容易に想起されるであろう。しかしながら「ベッカーによってトレルチの『ミスティシズム』から引き継がれ、インガーによって精緻化されたカルトの概念は、キリスト教組織をめぐる議論のなかでは不安定な状態にある」[Hill 1973, p. 80]。このカルト類型も、ミスティシズムと同じく、否定的評価を払拭しきってはいない。しかし、現代的な宗教事象を把握するにあたり、豊かな可能性を感じさせるものである。

3　精緻化される類型論

もちろん、セクトやカルトといった個別類型の考究にとどまらず、宗教集団類型論を全体として構想して古典を継承することを目論んだ研究業績も数多く蓄積されている。たとえばインガーは三つの尺度、すなわち宗教的構造が社会の成員を包括する程度、社会の支配的価値からの宗教集団のそれの分離の度合い、宗教的構造の組織化・複雑化・特殊性の程度を規準に宗教集団を一〇の類型に区分している[Yinger 1970, pp. 259-279]。(6) それ以前にあっては必ずしも明確でなかった類型設定における規準がここでは明示されており、評価に値するものであろう。同じくローランド・ロバートソンは、二つの指標に基づいて類型論を提唱している[Robertson 1970＝1983, 一一〇―一一四頁]。組織の実質的指導者が自分たちの集団を許容しうる宗教の媒体のうちの一つと考えているか(多元主義の場合)、唯一妥当する宗教の媒体と考えているか(独自性の場合)、入会に際して要求される規準あるいは宗教的実践の規準あるいはその双方が成員によって厳格に遵守されているか(排他主義)、ゆるやかな規準が受け入れられているか(包括主義)という点に着目してのものが、それである。そしてここで設定されるのが、制度化されたセクト institutionalized sect(多元的・排他的)、セクト(独自的・排他的)、デノミネーション(多元的・包括的)、チャーチ(独自的・包括的)の四類型である。従来の類型論が現実的事例に適用される場合の不全を意識した上で、概念を具体的な宗教的信念や価値を含めた文化的意味で用いるのでなく社会的な意味で用いることによって、議論の適用範囲を拡大することを彼は意図しているのである。

なお、ロバートソンは上記四類型を用い、具体的事例としてイギリスにおける救世軍を取り上げて、その質的変化を類型間の移行という観点から説明している[Robertson 1970＝1983, 一一四―一一五頁]。彼は、宗教集団の動態に影響を及ぼす四つの要因(全体社会に普及する文化、全体社会の構造と当該集団が依拠する社会層、集団独自の文化・教義体系、集団独自の内的組織)に着眼して、当初デノミネーションもしくはセクトと見なされてきた救世軍が制度化されたセクトへと変質を遂げていると見たのである。イギリスの文化が宗教的逸脱に対して寛容なものとなり、救世軍の支持者が「立派な respectable」下層中産階級に限定されるようになって、また教義面では近代産業社会への戦闘的姿勢が薄れていって、他方では救世軍の権威主義的な軍隊的構造がセクト的な強固な認識共同体を維持することに成功を収めてきたという事情が、集団の変容をもたらしたものである。

ここから、宗教集団の変質が単純ならざる現象であると知れるであろう。ニーバーの所説に則るなら、セクトがデノミネーションへと変化するのであり、これはロバートソンの描いたルートとは逆のものだからである。さらに試みにいうなら、カルトがやがて成熟してセクトへと成長し、次にはチャーチへと発展して自らを確立するものの、それが謳歌する繁栄に腐敗の兆候を見て取ったセクトが分離して、時を経て世代交代や経済的成功という要因の影響を受けてデノミネーションに変質する、という図式をイメージすることは難しくないはずである。しかしロバートソンの指摘はもとより、先に挙げたベッカーがカルトをセクトの発展形態と捉えていることも考慮すれば、前記イメージに即さない現実を見つけ出す可能性は小さくなく、これは考究に値する問題であるといわねばならない。さらにいえば、ウィルソンのように、自らが設定したセクトの下位類型間での変化を論じた研究もあり[Wilson 1970＝1991, 二一七─二二六頁]、類型間の移行はこの分野における重要なテーマとなっている。

以上述べてきただけで、既存の宗教集団類型論をすべてフォローできたとは、到底いえるものではない。しかし、チャーチ-セクト-デノミネーションを取り上げ、加えてカルトにも言及することで、その大要を把握することはできているはずである。そしていうまでもなく、この種の議論は諸類型を構築することで完結するものではない。諸類型すなわち宗教集団の理念型は、発見のための道具というべきものであろう。何より重要なのは、それら諸類型を手段とし、それによって何が見出せるのかという問題である。それら諸類型に依拠して比較分析の視線を現実に存在する宗教集団へと注ぐことが、我々にとっての次なる目的となる。

第二節　日本における宗教集団類型論

日本における宗教集団を類型論の立場から考察した研究は、豊富であるとは到底いえない。まして、前節で個々に輪郭を描いたチャーチ-セクト-デノミネーション、そしてカルトといった諸類型との関連で日本宗教に迫った研究は、なお少ない。その理由を赤池憲昭は、「一つにはそれぞれの宗教集団の組織は検討に付されても、日本の宗教集団全体を視野にとり入れる巨視的態度が熟成しなかったこと、およびそれと表裏の関係にあるが、特定タイプのもつ特殊な機能や意味が、全体のなかで占めている比重、あるいはそのタイプの動向についての見通しが研究関心になりにくかった」[赤池　一九八五、一三六頁]ためであると指摘している。さらには「こうした背景には、事実上は組織の抗争や内部葛藤に時を過ごしながらも、建前上、宗教の教理や儀礼の次元を強調し、組織の意味をあまり正面切ってとり上げようとしない日本の宗教風土が作用しているのかも知れない」[赤池　一九八五、一三六―一三七頁]とも推測している。

1　先駆的研究

それでも、日本産の宗教集団類型論が蓄積されていないわけではない。その先駆的なところとして、森岡清美による研究が指摘できるだろう。彼は信者の種類、信者になるための条件、信者の単位に着眼して、日本宗教の三つの（それぞれの下位類型も含めると六つの）タイプを構築している[森岡　一九六二、三八頁]。すなわち、①伝統宗教型(①―１寺院型、①―２神社型)、②新興宗教型(②―１派生新興型：教派神道型、②―２混合新興型：混合型)、③外来宗教型(③―１キリスト教旧教型、③―２キリスト教新教型)である。(7) ここにいう信者の種類とは、第一類信者(その団体に固定している信者で常時その団体の維持に責任を負うもの)、第二類信者(その団体に結びついてはいるが、必ずしも維持の責任を負わないもの)、第三類信者(第一類、第二類いずれにもあてはまらず、臨時または一時的に信仰によってその団体に結びつくもの)をいう。また、信者になるための条件については、以下の九つの項目が宗教団体によってどう評価されているかが、類型化にあたってのポイントとされている。すなわち①その土地に生れたこと、②その土地に住んでいること、③常時経済的負担をすること、④奉仕(経済的負担を除く)をすること、⑤信仰を表明すること、⑥名簿に登録されること、⑦とくに入信式、入会、灌頂、授戒会、宣誓式等を行うこと、⑧冠婚葬祭等をその宗教団体の方式で行うこと、⑨祭や一定の宗教儀式、集会等に参加すること、である。そして信者の単位とは、個人単位で信者になるのか、それとも世帯単位でなるのかという問題である。

森岡はまた、日本において宗教の組織原型は当該組織が確立された時代の社会構造によって強く影響を受けるとして、江戸期に組織化を成し遂げた既成仏教教団を典型とする「いえモデル」、近代に組織化を完成した天理教・金光教・霊友会等の新宗教の組織モデルである「おやこモデル」、現代に組織化を果たした創価学会や立正佼成会といった大教団に見られる「なかま-官僚制連結モデル」による類型論を提唱している〔森岡 一九八一、一九一―二七頁／一九八八、一〇―二二頁〕。「いえモデル」とは、総本山から最末端の末寺へと至る主従的な本末関係の連鎖の重層的総体であるが、これは元来の布教による導きの(原型的)関係が既成化していったものであろう。近代になって日本社会の家的構成が瓦解し「いえモデル」が規範力を減退させると、信仰に導いた師(オヤ)と導かれた弟子(コ)の指導関係が露出してくることになる。これが「おやこモデル」である。前記両モデルともタテ割りのモデルであるが、「いえモデル」が固定的・権威主義的であるのに対して「おやこモデル」ではコが成長してオヤと対等になる可能性があり、固定性が少ないところを特徴とする。「なかま-官僚制連結モデル」は、本末とかオヤコといったタテの結合をヨコに、地域を同じくするなかまとして結合し直し、それらを中央の官僚制機構によって全体へと統合するというものである。擬似親子関係によってでなく地理的最寄り原則に則って支部を組織化することで組織の運営を円滑ならしめることを意図して、創価学会等の大教団は組織モデルを「おやこモデル」からこのモデルへと切り換えている(8)。

井門富二夫による類型論も、ここで言及せずにはおれない有力なものである［井門 一九七二、三〇―三七頁／一九七四、一五四―一六一頁］。「原初的人間関係の中から生み出された意味構造の広がりと、その基本的枠組みを支えている世界観」、つまり見えない価値体系をいう「文化宗教」は往々にして神話や儀礼として具象化され人々に提供されるが、それを下敷きに機能的集団たる宗教組織(教団)が生れる。そしてそれが社会秩序の維持体系として政治に結合し、昔日の共同体的統制を中心とする社会において「制度」として固定していったものが、「制度宗教」となる。さらに、制度宗教が展開を遂げてイデオロギー的体制と一体化した状況に抗して結成され、また流動社会の都市で慣行や伝統から解放された人々が自らの関心に従って参加する集団、加えてその集団が発展して政教分離社会において地歩を占めるようになった集団は、「組織宗教」と称される。そして組織による束縛を嫌う個人が参加する、組織にならない宗教運動や、あるいは極端にまで個人の権利を優先させるユートピア的運動も含んで、個人の意向がその宗教的表出に決定的な要因となっているような宗教行為は、「個人宗教」と呼ばれる。「文化宗教」と「個人宗教」の多くは、人々に宗教と自覚されることなく、「見えない宗教」(9)として機能する。対して「制度宗教」と「組織宗教」は宗教集団の形態をはっきりと採った「見える宗教」であって、宗教集団論のスタンスから重視されるべきはこの「見える宗教」となろう。

2　新(新)宗教の諸類型

日本における類型化の努力は――日本の宗教集団全体に、でなく――新宗教に向けられてきた部分が小さくない。近代以降の日本において陸続と新宗教の登場が絶えないという現実が、その背景にほかならない。島薗進は、日本の新宗教が何らかのかたちで習合宗教的な呪術的現世利益救済信仰とかかわりを持って成立してきたと主張し、そのかかわりの内容から新宗教の三つの型を設定している〔島薗 一九八六、一〇四―一一六頁〕。脱皮型・合体型・近接型である。脱皮型とは、「習合宗教から新宗教への脱皮」と呼べるものであり、天理教・金光教・丸山教・天照皇大神宮教がその例として挙げられる。これらの教団を創始した教祖の宗教思想や信仰形態は、習合宗教とのかかわりのなかから得られたものと一介の庶民としての生活経験に、その大部分を負うている。教祖たちは等しく苦悩し、その末に神々との孤独な交流を通して独自の救済の信仰を摑み取り、同時に彼らがそれまでに接してきた習合宗教の信仰スタイルや神霊観、あるいは様々な断片的観念を組み込んで普遍化し、独自の思想や信仰のスタイルを確立したのである。したがって脱皮型新宗教の発生過程においては、習合宗教が直接に絡んでいるといえる。合体型は「呪術的現世救済信仰と諸思想の合体」と呼べるものである。ここでは、習合宗教が発生過程に常に直接に絡むわけではないが、専ら人々の現世における苦悩の克服を担当した習合宗教の伝統に連なる呪術的現世救済信仰が、この型の主要な構成要素となっている。霊友会・生長の家はこの型の例である。ここでの教祖は歴史や諸宗教の教理、近代思想や科学についてある程度の知識を持ち、それらを彼らの信仰の重要な源泉としている。同時に、習合宗教やそれに類する信仰形態にも関心を持ち、霊の信仰を強調したり、癒しの信仰を強調したりして大衆運動へと展開してゆくための契機とする。知的信仰と癒しを中心とする呪術的救いの信仰形態が合体しているのである。そして近接型は、「修養道徳思想と呪術的現世救済信仰の近接」と呼びうるものである。例としては黒住教・ひとのみち・モラロジーが挙げられる。教団創始者は多かれ少なかれ、石門心学以来の民衆的修養道徳思想の伝統の継承者としての性格を持つ。超自然界にはあまり関心を払わず、独自の神の概念が存在する場合も、それはきわめて抽象的で、むしろ「法則」への信仰が強い。実質的には伝統的、慣習的な神仏信仰に同調してゆくことになるが、個人の運命の神秘的改善を信じるという面も併せ持っている。この点で、呪術的な現世救済活動に近接している。そして癒しの呪術のような習合宗教的活動形態が顕著に取り込まれていることもあるし、そうでないこともある。(12)

さらに島薗は、一九七〇年代から八〇年代にかけて顕著な発展を遂げた新宗教を新新宗教と把握し、「旧」新宗教とは趣を異にするものとした上で、その類型化の作業を行っている［島薗 一九九二a、一五―二二頁／二〇〇一、二九―三六頁］。それは、形成される信仰共同体の緊密さの度合いを規準とするもので、一般社会の人間関係とは異質な関係を閉じられた信仰共同体のなかに展開する隔離型、信仰共同体を形成して信者を制御下に置くことには執着せず、個々人が好む範囲でかかわってくれればよいとする個人参加型、そして共同体形成を志向はするものの隔離型ほどの緊密一体なそれを求めようとはしない、いわば前二者の中間にあたる中間型、の三つの類型である。旧新宗教のほとんどが中間型にカテゴライズされる一方で、新新宗教においては隔離型と個人参加型が分岐してきたという点が特徴的であるとされる。

西山茂は――新宗教の宗教様式（教えと実践および組織の様式）の成立の仕方に着目して――三つの類型を提示している［西山 一九九五、一五九―一六一頁］。一つは創唱型であり、これは教祖が超自然的存在から受けた独自の啓示を基礎として宗教様式を樹立したものであり、第二の混成型は伝統の異なる宗教・宗派から抽出した諸要素を混成して、すなわちシンクレティックな創造を行って新たな宗教様式を樹立したもの、そして第三の再生型は特定の既成宗教の遺産(宗教様式)を基本的に継承し、その独特な再生によって自らの宗教様式を確立したタイプである。さらに西山は、既成の諸教団との組織的関係という観点からも、四つのタイプを識別している[西山 一九九五、一六一－一六四頁]。合法的な教団活動維持のため、また組織温存のためといった便宜上の都合によって既成教団の傘を借りる借傘型には、第二次世界大戦終結時までの天理教・金光教・真如苑・解脱会等が該当する。これら新宗教は、当時の国家権力による厳しい取り締まりから逃れるべく、既成教団に所属していたものである。第二の類型の内棲型も、既成教団に所属する点では借傘型と同じであるが、借傘型にとっての所属が便宜的に過ぎないものであるのに対し、内棲型は既成教団の宗教様式の核心部分を再生し(正しく)継承しているとの自負に加え、既成宗教様式に新たな要素を付加しているために既成教団とは相対的に区別される。いわば「教団内の教団」というべきこのタイプは、かつての創価学会、独立以前の本門仏立講が好例を提供する。提携型にあたるのは霊友会系諸教団や今日の真如苑、解脱会であり、これらは既成教団の外部にありながら既成教団と提携し、その宗教センター(聖地等)を自教団の修行や団体参拝の対象として利用したり、またそこから新宗教指導者が僧階を受けたりするものである。最後の自立型とは、いかなる既成教団からも組織的に自立している新宗教をいい、独立後の本門仏立宗や、日蓮正宗との関係悪化後の創価学会がこれにあたるとされる。

寺田喜朗と塚田穂高による類型論[寺田・塚田 二〇〇七、一－二〇頁]も興味深い。彼らは日本における新宗教がフォロワーにどのような救済財を提供しているか、その「布教の武器」と「運動の求心力」の所在がどこにあるのか、という視点から類型化を行い、テクスト教団と霊能教団という二つのタイプを設定している。宗教的権威の源泉を特定テクストの無謬性と絶対的な威力に置くのがテクスト教団であり、特定人物の超常的能力に置くタイプが霊能教団である。テクスト教団は既存の伝統的なテクストを信奉するタイプ(伝統テクスト型)と独自に編集されたテクストを信奉するもの(習合テクスト型)とに二分され、霊能教団も、超常的能力の保有・開発が参画者に開かれていることを説く信徒分有型の教団と、特定指導者による超常的能力の専有を説く指導者集中型教団に二分される。さらに信徒分有型は、階梯型と開放型に分かたれている。前者は教団が指定する修行の階梯をたどることで非日常的能力が段階的に備わることを説き、後者は霊能の保有・開発が教団への入信とともに即時的に、あるいは相対的に短期間で可能になることを主張するものである。またさらに指導者集中型も隔絶型と継承型に下位分類されている。隔絶型は超常的能力の保有が教祖に限定されているもので、継承型ではそうした能力が教祖から後継指導者に継承される。

3　合致集団の組み込み

日本における宗教集団類型論は、欧米におけるそれとは異なり、合致集団のニュアンスを色濃く持つ宗教集団をも組み込んで展開されていることが特徴であるといえる。すなわち、血・地縁に基づく世俗集団において宗教がその結合に力を与えているケースに該当する「家」や村落(地域共同体)が、日本社会における宗教集団の一典型として認識されているのである。欧米で展開されたチャーチ-セクトを基軸とする類型論では、対象とされるのは専ら特殊宗教的集団であった。もちろん、欧米にあっても人はこの世に生を享けて(ほぼ自動的に)チャーチの成員になると認識しうる点から、チャーチを血縁や居住地域を同じくすることによる合致集団のカテゴリーによって捉えようとすることは可能であるように思える。しかしあくまでチャーチにあっては、宗教は社会を成立せしめる根源的にして第一義的な要素であり、既に存在している結合に力を与えるという副次的な作用を及ぼすものではない。その根源的な宗教なくして社会は、「公式」には、存立しえないものである。日本においては宗教は社会にとって根源的となる場合があるとともに、そうではなく副次的なものにとどまっている場合もあり、それで合致集団の宗教性が根強く人々に影響を与え続けているケースを、無視できないのである。

その合致集団たる「家」と、「家」に代る「家族」に、それらが宗教の社会的基盤であるとしてアプローチし、その上で聖なるものについてのシンボルの特質（個別主義的であるか普遍主義的であるか）という観点を導入して、西山は日本における家庭内宗教集団の四つの類型を構築している〔西山 一九七五、七二―七五頁〕。家信徒団・家祭祀団・家族信徒団・家族祭祀団がそれである。「家」の解体が指摘されるようになって久しい当今、注目されるのは後二者であろう。家族信徒団は①個人単位の、個人の救済を目的とする信仰を基礎とし、②組織化された教団宗教として世俗集団から自立し、③宗教シンボルの性格において、ウチとソトの区別なく、万人救済を意図した普遍主義的なものである。家族祭祀団は①その執行する祭祀が集団単位の、集団のためのものであり、②世俗集団がそのまま宗教集団であり、③宗教シンボルの性格が、ウチのみの守護を本分とする個別主義的なものである。

宗教集団の理念型として人工的に構成された類型というイメージには乏しいものの、日本の実態に即したものとして、柳川啓一の論じた宗教集団の標準モデルにも触れておこう〔柳川 一九八七、六二―七五頁〕。柳川はそれを村落のなかに求め、その単位としての「家」を、まず取り上げる[13]。「家」とは先祖を統合のシンボルとし、永続することが望まれる精神共同体のことである。単位が個人ではない、というところが日本の特徴であって、キリスト教世界においてはチャーチに家ぐるみで生れながらに加入しているように見えながら、洗礼のような儀式を経て個人が信者となって加わるというパターンを示しており、その点で単位は個人なのである。この「家」が、先祖祭祀を媒介として仏教寺院に所属することで「檀家」となる。「檀家」においては、その信仰は先代先代へとたどりゆく垂直の線で表されるものであるがゆえに、個別化されたものとなるだろう。ここにおいて、家ごとに孤立する「檀家」集団を補完するため、村落は「家」連合を成立せしめる宗教を必要とする。それが、土地を守護する氏神(産土神)を核として水平的な人間関係を形成する「氏子集団」である。もっとも、「家」連合とはいえ、村落の各「家」は社会的に平等でなく、氏子集団に世俗的な権威・権力関係が反映されて構造的緊張は解消されずに残存する。そこで、「祭」と「講」が構造的緊張の緩和解消の機能を果たすものとして現れることになる。「祭」においては日常の「家」の関係、また「家」内部における関係が一時停止され、「講」という血・地縁を越えて信仰を同じくする者の集団にあっては、打ち解けた雰囲気が醸し出されて仲間の形成を促進するだろう。それが構造的緊張の緩和に働くのである。さらに柳川は、近世以降の都市で祭りを(行うためでなく)見るために集まる群衆、また「講」に拠らず寺社に参拝する不特定多数の民衆の顕著となったことに注目し、「家」を単位としないそれらを、「群」の集団というカテゴリーでもって把握している。

柳川が右のように議論するのは、西欧における宗教集団と日本におけるそれとの比較が困難であると判断するからにほかならない。それゆえ、チャーチ-セクトを基軸とする類型論に拠らず、日本型の宗教集団論を展開したというところである。

セクトとチャーチの類型が、日本の場合にいかに適合するかについて、これまで種々の議論がなされている。しかしこの類型は、もともとキリスト教の組織論から組み立てられたものであるから、適用には無理がある。チャーチは、村ぐるみ、家ぐるみの伝統的な宗教、セクトは、入信を経た個人の自覚的な信仰に立つものと分けても、日本には、あらゆる信仰をつつみこみ、それ一つの教団ですべてまかなえるようなチャーチがないのだから、日本におけるチャーチからセクトへという展開をみることは無理が生じる〔柳川　一九八七、六一頁〕。

ここに引用された柳川の主張から、宗教文化の間に克服することが容易ではないギャップの存在することが想起されるだろう。

4 合理化・組織化レベルによる類型化

本節の最後に、塩原勉による議論を取り上げておこう〔塩原 一九九四、六一―一三頁／八三―八八頁〕。塩原は和辻哲郎らのいう日本文化の重層構造論に則り、制度的教団宗教・組織宗教・新新宗教・民俗宗教の四タイプによる複層構造を現代日本宗教の全体像として描き出すのである。(14) 制度的教団宗教とは既成仏教教団諸派を典型とするもので、本山‐末寺の本末関係と寺檀制に基づくものであり、近代化の流れのなか呪術からの解放を図って教学の合理化、教団の組織化を推進し戦後社会の変動に適応してきたものである。組織宗教は幕末・維新期より一九七〇年代までに登場した新宗教のことで、その急成長期に人々を魅了した呪術的要素を――当初の熱狂が薄れるか――後退させて教義の体系化・合理化に努め、組織化を図って社会に安定した地歩を占めるほどに既成化したものをいう。新新宗教(15)は、既成化の道を歩み始めた「旧」新宗教に代り、七〇年代以降に成立もしくは発展を遂げているものを指し、呪術的カリスマを持つとされる指導者を中心に活動を展開している。このカテゴリーには、規模が大きく将来的に組織宗教へと転化していくような集団から、零細な集団に至るまで、多様なものが含まれる。そして民俗宗教は、呪術的カリスマの保有者とされる霊能者とその信者とからなる未組織の小規模集団、換言すればシャーマンとクライエントたちによるネットワークのことであると解すればよいだろう。塩原はこれら四類型に拠って、現代日本宗教の複層構造に言及する。制度的教団宗教を最上層としてその下に(順に)組織宗教、新新宗教、そして民俗宗教を最下層として垂直に重なる構造を描き出す。通念的には、下層から上層へと上昇転化してゆくことが宗教の進化[16]であると認識されるであろう。すなわち宗教が進化するとは、合理化・組織化のレベルを上昇させることであると捉えられる。ここから、それぞれの類型を他類型と分ける規準が合理化・組織化のレベルであることが理解されるであろう。

本節に挙げた諸議論をもって、これまで日本において展開されてきた宗教集団類型論をすべて渉猟し尽くしたといえるものではない。しかし、それらが多分に日本「的」なものであって、宗教文化間のギャップを乗り越えての比較研究にあたり、存分に利用可能なものと評価するには慎重であるべきことは、大方の首肯するところであろう。そしてチャーチ-セクトを基軸とする類型論についても、日本のような非キリスト教文化圏へのその安直な適用に留保がつけられるべきことは、想像に難くないはずである。そうであれば、キリスト教世界において、日本において、これまで展開されてきた宗教集団類型論は各々の宗教文化圏の「自前」のものに過ぎず、限定された範囲でのみ有効なツールに過ぎないといわざるをえないのであろうか。そして、グローバル化の時代に相応しいツールなど、開発は不可能であると結論せざるをえないのであろうか。

次に、日本産の宗教集団類型論を再検討し、それが国内限定であるとせざるをえないかどうか、考察を及ぼそう。同時に、欧米型の宗教集団論にも再検討の視線を注いで、宗教文化の境界を越える可能性を探る。

第三節　既存宗教集団類型論における限界と可能性

１　先駆的研究の検討

森岡清美による類型論を検討するなら、その日本「的」たるところは自ずと明らかである。伝統宗教型・新興宗教型・外来宗教型という上位カテゴリーはさておき、その下位類型たる寺院型・神社型・教派神道型という名称はいかにも日本の独自な宗教風土のなかから析出されてきたタイプを表すであろう。森岡自身、この類型論を導き出すにあたって依拠した文部省（当時）による「宗教団体類型調査」を評して、「今回の類型調査が日本の宗教団体の調査から日本の宗教事情にふさわしい類型をたてようと志した野心の、なみなみならぬ大きさがあらわれている」［森岡　一九六二、一二頁］と述べている。とはいえ、この類型構築にあたっての指標までをも「日本の宗教事情に（のみ）ふさわしい」と断ずるのは早計であろう。すなわち、信者の種類、信者になるための条件、信者の単位は、宗教文化の境界を越えての類型化にあたりメルクマールとして有効ではないかと思われるのである。また森岡の議論にいう外来宗教型は、用いられた指標によって伝統宗教型・新興宗教型から区別され、さらに外来宗教型はキリスト教旧教型とキリスト教新教型とに二分類されて、日本に発生した宗教以外に（少なくとも近代化以降の日本における）キリスト教をも含み込んで考察がなされていることは、評価されてよい。

外来宗教型は第一類信者の比率において伝統宗教型を凌駕し、第二類信者の比率は全宗教類型のなかで最も低い。外来宗教型の旧教型では第二類、第三類信者の順に急カーブを描いて激減することから、これが「信者」中心の宗教であると解され、新教型では同じ順にゆるやかなカーブで漸減することから「会員」中心と理解される。さらに信者の条件に関し、外来宗教型は入信式の実施等（前節に記した信者の条件の⑦）において、新興宗教型と同様、伝統宗教型以上にこれを重視している。伝統宗教型に比して地域性は薄いとはいえ、旧教型は新教型より相対的に地域性を重んじ結婚を聖典礼として重視する(信者の条件⑧)聖職者中心のものであるが、新教型は信仰の表明(信者の条件⑤)と経済的負担(信者の条件③)や奉仕(信者の条件④)をより高く評価する信者(会員)中心のものである。信者の単位については、外来宗教型はほかのいずれの型よりも個人を単位とすることにおいて傑出する。それでも旧教型は新教型より、世帯単位のニュアンスがやや感じられるようである。この限りで、ここでの類型化の規準はキリスト教と日本土着の宗教、またキリスト教内部で新教と旧教とを区別して各々の特徴を際立たせることに成功しており、それゆえ日本国内でのみ有効なそれが用いられたと評価を限定するには、惜しいように感じられる。日本を含み込んだ広いコンテクストにおいて類型化作業に供する可能性を持つとして、それは捨て難いと考えられるのである。

次に、「いえモデル」「おやこモデル」「なかま-官僚制連結モデル」を見るなら、そのモデルを提示した森岡論文の副題が「現代日本における土着宗教の組織形態」であることからもうかがえるように、三つの類型が日本という枠を越えての比較のツールとして当初から考えられていないことは、明白である。さらに付言するなら、森岡は宗教集団をキリスト教的な連盟型[17](同じ系統の信仰・儀礼を持つ教会の連盟であって、会議体に客観化される反面、信仰の中心施設を欠くもの)と日本土着的な本末型(本部教会、本山等と呼ばれる信仰の中枢施設を擁し、教団の一般構成単位は本末関係で直接間接にこれと結合しているもの)とに二大分類した上で[森岡 一九八八、一五一一六頁]、後者のバリエーションとして前記三類型を提示しているのである。それでも「なかま-官僚制連結モデル」について森岡は、「支部は互いに対等に地歩をもって教団を構成するので、擬似連盟型に無限に接近しうる組織形態といえよう」[森岡 一九八八、一九頁]と述べてもおり[18]、キリスト教世界の宗教集団への適用の余地を残すものでもあろう。

2　新(新)宗教類型論の検討

島薗による新宗教の類型論については、その脱皮型・合体型・近接型が習合宗教との関連において論じられている限り、習合宗教的伝統の濃厚な日本にあってこそ効力を発揮するものであろう。もちろん、キリスト教世界に見られる新宗教に習合宗教とのかかわりが絶無である、とまで主張しようというものではない。したがって、習合宗教(＝呪術的現世利益救済信仰)との接触のなかキリスト教世界に現れる新宗教と、日本のそれとの比較をなすことに三類型が有効である可能性は残される。ただ、おそらくはきわめて限定的な比較にとどまり、それが持ちうる視野において狭いといわざるをえまい。

対して島薗による新新宗教の類型論は、通文化的比較に堪えうるものとして評価できるものである。近年、隔離型や個人参加型宗教集団が、日本だけにとどまらず他の宗教文化圏においても確認できるだろう。アメリカから集団移住した先の南米ガイアナで九〇〇名を超える信者が集団自殺を決行した人民寺院(一九七八年)、治安当局との銃撃戦の果てに約八〇名の信者が死亡したアメリカ・テキサス州のブランチ・ダヴィディアン(一九九三年)、同じく集団自殺を遂げたとして人々の心胆を寒からしめた太陽寺院(スイス・フランス・カナダ、一九九四～一九九七年)やヘヴンズ・ゲート(アメリカ、一九九七年)等、これら凄絶な事例は隔離型を想起させよう。個人参加型としては、アメリカ・カリフォルニア州を中心に見られたチャネリングのセッションをはじめニュー・エイジ的なテーマを核に成立しているグループが指摘でき、さらにはそれらテーマを国境を越えて広がるサイバー・スペース上で共有する「見えない」一群などは、個人参加型の極致を思わせる。そうであれば、二つの類型にあてはまる事例が日本国内に限らず、確かにいくつも指摘できそうである。ただ、島薗によるこの類型論における中間型に対しては、評価を留保しておきたい。隔離型と個人参加型を設定した上での中間型と称されるのであれば、それは何か残余的なカテゴリーのニュアンスを帯びたものとして印象されるのではないか。ところが中間型に該当する教団は、新新宗教と総称される宗教集団群にあって決してマイノリティではないだろう。諸類型は相互の違いが明瞭となるよう、各々が特徴的なものであるよう、構築されるべきである。現実的事象をそれら類型に重ね合わせ、類型からの現実の偏りを照らし出すためである。したがって中間型という類型は、それ単独で現実世界の事例の特異を浮き彫りにするには微力といわざるをえず、それが留保の根拠である。

創唱型・混成型・再生型による西山の類型論も、応用範囲の広いものとして評価できそうである。独自の宗教様式を生み出した新宗教、換言すれば初期段階にある当該宗教(成立より星霜を重ねた宗教の初期段階)にのみ議論の対象が限定されるとはいえ、この三類型によってほとんどの文化圏における成立当初の教団を特徴的に押さえることができるだろう。ただ再生型についていえば、これを新宗教の類型とは捉えない研究者もあろう。単なる再生運動は復古運動・原理主義的運動であって、そうであるならそれを新しい宗教運動と把握することには慎重にならざるをえない。特定既存宗教を基本的に継承しつつ独特にそれを再生したものが西山のいう再生型であるが、その再生の独特さが厳密に検討された上で、この類型は言及される必要があるだろう。そしてその場合には、混成型との境界を明瞭に引いておく必要がある。特定既存宗教を再生して母体とし、そこに何らかの新しい要素を混成して宗教様式を成立させるという事例は、少なくないはずだからである。さらにこの類型論についていうなら、そこから類型間の移行という問題へと議論を展開させることができないことにもの足りなさを感じる。いうまでもなくこの三類型は、宗教集団の初期段階についてのものであるから、致し方ないところではあるが。

対して、西山の借傘型・内棲型・提携型・自立型によるもう一つの新宗教類型論は、類型間移行の問題を視野に収めたものである。とはいっても、借傘型、内棲型が自立型へと展開するといった程度の、シンプルな移行パターンがここで描けるに過ぎない。そしてその移行は一つには、明治初頭から第二次世界大戦終結後に宗教関連法が整備されるまで、日本に独自に展開した宗教政策の影響するところが大であろう。さらに「欧米のキリスト教的セクトの場合は他教団や他宗教とのバウンダリー（境界）が明確なので、借傘型の教団があること自体、考えられないことである」［西山 一九九五、一六二頁］と述べられるように、借傘型が日本的なものであることは否定できない。ここから、この四類型による西山の議論が、日本の特殊な事情から形成されてきたものであると捉えて間違いではない。さらに、宗教が拠る社会的基盤としての家・家族に、聖なるものについてのシンボルの特質たる個別主義・普遍主義をクロスして得られる家と家族の祭祀団・信徒団という四類型を考えても、そこに家という日本に独特な社会制度への言及がなされているという点で、これに依拠する議論のカヴァーしうる領域が限定的であることは多言を要すまい。個別主義・普遍主義という一方の軸は類型化の規準として魅力的ではあるが、これのみでは宗教集団の特質を際立たせるには弱く、文化の枠に囚われない何がしかの軸と組み合わされることで規準として活きるものであろう。

類型間移行、換言すれば宗教集団の変容について論じることを念頭に構想されたものが、寺田と塚田による諸類型である。彼らは彼ら独自の集団類型によって「静態的な分析を行なうのみに留まらず、動態的分析へ議論を架橋させることを企図している」［寺田・塚田 二〇〇七、一二頁］のであり、通時的分析に傾きがちであった従前の諸議論を乗り越えて経時的分析へと向かおうとしており、評価に値する。確かに彼らは、霊能教団における信徒分有型から指導者集中型への移行、その逆の指導者集中型から信徒分有型へという移行、また霊能教団からテクスト教団への移行に言及している［寺田・塚田 二〇〇七、一四―一五頁］。信徒分有型から指導者集中型への移行は、教団内の信徒に認められていた霊能の発動に統制が加えられ指導者に一元化されるようになって進行してゆく。対して、大教団化・広域組織化に伴い指導者から信徒への直接的な霊能の行使が不可能になることで呪術的要素の見直しが図られるようになり、カリスマの下級委譲の状況が現出されることになるなら、指導者集中型から信徒分有型への移行が果たされてゆく。そして霊能教団からテクスト教団への移行は、脱呪術化・合理化の流れがそれを促す、ということである。ただ、それら以外の移行パターンについては語られていない。[19]となれば、重層的に構築された彼らの諸類型が存分には活かされておらず、そこにもの足りなさを覚えざるをえない。また言及された移行を促すファクターの指摘は宗教社会学における常識的見地から出るものではなく、そこに新味は感じられない。彼らは日本の新宗教のみを対象として議論を展開している。それゆえ日本の伝統教団、さらには異(宗教)文化圏の宗教集団を議論に取り込むことは当初から考えられていない。とはいえ、彼らの動態分析への志向は、これまでの静態的な類型論から一歩進んだものであろう。

3　特定宗教文化圏の特定的な類型論

こう見てくることで、日本における宗教集団類型論が多分に日本宗教を対象として意匠されてきたものであることが確認できたはずである。あらためていうまでもなかろうが、柳川が檀家、氏子集団、祭、講、群を提示したのは、それによって日本人の宗教生活を集団的側面から描こうという意図からのことであった。

塩原による四類型も、現代日本における宗教の状況を捉えるための概念であり、通文化的比較に供するものとして案出されたものではない。とりわけ組織宗教、新新宗教についていえば、日本社会近代化以降の何度かの宗教ブームという特殊な状況のなかに現れた教団の発展と既成化、そしてオールタナティブとしての新興勢力の台頭という現実が、この二つの概念を成立させている。それでも、類型化の規準である合理化・組織化のレベルは、通文化的比較にあたって考慮に値するものであろう。現代世界においては、永い伝統と強固な組織力を持つ教団がその存在を誇示していると同時に、いままさに組織の整備に努める教団の活動も顕著で、さらには組織と認識するには躊躇せざるをえないようなゆるやかな集まり、すなわち宗教ネットワークもまた、看過しえない存在となっているだろう。そして後二者の動向こそ、現代社会の研究に重要なデータを提供してくれるものと考えられるのである。塩原の議論は、本論が目指そうとするところへの到達に有効であるかもしれない。

これまで見てきたように、日本において展開された既存の類型論のほとんどは、確かに日本宗教を論ずるものであった。とはいえ、これまでの日本産類型論のことごとくが通文化的比較を念頭に置かず展開されてきたとも、断定しうるものではない。井門による議論は、キリスト教世界における類型論に学びつつ、日本における宗教集団を欧米のそれと同一地平で議論できるよう工夫したものである点で、傑出したものである。井門の設定した制度宗教はチャーチ型を表し、組織宗教はセクトあるいはデノミネーションに対応するものであろう。また個人宗教は、ベッカーが「セクトに見られる個人主義的傾向の最終的結果」であると捉えたカルトを思わせる(なお、見えない価値の体系である文化宗教は、宗教集団類型とは別種のカテゴリーである)。そして制度宗教の概念は、全体社会を包摂しようとの志向性をその特性として組み込まず、それでいて政治に結びついて秩序維持の機能を果たすものと解されて、日本の近世・近代における伝統仏教教団や神社神道をチャーチに並べて論ずることを可能なものにしている。また組織宗教という類型は、おそらくはプロテストする宗教集団たるセクト・タイプが皆無とはいえないまでも史上大きな存在となりえなかった日本の事情を考慮し、案出されたものであろうか。さらに日本にあっては(伝統仏教系も新宗教系も含め)諸派の並立状況こそが常態であり、それゆえにデノミネーションの類型は有効と思われながら、その前身がセクトであるとニーバーによって理解される限り日本への適用が慎まれて、組織宗教という概念が導入されるのである。なお個人宗教のアイディアは、カルト・タイプをイメージしつつ、現代世界に等しく観察されるようになった私的宗教性の発現を捕捉すべく案出されたものであろう。

この井門による議論は、確かに評価に値する。しかしながら、通文化的研究に有効なほど十分に洗練されたものであるとの評価は、控えざるをえない。何より、組織宗教という概念にあっては、セクトの反体制的イメージとデノミネーションの持つ協調性という相反するベクトルが一つ概念のもとに収められることになり、それがゆえに却って欧米産の類型論の輝きを曇らせてしまうことになるからである。[20] さらに井門は組織宗教を「都市社会において自由に結成され、かつ併立する宗教集団」［井門 一九七二、三一頁］と定義してもおり、これによっては非都市的社会、すなわち社会的流動性の低い状況下に存続する（制度宗教でも、個人宗教でもない）宗教集団を取り込むことができず、また自由に結成されながらも多元主義的宗教世界を許容できない集団に議論を及ぼすことは難しい。この組織宗教の概念により井門は、それが日本を含む現代世界に多く現れて活動を展開していることを描き出す。しかし、そうした現象の観察できることを指摘するにとどまって、それ以上の分析を施しているわけではない。一層の分析にとって、その概念規定において明快といえない組織宗教は、存分に効力を発揮できるものではないと考えられるのである。

続いて、チャーチ‐セクト‐デノミネーションの日本への適用の難しさについても、ここで確認しておく必要があるだろう。いうまでもなく、それらが日本の宗教集団を把握するには有効でないと認識されるからこそ、先に見たような日本的宗教集団論が展開されるのである。そしてそれらを検討した結果、日本における宗教集団の特異さは自ずと明らかになったはずである。付随的に、欧米産宗教集団類型論の特定宗教世界限定ぶりも、明らかとなっているだろう。ブライアン・ターナーの言を借りるなら、欧米の宗教社会学の特徴は「宗教の西洋的形態への偏狭な経験主義的集中」［Turner 1983, p. 5］なのである。

何よりチャーチ・タイプの、政治・経済等のセクターをも傘下に収める世俗秩序の審判者たる特性は、日本における宗教集団が有してこなかったものである。日本にあっては世界宗教たる仏教も、民族の宗教である神道も、世俗権力のもとで統制されてきたものであって全体社会を包括した経験を持っていない。かくチャーチ的存在が日本において見出しえない限り、チャーチに抗して結成されチャーチと弁証法的関係にあるセクトも、日本においては見出しようがない。さらにそのセクトが発展した形態がデノミネーションであるなら、これもまた日本の宗教集団を記述するにあたり適切ではないといわざるをえない。セクトとデノミネーションの二類型については、日本の宗教集団（新宗教や伝統的諸宗派）を表すにあたり用いられることが少なくないように思われるものの、双方ともにチャーチという存在を前提として共有するところから、ヴェーバーやトレルチによる古典的にしてキリスト教に偏した類型論のなかに日本のセクト「的」あるいはデノミネーション「的」宗教集団を位置づけることは難しい。セクト、デノミネーションの日本的宗教集団への適用を試みるなら、古典的類型論とは異なる新たな概念規定のもとでそれがなされる必要があるだろう。

しかしここで西洋の議論と日本のそれとの交わり難さを繰り返し指摘したところで、比較研究への道が拓かれるわけではない。そこへと至るための手がかりとして、本書はカルトに着目するものである。カルトの類型だけは、西欧で展開された諸類型のなか、キリスト教文化の束縛から自由な概念であるといえそうだからである。ミスティシズムの後継概念であるカルトはインガーのいう「宗教的突然変異」であり、シンクレティックな新しい伝統を創始する。この新伝統を自身の存在理由として現れるカルトは、キリスト教世界においても、そして多神教と寛容性を特徴とする日本のような宗教風土においても、確かにこれまでにも現れ、そしてこれからも登場が予測されるものであろう。この点においてカルトは宗教文化の境界を越えうる概念であるといえ、それゆえに通文化的比較に有効なものであると認識できるのではないか。さらにカルトはステロ化していない運動体を表すと理解でき、現代世界の宗教シーンを賑わす新宗教の分析にとって、一層に有効と思われる。

いまグレート・トラディションとして知られる諸宗教も、その萌芽期においては「突然変異」であったはずである。そしてそれが、たとえばキリスト教世界においてチャーチへと成長し、やがてセクトの離反を招き、またセクトのデノミネーションとしての成熟が観察されるようになった、ということであろう。そうであれば、カルトはあらゆる宗教集団の始点であるといえ、このカルト概念に焦点を合わせ、カルト概念を手がかりとするならば、通文化的比較研究のための類型論が展開される可能性が開けるかもしれない。赤池は「キリスト教的な倫理や組織形態をはみ出して、世界の各地に浸透して行くカルトの存在は、キリスト教中心の組織理論を乗りこえて進む可能性が大で、そこにカルト論のもつ意義の重さが考えられる」[赤池 一九八五、二二八頁]と述べる。この意義の重さの追求は、次章が担う課題である。

[註]

(1) specifically religious group は「特殊的宗教集団」と和訳されることが一般的であるが、ワッハは「特殊的な」宗教集団にではなく、社会の構成単位である「集団」に力点を置くのであり、その意を解するならば「特殊宗教的」集団とする方がより適切と思われる。

(2) 宗教集団類型論は多くの研究者によって論じられているが、日本のそれとしては井門富二夫[一九七三、五四〇—五四五頁]、赤池憲昭[一九七八、一五九—二二九頁／一九八五、一一四—一三九頁]、山口素光[一九六六、一二一—二三頁、四六—六〇頁／一九六八、二一—四六頁]による論考が、この分野での歴史的展開をよく展望している。もちろん海外の研究者によるものも数多あるが、ここでは[McGire 2002＝2008, 二二八—二九〇頁]を挙げておく。これらは本章執筆にあたっての参考とした。

(3) 一九六〇年代末から世界に頻出している新しい宗教運動 NRMs(New Religious Movements)についての報告およびそれらを対象として展開された社会学的研究については、[Robbins 1988]がよく概観している。なお[Robbins 1988]では、新しい宗教運動を「カルト」と表記する場合がある。当該新宗教運動が世間の非難の対象となり、スティグマタイズされる場合に、カルトというタームが用いられているのである。また、具体的な宗教運動の詳細については[Bromley and Shupe 1981＝1986]、[Cowan and Bromley 2008＝2010]を参照のこと。

(4)　古代ローマにおけるディオニューソス神(ローマ神話におけるバッカス)をめぐる熱狂については[Jeanmaire 1951＝1991]、中世あるいは近世ヨーロッパの聖母マリア崇拝については[関　一九九三][山形　二〇一〇]、カーゴ・カルトについては[Worsley 1957＝1981]を参照のこと。

(5)　ミスティシズムについては、ヴェーバーも論及している。ただヴェーバーにとってのミスティシズムは、彼が二分類する救済の志向のうち、一方の禁欲主義 Asketismus, asceticism に対立する概念として提示されているものである[Weber 1920c＝1972, 一〇二―一〇九頁]。この概念をトレルチはヴェーバーから引き継いだとはいえ、それを集団類型として用いている点がヴェーバーとは異なるところである。

(6)　制度化された普遍的チャーチ universal institutionalized church、拡散的な普遍的チャーチ universal diffused church、制度的エクレシア institutional ecclesia、拡散的エクレシア diffused ecclesia、制度的デノミネーション institutional denomination、拡散的デノミネーション diffused denomination、既成セクト established sect、既成俗人セクト established lay sect、セクト運動 sect movement、カリスマ的セクト charismatic sect の一〇タイプである。

(7)　この類型論を、森岡自身は積極的に評価しているとはいい難いように思える。六つの類型は、文部省(当時)宗務課による「宗教団体類型調査」で得られたデータから導き出されたものであるが、「この調査の対象は包括法人ではなく、被包括法人と単立法人であったから、単位宗教団体の類型を考察するさいには貴重な参考資料になるものの、教団類型を考える場合には遺憾ながら有効な資料とはならない」[森岡　一九八八、一四頁]というのである。

(8)　この「なかま-官僚制連結モデル」からさらに先の段階にある組織モデルの現れていることが一九七〇年代以降の新宗教の展開からうかがえるとして、島薗進は「業務遂行組織-消費者接合モデル」を提唱している[島薗　一九九六、一〇三―一〇六頁]。これは、信者が単なる宗教消費者に過ぎないものとなり、地域の信仰共同体が十分に機能しえなくなっていると現状を認識した上で、教団が信者からの忠誠を確保しようと意図して生み出したモデルであるとされる。教団の上部構造は官僚制機構というより、組織効率を念頭に置いて、もっと柔軟で流動的にプロジェクト・チームのネットワーク的結合の要素を取り込んでいると考えられるがゆえに、業務遂行組織という言葉が用いられるのである。

(9)　トマス・ルックマンによる『見えない宗教』を参照のこと[Luckmann 1967＝1976]。

(10) 習合宗教とは、普遍主義的な外来宗教と土着宗教とが入り混じりつつ、そのどちらにも属させることができないような一つの宗教活動の領域をかたちづくっているものをいう［島薗 一九八四、八七頁］。

(11) この三類型は島薗自身によって後に、土着創唱型・知的思想型・修養道徳型へと変換されている［島薗 一九九二b、六七―六八頁］。脱皮型・合体型・近接型とは名称を異にするが、その内容においてまで大幅な修正が加えられているわけではない。なお、島薗は前記修正後のどの三類型にもあてはまらず、三類型の中間型と見ることのできる教団に対して、土着知的思想複合型というカテゴリーを与えている。

(12) このタイポロジーについては、教義レベルに着目しての議論というべきで、宗教の持つ集団的側面に焦点を合わせたものでないことは、付言しておかねばならない。

(13) 柳川は、日本宗教がまだ（本章の参照した論考を柳川が執筆した時点で）都市型のものとなりえておらず、依然として父祖伝来の村落型宗教のパターンを踏襲するものと見て、議論を展開している。

(14) 塩原の議論の目的は、現代日本宗教の複層構造を四つの類型によって描き出すことで達せられているわけではない。制度的教団宗教と組織宗教を宗教における公式セクター、新新宗教と民俗宗教を非公式セクターと捉えた上で、この二つのセクターの関係が一九七〇年代を境に差別的分業から対抗的・相補的分業へと変動していることを論じようとしているのである。なお、この塩原による議論は第六章で再び取り上げられることになる。

(15) 新新宗教の概念は、一九七〇年代以降に成立し発展を遂げた、「旧」新宗教とは一味違う教団群を捕捉するため、西山茂によって導入されたものである［西山 一九八六、六頁／一九八八、一八三頁］。大胆な霊術と奇跡の強調によって敢えて反（脱）近代的な非合理主義を打ち出しているという特徴を持ち、伝統的要素と現代的要素とを、あるいは日本の素材と海外起源の素材とを結びつけて教えと実践におけるシンクレティックな創造を行っているもの、それが西山のいう新新宗教である。ここで塩原が用いる新新宗教という概念も、基本的に西山の用法を踏まえたものである。

(16) 日本が近代化を達成したと見られる一九七〇年代を境として、宗教進化でなく、上層から下層への宗教回帰の現象が日本において顕著になってきたと塩原は主張する。

(17) キリスト教系教団の特徴である連盟型は、さらに三つに下位分類されている。会衆によって選ばれた牧師（宣教長老）と長老（治会長老）が長老として同格で、それぞれの教会において小会を組織して教会を運営するという長老制 presbyterianism、監督（主教）―司祭―補祭の三つの聖職者の身分階層からなるピラミッド型の組織をなし、聖職の権威が使徒たちから継承されたという使徒伝承を持つ監督制 episcopalism、各個教会が直接にキリストの権威の下に立つことを主張し、自治独立して一切外部の監督を受けず、会衆の総意によってそれぞれの教会を管理運営する会衆制 congregationalism の三つである。このうち長老制と会衆制は最もよく連盟型を表すが、監督制はいくぶん本末型に接近する。しかし本末型の核に祖師信仰があると考えられる限り、監督制キリスト教団はこれと同じではない。もっとも、監督制のカトリック中央協議会はその外部にローマのサン・ピエトロ大聖堂を戴くということから、長老制・会衆制とは異なり、擬似連盟型とされている［森岡 一九八八、一〇一一六頁］。

(18) 擬似連盟型は、先の註(17)で指摘されている通り、日本におけるカトリック中央協議会によって表されるものである。

(19) テクスト教団から霊能教団への移行には言及がなされている。もっとも、これについては「特に完全な移行の例は、まず見出せない。ただし、霊能からの『脱呪術化』の徹底をはかりすぎた反動として、運動内で再呪術化の方向を希求するケースも見られる」［寺田・塚田 二〇〇七、一五頁］と述べられている。

(20) 井門は「セクト的デノミネーションとしての組織宗教は、社会学的には、はっきりと階層別の準拠集団になることが多い」［井門 一九七四、一五七頁］と記している。また「檀家・氏子制などをのこす教団をチャーチ型デノミネーション、伝道中心の新興宗教をセクト型デノミネーションなどとよんでもよいであろう」［井門 一九七四、一二七一一二八頁］とも述べている。ここに見られるセクト的デノミネーション、チャーチ型デノミネーション、またセクト型デノミネーションといった相互に独立しているはずの類型を接合しての用法は、欧米産の諸類型の理念型たる所以を顧慮しないものといわざるをえない。

第二章　新たな宗教集団類型の構築

前章で述べたように、ここでは宗教集団の通文化的比較への道を拓く手がかりとして、カルトに注目しようとしている。しかしながらこの類型もまた、弱点を免れてはいない。新しく勃興した宗教集団をセクトと称し、また同じ対象をカルトと称するケースも諸々の研究のなかに瞥見されることから、この二類型間の区別の明瞭でないと思われるところが、クリアされるべき第一点である。また、個人的に神秘体験を探求する人々によるゆるやかなつながりを指すというカルトの、その組織構造を欠く特質が、カルトを宗教集団類型として認識することを躊躇せしめる点も考慮しなければならない。個人主義的探求者からなるものがカルトであるなら、果たしてそれを「集団」論の視点から捉えてよいかどうか、という問題である。そして何より、いまや日常的に用いられることが多くなったカルトというタームの、そこに含まれるネガティブなニュアンスが、宗教社会学概念としてのカルトの存亡を左右している。アメリカにおいては一九六〇年代末より、また日本においては八〇年代以降に、反社会的と評される活動を行う新宗教(および宗教的特徴を持つ結社)がメディアによって頻繁に報ぜられるようになり、それらはカルトというカテゴリーで一括されることが常態となっているだろう。(1)いわばカルトは「邪教」

と同義であると一般に理解されており、その限りではカルトを学術概念として用いることの正当性自体が問われているといえる。

これらの問題に答える前に、まず、現代日本の宗教状況を概観しておこう。ハワード・ベッカーやミルトン・インガーの定義するところによれば、カルトは新宗教と認識され、また個人主義的探求者によるゆるやかな結合と把握されうる。そしていま、日本の宗教シーンを賑わすものは、このカルトを想起させるものであるように思われる。日本の現状を確認することで、カルト概念の日本における可能性を示唆しておこうというのである。

第一節　現代日本の宗教状況

1　制度的教団宗教・組織宗教・新新宗教・民俗宗教

よく知られているように、日本の宗教風土はプルーラリスティックである。伝統的な神道、仏教、キリスト教の教団、そして一九世紀半ばから現在に至るまでの間に創始された教団群、さらには教団と把握するには留保せざるをえないほど小さく土俗的な篤信者の集まりなど、日本の宗教シーンに活動する宗教集団は多数にして多彩である。ここでは、前章に言及された塩原勉による四つの類型(制度的教団宗教・組織宗教・新新宗教・民俗宗教)[塩原　一九九四、六一一三頁／八三一八八頁]を用いてシーンを概観しておく。複層構造というコンセプトのもと塩原は既に現代日本宗教を俯瞰しており、それに倣おうというのである。また、これら四類型は合理化・組織化レベルに着目して構築されたものであるため、後に組織としてのカルトの問題を検討しようとしている本章にとって、その議論への接合にあたり都合がよいと考えられるからである。

高レベルの組織化と合理化された教義でもって特徴づけられる制度的教団宗教という概念は、塩原によっては、専ら既成仏教諸宗派を表すものとされているように思われるが［塩原 一九九四、六―七頁／八四頁］、ここではそれらも含め、神道、仏教、キリスト教の伝統教団全般を指示するものとして理解しておこう。永きにわたって活動を展開し現在に存続する限り、伝統教団は一様に高度に合理化された教学を発達させ、強固な組織を運営するに至っていると認識されるからである。この制度的教団宗教にカテゴライズされる諸教団が申告する自教信者の数は、総計するとほぼ一億四〇〇〇万人になる[2]［石井 二〇〇七、四八頁］。新宗教――ここでは、日本社会近代化以降の成立となる教団全般をいう――のそれが二五〇〇万人であるから、制度的教団宗教の信者は日本の全信仰者（一億六五〇〇万人）の八五パーセントに相当すると見ることも可能である。さらに日本における全宗教法人の九割近くが制度的教団宗教のものであり、その（宗教法人を含む）宗教団体が全体に占める割合を見ても約七五パーセントと、その勢力の侮るべからざるところは明白である。しかしながら制度的教団宗教のいう信者が押し並べて篤信であるとは、到底いえそうもない。既成仏教諸宗派のケースでは、「信者」は葬送儀礼に際してのみ伝統教団（聖職者）とつながり、それが終わってしまえば宗派に関与し続けることはないというパターンが一般的であろう。また、膨大な人々が盆や彼岸の墓参に寺院を訪れることがあるとはいえ[3]、それは家の宗旨ゆえの慣習的なものにとどまると考えられ、仏教信者の自覚を彼らのなかに見出すことは難しい。全国に散在するおよそ八万の神社を包括する宗教法人・神社本庁のケースで見ても、その公称信者数九二六〇万人[4]のうち、神道信者であるとの自覚を持つ人間はきわめて少ないのではないか。日常的に神社に足を運ぶ日本人は多くないだろう。祭神に向かい手を合わせること年に数回程度、というのが普通であるかもしれない。そしてその場合であっても、祭神名を参拝者が熟知しているかどうか、甚だ疑わしい。とはいえ、制度的教団宗教の諸施設は日常の風景のなかに溶け込み、人々の生活に――緊密にとはいえないまでも――かかわって存続していることもまた確かなことである。いま制度的教団宗教は、日本人の宗教離れが取り沙汰される時勢のなか、自身の足元の見直しを進めているだろう。自らの存在意義をアピールすべく、時代に適応した活動を模索しているようである。(5)

現代の宗教シーンにおいて活発に活動を展開するものとして、制度的教団宗教も軽視できないところであるが、何より新宗教を挙げることには大方の異論のないところであろう。新宗教の歴史は日本社会の近代化とともに始まる。急速に進行する産業化・都市化は伝統的な価値観や人々の連帯感を蝕み、人々の間の経済的な格差も増幅してアノミックな状況を現出させることとなった。かかる社会変動がもたらす生活上の危機に最も苦悶するものは、民衆にほかならない。民衆はこの剝奪状況から逃れるべく、宗教に救いを求めたのである。(6)しかし永い伝統を誇る諸宗教は、民衆の此岸での悩みに対し解決を与える能力を喪失してしまっている。既成化の過程のなかで合理化されていった教義に基づき、儀礼の執行と彼岸での救済を専らとするようになっていたからである。新宗教とは、最早頼りようもないと民衆に認識された伝統的諸宗教に代って、民衆が自らの手によってつくり上げ、また民衆によって見出されたものなのである。

新宗教は近代日本にあって大きく躍進を遂げた。江戸時代末に登場した天理教(一八三八年〜)、昭和初期にその歩みを開始した霊友会(一九三〇年〜)、創価学会(一九三〇年〜)や立正佼成会(一九三八年〜)、さらには第二次世界大戦後に立教されたPL教団(一九四六年〜)、佛所護念会(一九五〇年〜)など、一〇〇万人近くの信者を擁するとされる新宗教も少なくない。(7)もちろん、数十万人台、数万人台の信者に支えられる教団も枚挙に暇がないほどに存在する。これら新宗教の多くは、カリスマ的な教祖を中心に、彼もしくは彼女の提供する奇跡的救いに魅了された人々によって形成された小集団がその起源であろう。すなわち当初は組織と呼べるほどのものではない――カルト的な――集まりであって、それが徐々に、あるいは爆発的に人々を誘引することとなって成長したものである。しかし時を経て、教祖に死が訪れカリスマの日常化が余儀なくされることとなり、また入信第一世代の信者にも死が訪れて次世代・次々世代への信仰の継承がなされてゆくにつれて、教勢の伸びは鈍化することになる。成立間もない教団を覆っていたかつての熱狂は醒めゆき、その状況に対処するべく教団は教祖に発する教えを整備し、神秘主義的側面を後退させ、組織面の引き締めを図って——制度的教団宗教がそうであったように——既成化の途を歩んでゆく。かくして一応の安定を得ることになった新宗教を、ここで組織宗教という概念で把握しよう。組織宗教はいま社会において一定の地歩を占め、合理化された教義と強固な組織を伴って、日常の風景に溶け込もうとしている。成立してより半世紀から一世紀を経た「新しい」伝統を体現するものとして、社会に認知されるようになっているだろう。組織宗教は大祭執行をはじめとした独自イベントの際に制度的教団宗教を凌駕する動員力と活気を示すが、それは組織宗教の現在の力の程を如実に物語るものである。

組織宗教が現代日本の宗教シーンにおける大勢力であることは間違いない。しかし、新しい宗教運動が発展する背景であった日本社会の大変動が一段落し、高度経済成長が達成されて「物質的」には豊かな日本社会が実現されるに及び、それまでの宗教とは一味違う宗教の登場してきたことは、多くの研究者が指摘するところである［西山 一九七九／一九八六：島薗 一九九二a］。一九七〇年代以降に急速に成長を果たし、また創始された——カルト的な——新宗教、すなわち、それ以前の「旧」い新宗教とは異なる、「新」新宗教と総称される教団群がそれである。そこにカテゴライズされる教団のうち、二〇〇〇年前後で公称信者数五〇万人以上を擁するものだけを列挙しても、真如苑（一九三五年〜）、顕正会（一九四二年〜）、大山祇命神示教会（一九四八年〜）、霊法会（一九五〇年〜）、霊波之光教会（一九五六年〜）、崇教真光（一九七八年〜）、幸福の科学（一九八六年〜）と多くを数える。(8) 規模的に上記に続く教団もまた、数多い。この新新宗教は、大胆な霊術と奇跡の強調等によって敢えて反（脱）近代的な非合理主義を打ち出しているという点が大きな特徴である。そして伝統的要素と現代的要素とを、あるいは日本の素材と海外の素材とを結びつけて、教えと実践における新たなシンクレティックな創造を行っているものである［西山 一九八六、六頁／一九八八、一九三頁］。組織宗教も、その発生から飛躍的展開を果たした時期において、霊術による奇跡を重視していたことは確かである。貧病争に悩み苦しむ民衆が魅了されることになったのも、それらの提示した独自の秘儀により奇跡的に救われたと信じうる経験があったからこそであろう。しかしその呪術性の強調ゆえに、社会から不審視されマス・メディアからの攻撃に晒されていたともいえる。やがてある程度の地歩を固めた旧新宗教は、既述の通り、教えや実践レベルでの脱呪術的合理化を推進し組織化を進めて社会への適応を果たしていった。しかしそれらはその結果、制度的教団宗教と同様、現世における民衆の危機に対処しえなくなってしまった。とはいえ、現実世界で救いを求める民衆の声は絶えることがない。新新宗教は組織宗教と化した従来の新宗教に代って民衆の宗教的ニーズを充足し、彼らからの帰依を得て活況を呈しているというわけである。新新宗教の信者総数がどれほどであるか、これは判然としないが、先述の七教団の（二〇〇〇年前後の公称の）信者を積算すれば一四五〇万人以上となる。(9) この数値は、現代人による非合理的なるものへのニーズの大きさを示唆しているといえるだろう。

また、「日本の宗教文化の古層をなすアニミズムとシャーマニズムと祖先崇拝を保存し、全体としての日本の宗教を下支えしてきた」［塩原 一九九四、八六頁］民俗宗教が根強く現代人の支持を集め続けていることにも言及しなければならない。この民俗宗教という概念は塩原によって「霊能者-信者ネットワーク shaman-client network」とほぼ同義であると解されている［塩原 一九九四、八六頁］。民俗宗教の組織化レベルは低く、それがゆえに組織とは捉えられず、ゆるやかな集まりを指す――それゆえにカルト的な――ネットワークという概念が採られるのである。また民俗宗教が霊能者-信者ネットワークと同一視されるならば、それは「小さな神々」(10) という概念ともほぼ重なる。ここでその姿をより浮き彫りにすべく、小さな神々についての西山茂による指摘を借りて民俗宗教を表現するなら、新新宗教に比較してローカルで土着的な伝統に素朴に立脚しており、教えと実践における体系性とシンクレティックな創造性には欠けるもの〔西山 一九八八、六―七頁〕、これが民俗宗教であり、したがって教えにおける合理化のレベルもまた低い。その健在振りを示すものとして、大阪と奈良を隔てて南北に連なる生駒山系に散在する民俗宗教施設と、そこに集う人々の様相を具体例として提示することは妥当であろう。近代的な大都市近郊の山中に瀧行場、霊能者の主宰する寺院・教会、現世利益で名高い寺社等々が散在しており、そこでは日々、庶民の民俗宗教的な営みの展開が見られる。「生駒の神々」には一九八五年時点で年間（延べにして）一〇〇〇万に及ぶ人々が訪れると推計されており〔宗教社会学の会 一九八五〕、そこに活動するネットワークの活況は「あたかも一周遅れのランナーが競技場でトップを走っているかのようにもみえる」〔西山 一九八六、一一頁〕と評されたほどである。こうしたネットワークは法人として登録されることが必ずしもないがゆえに、その総数を正確に把握することは難しい。しかし、科学技術の進歩に反比例して衰退の一途をたどっているとは、いいきれない。近代化の増進に起因する信仰の次世代への継承不全という現実が否定できなくなっているとはいえ、いまも霊山・生駒が都市住民の修行の場、御利益信仰の場として健在であることは確認されている〔宗教社会学の会 二〇一二〕。民俗宗教はいまも変わらず、現世での救済を地道に提供し続けているのである。

2　スピリチュアリティ探求者群

塩原による四類型を用いての現代日本の宗教状況は、かく記した通りである。しかし、ここで概観を終えるわけにはいかない。なぜなら、塩原がその言説のなかで捕捉していない――カルト的な――「宗教集団」が、確かにいま日本社会に着実に躍進しているからである。オカルト的、ニュー・エイジ的、そしてスピリチュアルなトピックスに心惹かれる人々によるものがそれである。その背後には、一九七〇年代前半からそれらにかかわる情報を大量に発信し始めたマス・メディアや、世界を覆い尽くしたウェブ(インターネット)の存在がある［井上 一九九二／一九九九：島薗 一九九二a／一九九二b］。

超常能力や神秘現象、世界の終末に超古代、霊的世界、占い、前世、UFOといったオカルト的なテーマは、映画、テレビ番組、書籍、(漫画)雑誌に取り上げられ、とりわけ若者を魅了して彼らの消費の対象となっているだろう。これらのテーマはいま、若者文化を構成する重要な要素となっている。しかしこれらはかつて、専ら宗教によって意味づけられてきたはずのものであった。いまや人々は、教団組織を経由することなく自身の関心に応じ、これらの情報を買い入れてくる。そして「(オカルトの原義である)隠れた」何かの探求にのめり込んでゆくのである。オカルト的トピックスは科学と合理性の時代に相応しからずと、かつては嘲笑されたはずのものであっただろう。しかしそれが再発見されて、知らず知らずに文化の中枢にまで浸透しているという現状である。宗教を「超自然的なもの」にかかわるものであるとする本質的定義を採るなら、このオカルトをめぐる社会現象も宗教の概念によって掬い取るべきものであろう。また、一九六〇年代アメリカに端を発する潮流であるニュー・エイジ運動も日本の(宗教)文化に小さからぬ影響を与えている［島薗 一九九二b］。この運動が目指す新しい時代の実現は、人間社会の成熟によって可能となる。そしてそれは、一人一人の意識変革を通じて可能となるものであるとされる。人は時代や社会に翻弄されてその本性を開花させることができずにおり、「本当の自分」を生きてはいない。それがゆえに争いは絶えず、環境は悪化するばかりである。そこで意識を目覚めさせよ、現状の自分よりワン・ランク上の「本当の自分」を生きよと、この運動はいう。「本当の自分」を探す手立ては、書店の一角に準備されている。大きな書店であれば必ずといっていいほど設けられている「精神世界」のコーナーに、それはある。また、ウェブ上にいくつも見つけ出すことができる。(11) いくつかのキー・ワードを入力して検索しさえすれば、自宅に居ながらにして、「精神世界」の入り口にたどり着くことは容易である。かかる情報を入手する人々は、時代や社会に囚われている現状に覚醒し、自らを癒して本来の自己へと意識を進化させて他者・自然・宇宙と調和することを望むのである。こうしたニュー・エイジ運動の思想が宗教、とりわけ東洋の宗教に近似することは、異論のないところであろう。

そしてオカルトやニュー・エイジ的テーマに価値を見出した人々は同好の士を探しあてて彼らとつながることを求め、その結果として集団が結ばれることになる。しかしその集団に連なる成員は、自身を宗教集団に所属し宗教を実践している者であるとする自覚に乏しいことがうかがえる。あるいは自身を単独の探求者であるとして、集団成員であるとは自認していない場合すらあるようである。また、集団が形成されているとして、それがウェブ上にのみ存在する見えない集団であることは珍しくない。こうした可視も不可視も含め、従来の宗教集団の装いとは質を異にする――個人的に神秘体験を探求する人々によるゆるやかなつながりがこれらである、という意味においてカルト的な――タイプに、ここではスピリチュアリティ探求者群[12]という概念を与えよう。スピリチュアリティとは「おもに個々人の体験に重点をおき、当事者が何らかの手の届かない不可知、不可視の存在(たとえば、大自然、宇宙、内なる神/自己意識、特別な人間など)と神秘的なつながりを得て、非日常的な体験をしたり、自己が高められるという感覚をもったりすること」[伊藤 二〇〇三、ii頁]と考えればよい[13]。この概念に「宗教」の語を用いないのは、このタイプに属すると見られる成員が宗教という言葉に違和感を示しがちな傾向があるからであり、また私化された宗教の様態が、人口に膾炙した宗教イメージとは異質であるからにほかならない。現在どれほどのスピリチュアリティ探求者群が国内に活動するのか、それを確認することは――この「集団」の性格上――きわめて難しい。しかし看過しえないほどに叢生しているであろうことは、オカルトやニュー・エイジ、スピリチュアリティに関連する語をいくつかキー・ワードとして検索しさえすれば、ウェブ上で確認するこ

図2-1．現代日本人と宗教(集団類型)

とができるだろう。産業社会が推奨する価値体系から逸脱するものに興味を覚える現代人は少なくない。

現代日本の宗教状況は、塩原のいうように、制度的教団宗教、組織宗教、新新宗教、民俗宗教が垂直に重なる複層構造によって描くことができそうである。そしてそれにスピリチュアリティ探求者群と、(全人口中七〜八割を占める最多数派である)無信仰者群も加えれば、宗教(集団類型)という窓越しに見た現代日本人の全体像となる(図2-1)。

スピリチュアリティ探求者群は、制度的教団宗教を最上層に置く四層構造と部分的に重なって位置しているように思われる。先の四類型それぞれに属する成員のなかに、自身が帰属意識を有する集団を超えてスピリチュアルなものに興味を覚える者が見出せるからであり、また当初スピリチュアルなものに惹かれながら四タイプの既存宗教に視線を移して集団成員となりゆく者もいるからである。もちろんスピリチュアリティ探求者群は、自身を宗教とは無縁と捉えている日本人の大多数、すなわち無信仰者群のなかにも確実に存在している。自己の関心に従っての探求は信仰(宗教)活動では決してないと考える傾向のあるところが彼らの特徴であるとは、先に指摘した通りである。それゆえ無信仰者群とスピリチュアリティ探求者群との境界も曖昧なものとなる。さらにいえば、先の四類型の信者として

（教団によって）把握されながらも「宗教への無関心」を表明する者も多いと推測されるところから、四類型と無信仰者群との間に明瞭な境界を引くことはできない。

かく概観した上で、本書はカルト概念と日本における宗教集団との親和性を探ってゆこうとする。成立間もない頃の組織宗教、そして目下精力的に活動中であると推測される新新宗教と民俗宗教、さらにスピリチュアリティ探求者群をカルトという概念によって把握することは、ベッカーやインガーの議論に従うなら、無理のないことであるように思われる。

しかし本章冒頭に述べたように、肝心のカルト概念の輪郭が明瞭なものであるとはいい難い。宗教社会学における集団類型の一つであるカルトとはどのようなものであるか、この問いに答えを出さずして議論を進めることはできない。

第二節　スタークとベインブリッジのカルト論

1　オーディエンス・カルト-クライエント・カルト-カルト運動

まず、カルトとセクトの違いの不明瞭という問題に答える端緒を開くため、ここではベントン・ジョンソンによるチャーチ-セクトの定義を参照しよう［Johnson 1963, p. 542］。彼は宗教集団とそれを取り巻く社会環境との間の緊張状態を念頭に、チャーチとはそれが存在する社会環境を受け入れる宗教集団であると定義し、セクトを支配的な社会環境との緊張状態にある集団と定義している。ロドニー・スタークとウィリアム・ベインブリッジはこの定義の軸を援用し、社会との緊張下にある宗教集団にはセクトのほかにもう一種あると考える。それが「宗教的突然変異」ゆえに警戒の対象となるカルトである[Stark and Bainbridge 1985, pp. 23–24]。次にチャールズ・グロックとスタークによる主張に拠ろう[Glock and Stark 1965, p. 245]。彼らは宗教集団の起源を問い、セクトとカルトがその起源においてまったく異なるものであると考察している。すなわち、カルトがその存立根拠を当該文化の主要な宗教以外のところから引き出す宗教運動であるのに対して、セクトは伝統的信仰の純粋な形態を保存することに関心を払うシスマ的(宗派分立的)運動をいうのである。さらにいえば、自らを何かしら古いものとして世人に提示しようとするのがセクトであり、新しい何者かとして自らを提示しようとするのがカルトなのである。またスタークとベインブリッジによれば、カルトはその「新しさ」の質において二つのサブ・タイプに分類されうる。既知の思想・儀礼的要素を含みながらも何か特徴的で新しい要素をも取り入れた文化革新型 cultural innovation と、別の社会で確立された宗教が社会の境界を越えてもたらされた文化輸入型 cultural importation がそれである[Stark and Bainbridge 1985, pp. 23–26]。こうした所説の明快さを、本書は評価しよう。それに依拠することでカルトとセクト、二つの類型の区別の曖昧という問題が解消されると理解するものである。

次にもう一つ、カルトという類型の組織としてのステイタスの曖昧さが問われなければならない。集団創設という明確な意思を表明して腐敗した宗教集団にプロテストする(そして分立する)セクトとは異なり、カルトが最初から宗教組織として出発するとは限らないのである。スタークとベインブリッジは三つの等級のカルトを設定することで、この問題に応えている[Stark and Bainbridge 1985, pp. 26–30]。オーディエンス・カルト audience cult、クライエント・カルト client cult、カルト運動 cult movement がそれである。三者は組織化の達成度において異なるのである。

オーディエンス・カルトとは、最も散漫で組織化されていないカルトをいう。新奇なもの、神秘的なものについての情報を新聞・雑誌・テレビ・ラジオ等のマス・メディアを通して知り、関心を寄せる人々がこのタイプのメンバーであるといえる。[14] メンバーの活動は消費行動程度に過ぎず、個人的なエンターテインメントやスリルのみを欲して、消費者同士で結びついたり、また情報提供者により深く関与しようという意欲に乏しいため、組織化には至らないのである。また情報発信者の側にとっても、オーディエンスの組織化は意図されていない。神秘主義的テーマを扱う講演会、書籍・雑誌、テレビ番組が開催され発売され放映され、人々がその参加者・読者・視聴者となるとき、このカルトは現れるのである。

次にクライエント・カルトであるが、ここで教えを広めようとする人々と教えに与る人々との関係はセラピストと患者、もしくはコンサルタントとクライエントの関係に似る。このレベルのカルトにおいて供与される「覚醒」や「癒し」は、クライエントのカルトへのかかわりを部分的なものにとどめがちである。なぜなら、それらを得てクライエントが救われ個として自立を果たすや、カルトとの継続的かかわりを必ずしも必要とはしなくなるからである。また、クライエントが他の宗教運動や制度的宗教との関係を維持していることも多い。とはいえ、サーヴィス提供者の側に組織化への意図が見られ、この点で、このタイプがオーディエンス・カルトより組織化の度合いにおいて高いということができる。

「宗教組織」という言葉に値すると考えられているのは、三番目の下位類型であるカルト運動だけである。カルト運動は人々を回心へと導き社会の変動を誘引しようとするものであり、二重のメンバーシップを許さない厳格な組織であるとされる。多くが虚弱な組織であって、指導者の得た新たな啓示や霊的メッセージを主題に定期的に催される勉強会のようなものが、一般的形態である。あるいはメンバーに高いレベルの関与を要求し、厳しい道徳生活を要求するケースもある。この場合には、現実社会との緊張が高まることが予想されよう。

2　提供される代償と組織化

スタークとベインブリッジは、カルト運動と他二者(オーディエンス・カルト、クライエント・カルト)とは、各々がそのメンバーに提供する代償 compensator の質と普遍性によって分かたれると述べる[Stark and Bainbridge 1985, p. 30]。そしてそれが、三つのサブ・タイプの組織化レベルを決定することになる。

彼らによれば、人間とは報酬 reward を求めコストを避けようとする存在である。[15] しかしながら、人間すべてが求めながらも通常世界では誰もが決して獲得できない報酬が存在している。「永遠の生命」といったものが、それにあたる。そこで、報酬に代る代償が生み出されることになる。代償とは「すぐには確かめられない未来で、あるいはどこか別のコンテクストにおいて報酬が得られるであろう、という信念」[Stark and Bainbridge 1985, p. 6]をいう。それは特定的 specific 代償と普遍的 general 代償に二分されるが、前者は特定祈願者への特定の約束であり、後者はすべての人間に対する約束といえよう。特定的代償は、その妥当であるか否かがいずれ判明し、その時点でそれを提供された者の提供側との関与は原理的に終了する。オーディエンス・カルトは当座的なスリルやエンターテインメントといった特定的代償を扱い、クライエント・カルトも病気快癒や具体的アドバイスといった特定的代償の提供にとどまりがちで、それらが「宇宙の意味」まで明かしてくれることは少ない。したがって両者への関与は代償を得た後にも継続される必要はなく、このカルトの二つのサブ・タイプが組織化への道を歩んでゆくということにはならない。対して、普遍的代償が有効であるかどうかは、代償を受ける側の生が続く限り白黒つけられるものではなく、彼らはその(「永遠の生命」のような)代償に魅力を認める限り供給側と持続的にかかわることとなり、それゆえに組織化は必然となる。この普遍的代償を供給するものこそ――デュルケムのいう「教会」を生成させるがゆえに――宗教にほかならず、カルト運動がそれにあたるのである。以上が、スタークとベインブリッジによるカルトの三類型についての説明である。

3　カルト類型の有効

このカルト論に依拠するなら、現代日本において耳目を引く宗教集団を次のように描き直してみることができるだろう。すなわち、新新宗教はその教えと実践におけるシンクレティズムゆえに文化革新型のカルト運動と把握できる。組織宗教もその萌芽期においては文化革新型のカルト運動として世に現れたと、推測できそうである。また、数の点で少なく勢力の面でも小さいがゆえに前節では言及しなかったものの、日本国内に活動中であるものみの塔聖書冊子協会(エホバの証人)やクリシュナ意識国際協会等の日本発祥でない諸集団は、文化輸入型のカルト運動と認識できる。

ゆるやかにつながるスピリチュアリティ探求者群も明らかにカルト的存在であるが、スタークとベインブリッジのカルト論に依拠することで、これをカルトのサブ・タイプに二分化することが可能である。一つはスピリチュアリティに関する情報を消費する「だけ」の人々――ここではスピリチュアル情報消費者群と呼ぼう――であり、それはオーディエンス・カルトと把握できる。しかし、ここで与えられるエンターテインメントといった特定的代償だけに満足を覚えず、自身の一層の深化を求める人々もまた確かに存在している。まったくの個人レベルで神秘探求・意識変容・潜在能力開発を行うことに不安と孤独を感じる彼らは、獲得した知識の質の良否や、どこまで自身が到達しえたかを教えてくれる専門家(コンサルタント、セラピスト)を求め、彼らの主催するセミナーやワークショップに参加してその指導を参考にしようとするのである。かくしてスピリチュアル情報消費者たちが集まった結果として形成される(可視、不可視の)集団——ここではスピリチュアル・セミナーと呼ぼう——が第二のものであり、それをクライエント・カルトとして捉えるのである。スピリチュアル情報には日本古神道や土着的シャーマニズムにかかわる「新たに発見された」情報、さらにはニュー・エイジ・サイエンス、インドや中国をはじめ古代文明の神秘思想の類も顕著であり、その点でこのサブ・タイプにおいては文化革新型はもとより文化輸入型も侮り難い展開を見せているといえるだろう。このように描き出すことによって、スピリチュアリティをめぐる現今の状況はより正確に把握されたはずである。

かく見てきたところから、カルト——およびその三つの下位類型——という類型の有効であることがうかがえるであろう。現今の日本の宗教シーンを賑わす宗教集団は、確かにこの概念によって捉えることができる。さらに、日本以外の先進産業社会において活動的と思われる新進の宗教集団は、日本におけるそれと重なるところ小さくないと考えられる。

たとえばアメリカにおいて、一九六〇年代末から七〇年代にかけ、カルト生成環境 cultic milieu が形成されてきたとはトマス・ロビンズの主張するところである[Robbins 1988. p. 5]。彼はこの環境を構成するものとして、七〇年代の福音主義的キリスト教のリバイバル、サイケデリック下位文化の普及とアメリカ西海岸のヒッピー・シーンの広がりを挙げている。さらにロイ・ウォリスとスティーヴ・ブルースの指摘するヒューマン・ポテンシャル・ムーブメントの伝播、「成長」と「自己実現」を可能ならしめる秘儀的セラピーの急成長も[Wallis and Bruce 1986, pp. 157-190]、この環境の一部として捉えている。これらに五〇年代、六〇年代のSF下位文化 scientific fiction subculture の影響力が加わり、カルト出現の条件が整えられていったというのである。地球外生命体による人類の救済を訴えたUFOカルト、科学と宗教との接合を謳う団体、終末思想を奉じるコミューン型教団、東洋思想とそれに基づく技法の振興に邁進した(文化輸入型の)カルト等々は、この文脈から登場してきたものといえるであろう。そして他の先進諸国にも、アメリカの文化的ヘゲモニーのもと、また各国独自の宗教事情の反映として——程度の差こそあれ——カルトを生起させる環境が形成され、二〇世紀も終わりに近づく頃には宗教が重大な社会的イシューとなっていったのである。

そうであれば、カルトの類型は力を発揮することができると予想される。宗教集団の国際比較研究にあたり、有力な手立てとして期待できそうである。

第三節　カルト類型の限界

1　カルトと民俗宗教・組織宗教・制度的教団宗教

カルトはそのシンクレティックな創造を根拠に自らの新しさをアピールするがゆえに、またゆるやかな結合を指示するがゆえに、本書の目的にとってきわめて有効な概念であると思われた。その類型によって日本のみならず他宗教文化圏における新しい宗教運動を捉えることができるからであり、近年その存在がクローズアップされてきたスピリチュアリティ探求者群(スピリチュアル情報消費者群およびスピリチュアル・セミナー)をも捕捉することができるからである。

では日本における民俗宗教は、カルト類型との関連でどう捉えることができるだろう。それは、シャーマンを核に形成される集まりのゆるやかさゆえに、カルト的であるといえそうである。しかも、呪術的に救済された人々がその後もシャーマンとの関与を続ける可能性は低いと推測されるため、クライエント・カルト的存在であるといえるかもしれない。しかし、既述の通り、民俗宗教は土着的伝統に則る。カルトのメルクマールであるシンクレティックな創造性には乏しいものである。そうであれば、この宗教集団をカルトと見ることは難しく、もちろんセクトとも見なし難い。伝統に則るとはいえ伝統の腐敗を糾弾するとは限らず、母教団から分派したものであるとも限らず、加えて組織化レベルは低いがゆえである。

日本社会においては、カルトともセクトとも認識し難いものながら、民俗宗教のように旧来の伝統の範囲内で新たに出現する宗教集団が現実に存在している。そして日本における新しい宗教運動の大部分が、民俗宗教として自らの歴史を刻み始め、やがて独自の救いの技や世界観を創出するに至って発展を果たしていることは確かなことである。民俗宗教もまた――カルトと同様に――宗教集団・組織の始点である。それらの存在を軽視することは、到底できない。

また、萌芽期においてはカルト運動であったにせよ、いまや脱呪術的合理化を果たし高度な組織化を達成するに至った組織宗教は、カルトを含む宗教集団の類型論のなかでどのように位置づけられるべきであろうか。年月を経て、それらは周囲の社会環境と協調する存在に転化しているはずである。そうであるからといって組織宗教は、もちろんチャーチではない。さらに、より重厚な伝統を誇る制度的教団宗教については、どう考えるべきであろう。伝統的仏教諸宗派に人々が関与する契機として葬送儀礼が指摘できるが、一連の行事終了後に関与が途絶えるとなれば、人々はクライエントに匹敵し、その限りで諸宗派の様相はクライエント・カルトに似る。しかしそれらは、伝統の基盤の上に立ち組織レベルも高度であることから、決してカルトではなく、全体社会を包摂するというチャーチ的特性も有していない。さらにそれらをデノミネーションの類型によって捉えることにも――デノミネーションはチャーチ-セクト連続体の延長上に位置づけられるものであるがゆえに――慎重ならざるをえない。となれば、いかなる類型をこれらに与えるべきであるか、問題は残る。

本書の目的は宗教文化の境界を越えての比較研究への道を切り拓くというものであった。そのために宗教集団類型論に光をあててきたのである。日本における宗教集団を類型論のなかにどのように位置づけるか、この課題を解決する試みが続けられねばならない。そしていうまでもなく、日本以外の文化圏における宗教も視野に入れた新たな類型論を探求するのでなければ、議論を続ける意味はない。

その目的へと近づくために本書が着目してきたのがカルト類型であり、とりわけスタークとベインブリッジによるカルト論の明晰さを評価してきたのである。しかしながら彼らの議論もまた、日本における宗教集団を包み込むには不十分であることが明らかとなった。さらに彼らの議論を振り返って検討を加えるなら、それもまた従前の諸類型論と同じく、特定(キリスト教)文化圏の枠内にとどまるものであると結論せざるをえない。

2　カルト類型の問題点

スタークとベインブリッジは、十全な意味での宗教組織に値するものとしてカルト運動という下位類型を設定し、それは社会変動を惹起せんと企て、二重のメンバーシップを認めないものであると定義している。ここから、カルト運動の持つキリスト教へのバイアスが看取されるであろう。キリスト教の理念は、「神の国」建設のため悪しき現世の改造を志向するところにある。そしてその風土に現れるカルト運動もまた、風土の影響を受けて社会の変革に執心すると理解されるのであろう。ところが日本におけるカルト運動、すなわち初期段階にあった組織宗教と新新宗教が社会の体制に言動を及ぼすことは稀である。キリスト教世界とは異なり、宗教が社会全体を包摂した歴史を有さない日本にあっては、宗教は社会の変動に身を委ねる存在であり、変動を引き起こそうとするものではない。確かに「世直し」を標榜した(旧)新宗教が急激な近代化・資本主義化過程のなか、また第二次世界大戦後の復興期のアノミー状況下でいくつか現れてはいるが、昨今の「(物質的)豊かさ」のなかで社会変動への能動性を見せる新新宗教は、ほとんどないように思われる。[16]社会状況が悪いとすれば、その原因は体制にあるのではなく、社会の構成員である一人一人の心の堕落にある、とそれらは説くからである。したがってそれらは社会変革に目を向けない。また、日本人は宗教に複属することを常態としており、このことは当該人物が新しい宗教運動のメンバーであったとしても稀なことではない。先祖祭祀を核に各「家」が伝統的仏教教団との間に築いてきた関係は、維持されたままであることが多い。新しい宗教の側も個人の精神のなかでの宗教の棲み分けを許しているのが常であり、これによって伝統を誇る教団との摩擦を回避することができる。キリスト教世界ではあるべきことではないであろう。

加えて、カルトというターム自体の学術用語としての適否が、見直されなければならない。カルトはいまや、社会秩序を脅かし個々の人生に悪影響を及ぼすばかりの危険で胡散臭い宗教集団、というニュアンスで一般に受け取られているからである。この問題について、詳しく述べる必要は最早ないであろう。日本においてカルトといえば、「青春を返せ」裁判において被告側にある統一教会がその代表格として名を取り沙汰され、またオウム真理教の名も容易に想起される。[17]カルトには「反社会的」という形容詞がついてまわるものとするのが、一般的理解である。アメリカにおいては、カルトが自分たちの子どもを奪ったと主張する親たちの行動に端を発する反カルト運動 anti-cult movement が全国規模で展開し、多数の反カルト組織が結成されるに至っている。[18]さらにこの運動はヨーロッパにも飛び火し、異質な宗教や新しい宗教運動に対する警戒心を呼び起こす。ヨーロッパではそれらをカルトというよりセクトと呼ぶ習慣があり[中野 二〇〇二、一七〇頁]、そのためにアンティの動きは反セクト運動、反セクト・キャンペーンという呼称で一般に知られている。とりわけフランスとベルギーが最も厳しい反セクト政策を打ち出しているとされ[中野 二〇〇二、一七〇頁]、フランスでは二〇〇一年に「反セクト法」[19]

の成立を見ている。さらに追記しておくべきは、一九九六年にEU議会において「ヨーロッパのカルトに関する決議」が採択されたという事実である。これはEUの公式文書でカルトという用語が使われた最初の決議であり、そこではカルトへの警戒・対策を講じるよう勧告がなされているのである［中野 二〇〇二、二一五—二一六頁］。これがカルト、のみならずセクトをめぐる先進諸国の現実である。このように、日常および政策の領域におけるタームの意味はネガティブなニュアンスが濃厚であり、それと社会学的意味とがあまりに乖離している現状を考慮すれば、学術用語としてカルトは——さらにはセクトも——適性を欠くといわざるをえない。(20)

スタークとベインブリッジによるカルト論が示した明晰な分析力は高く評価されるべきであると、ここで本書はあらためて指摘しておきたい。しかしながら前記理由で、カルト概念を用い続けることの問題点も同時に考えられねばならない。現代日本の活発な宗教集団を捕捉しうるという明晰な分析力を残しながら中立的ニュアンスを持つ新しい諸類型が、カルトおよびセクトに代って提起される必要があるだろう。もちろんそれがチャーチやデノミネーション的宗教集団、さらには日本における組織宗教、制度的教団宗教をも視野に取り込むことができなければ、本書の目的は放棄されるも同然である。

第四節　新たな宗教集団類型へ

スタークとベインブリッジのカルト論において、現代の宗教状況を把握するにとりわけ有効と思われたのは、従来の宗教集団イメージとは異なるオーディエンス・カルトとクライエント・カルトという二つの下位類型であった。社会の全領域を覆っていた聖なる天蓋が瓦解し、宗教が私的事柄へと変化したといわれる今日の世俗社会にあって、教団組織という外殻をまとった宗教のみへの研究対象の限定は現代宗教の分析を不完全なものにとどめることになろう。いまや、「教会との関係を持ちえない、あるいは持とうとしない人々にとって、非教会的な宗教 unchurched religions が人間の基本的要求を満たすように思われる」[Stark, Hamberg and Miller 2004, p. 135] 時代である。前記二タイプに拠るなら、私化された宗教性のあり様を浮き彫りにできるのである。

1　権威志向-自律志向

オーディエンス・カルトもクライエント・カルトも、そのメンバーのカルトへの参加は個人に運命的に与えられた義務ではなく、自発的な選択の結果であろう。その限りでは、両下位類型は残る一つの下位類型であるカルト運動と異なるところはない。ただ、カルト運動への加入が指導者――通常はカリスマを有すると見なされた――への帰依に発し、加入後は彼(もしくは彼女)の権威に全面的に服する点において、そこに属するメンバーは権威志向的 authority-oriented なものである。ここでは、権威的・絶対的指導者の提示する運動目標の達成に向け、メンバーの諸活動が動員されてゆくことになるだろう。

対してオーディエンス・カルトとクライエント・カルトへの加入の動機はあくまでメンバー個々のレベルでのエンターテインメントや覚醒、癒しを求める欲求にある。そしてその欲求は権威に寄りすがることによって満たされるものではなく、個々の研鑽次第で実現されるものであろう。オーディエンス・カルトの構成員は権威者に自らを委ねて指導されることを好まないがゆえにオーディエンスたることを選ぶのであろうし、またそうするまでには決意が熟していない者たちであろう。クライエント・カルトでは、コンサルタントやセラピスト的指導者への敬意がメンバーたちによって表明されるかもしれない。しかしそれは、指導者のカリスマ的全人格に対してというより、彼らの技術や知識にのみ捧げられるものである。メンバー自身が技術・知識を習得してしまえば、あるいは技術・知識への信頼感が薄れてしまったならば、彼らにとってこのカルトの存在意義は消滅する。その限りで、両下位類型のメンバーは自律志向的 autonomy-oriented であり、人々が宗教の買い手となった私的宗教性の時代に相応しい。その集団(集まり)には全体としての目標は存在せず、したがって両下位類型メンバーの自由度は高く、集団への献身は強要されるものではない。

2　ネットワーク形成-組織運営

しかし、オーディエンス・カルトとクライエント・カルトとの間には差異が存在している。それは、カルト・サーヴィスを提供する側の志向における差異である。前者のメンバーにあっては自らを集団成員であるという意識を有さない場合が普通であろう。マス・メディアを筆頭とするサーヴィス提供者としても、その求めるところは関心を寄せる人々によるネットワークの形成 network formation であり、彼らを編成して彼らに君臨し、何らかの動きを実現しようという意図を見せるものではない。この点で、オーディエンス・カルトは私的宗教性を最も純粋に追求する人々によるゆるやかな一群であるといえる。そしてここでいうネットワークとは、成員資格を限定せず、参加したい者が自己の主体性と責任において参加する統合性をほとんど持たない集まりのことであると定義しておこう。

一方、クライエント・カルトの指導者は規則を設定してメンバーに遵守するよう求め、厳密なトレーニング・メニューを提示し、メンバーの達成度に応じて資格を授与するなど、合理的な組織運営 organization management を志向するはずである。経済面への配慮も、指導者は怠ることができない。収益は組織を運営するための燃料だからである。さらに、スタークとベインブリッジによるクライエント・カルト論を補って述べるなら、このカルトの下位類型が成員に約束する「癒し」「覚醒」は成員個々への特定的代償であると同時に、普遍的代償のニュアンスも含み持つ。癒され覚醒されるべきは特定者でなく、すべての人々であると指導者が考えるなら、そして癒しが歯痛の除去のような即時的なものではない、長い期間をかけて達成されねばならないものと考えられるなら、自律的成員は組織の成員となりうる。この点からも、クライエント・カルトにおける組織運営への志向が知られる。ここでいう組織というタームを本書は、ネットワークの対極概念として用いるものであり、官僚制的な強固なシステムのイメージで用いるものである。そしてこの指導者の志向性は、カルト運動の指導者も共有するところのものであろう。彼らもまた、信者を獲得し教勢を発展させて運動の目標を達成するために、合理的組織運営を心がける必要があるはずである。ただクライエント・カルトの組織目標は指導者層のみが考慮するものであるのに対し、カルト運動の組織目標は指導者層のみならず帰依者を巻き込んで達成が目指されるという点で、両者は異なる。

3　四つの新類型

メンバーの志向と指導者（スピリチュアル情報の発信者を含む）の志向に注目してかく考えるなら、スタークとベインブリッジによって設定されたカルトの三つの下位類型を、組織化レベルに着目した彼らの意図を損なうことなく、そしてカルトというタームを用いることなく、表現し直すことが可能である。すなわちカルト運動という概念に代えては、権威志向型組織 authority-oriented organization という概念をあてることができるだろう。そしてオーディエンス・カルトは自律志向型ネットワーク autonomy-oriented network と捉えることができる。

クライエント・カルトは自律志向型組織 autonomy-oriented organization である。さらにいえば、日本における新新宗教は権威志向型組織と読み替えることができ、マス・メディア等のスピリチュアル情報の生産・発信者とそれを受け取り消費する未組織大衆(スピリチュアル情報消費者)とが形成するのは自律志向型ネットワークであるといえるだろう。そしてスピリチュアリティ探求者群のなかで積極性を見せる部分が集うスピリチュアル・セミナーとは、自律志向型組織である。

もう一つ、現代日本の宗教シーンを賑わす民俗宗教については、どうであろうか。指導者であるシャーマン的人物が人々によって求められるのは、彼らが病気をはじめとする此岸における生活上の危機に直面し、世俗的手段を用いてはその克服が困難と判断したときであろう。人々は最後の拠り所としてシャーマンのもとに足を運ぶのである。伝え聞いたシャーマンのカリスマに人々が望みを託す限り、シャーマンの指導に異を唱えて自律性を発揮することなどありうることではない。志向されるのはカリスマを背景としたその権威である。ところがシャーマンは自らを中心とした集団を形成しようとする意図に乏しい。またシャーマンのクライエントに与える代償の特定的なるがゆえに、その支持者を糾合しての集団結成は容易なことではない。日本におけるシャーマンを時に称する「拝み屋」という言葉が雄弁に物語るように、シャーマンにとってはサーヴィスの代価を支払う「客」がゆるやかなネットワークを形成していれば十分であり(あるいはそれすらも望まない)、自らと強くつながる信者を欲するものではないのである。合理的組織運営など、彼らの念頭にはないものであろう。それが着手されるときは、シャーマンがクライエントでなく信者をつくることを意識して「進化」を始めたときである。ここから本書は、民俗宗教を権威志向型ネットワーク authority-oriented network と把握しよう。

以上をまとめるなら、図2-2のように提示することができる。権威志向-自律志向、ネットワーク形成-組織運営の二本の軸の交叉によってできる四つの象限にカルトの三つの下位類型と、現代日本の宗教シーンに活発な

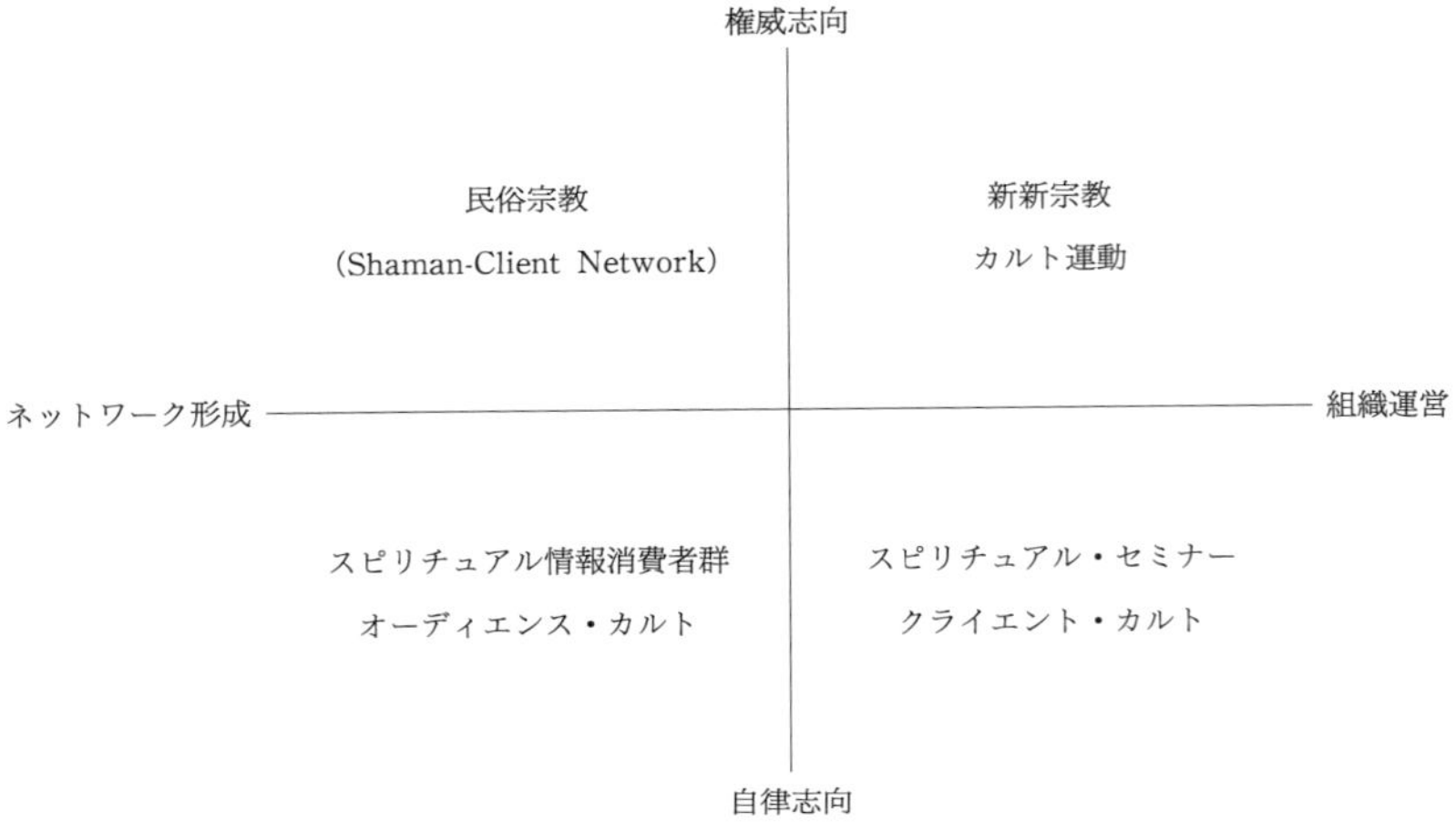

図 2-2. 現代日本における活動的宗教集団の四タイプ(およびカルトの三下位類型)

展開を見せる宗教集団がそれぞれ納まることになる。繰り返すが、本書は宗教集団の通(宗教)文化的比較を可能ならしめる新たな集団類型の構築を目指すものである。ここで四つのパターンを成立せしめた類型化の規準は、その目的に供するはずである。

このことを説明するために、再び塩原による議論に言及しよう[塩原 一九九四]。塩原は社会生活を近代的・組織的・中心的といえる公式セクターと、反-、非-、脱-近代的・非組織的・周辺的という特徴を有す非公式セクターとからなる二元構造として把握した上で、——日本社会の近代化が一応の達成を見た——一九七〇年代を境に両セクター間の関係に変動が生じていることを指摘している。すなわち、公式セクターと非公式セクターが差別的に分業していた状態から、対抗的・相補的に分業するよう変動していったというのである。そしてこの同じトレンドが——医療・政治・産業・労働の分野のほかに——宗教の領域においても看取できるという。宗教における公式セクターとは、塩原の類型でいう制度的教団宗教・組織宗教を指し、非公式セクターとは新新宗教・民俗宗教をいう。七〇年代以前、公式セクターは非公式セクターをモダニズムに相応しくない存在として軽視し、非公式セクターは社会の周辺部で細々と命脈を保つという状態であったと描けるだろう。ところが七〇年代以降、かかる差別的関係は変質する。公式セクターはその（過度な）合理主義と組織性ゆえに現代人の宗教的ニーズに応じることができず停滞し、出入り自由な低い組織化レベルと非合理主義・神秘主義によって特徴づけられる非公式セクターが人々にアピールし支持を得て台頭し、その結果、両セクター間の関係は対抗的・相互補完的なものへと変わっていったというわけである。ここから、組織の冷徹さを好まない現代人の性向を読み取ることができるだろう。強力な近代的組織が機能を発揮したからこそ物質的豊かさが実現されるに至ったことは確かなことである。しかしいま、豊かさと引き換えに得た近代化の負の遺産――自然環境・メンタル環境の悪化――に直面せざるをえなくなった現代人は、堅固な組織を「負」を産み出した元凶と見なし、その束縛を敬遠するようになったと解釈できる。かといって個々がまったく独立した生活を営みうるはずもなく、組織への没入と個の独立との中間項であるネットワーク的結合に関心が寄せられて、これが現代人の「集まり」の特性となる。さらにいえば、組織という自己を超える巨大なるもの、そしてその中枢に位置する巨大な権威的存在への人々の服従を条件に達成された近代化プロセスがトーン・ダウンしたいま、巨大な力からの解放を経験した現代人は自らの手で自らの人生を紡ぐ自律的な生き方という選択肢を得たと理解できよう。その結果として、非組織的なもの、ネットワーク的結合が好まれるのである。

宗教に関与するとは、自分自身による判断を停止して権威的存在に自らを委ねることであり、強固な組織のなかに身を置くことであるとするのが、かつての一般的見解であろう。こうした宗教とのかかわりは、伝統的宗教勢力がいまも変わらぬ影響力を行使している社会ではノーマルなパターンであり続ける。しかし塩原の研究が示唆するように、自律を志向しネットワークに参加するというオプションが日本において人々の前に提示されることになった。さらに宗教の世俗化・私化を経験している先進産業社会全般がポスト・モダンの諸問題に対峙するとき、人々はこの同じオプションを手にしているであろう。もちろんそこにあっても、権威に身を委ね組織に組み込まれるという宗教関与のあり方は、依然なくなってはいない。権威志向-自律志向、組織運営-ネットワーク形成という二組の変数によって現代宗教の通文化的比較研究を試みることが有効であると考える理由は、ここにある。

4　四つの新類型と古典的類型(宗教における公式セクター)

さらに本書の目的へと向かうためには、二組の変数によってチャーチ-セクト-デノミネーションという古典的類型が解釈可能であることを示さねばならない。まずチャーチについて見るなら、これは完成された権威志向型組織であるということができる。そこに所属するメンバーは制度化されたカリスマ的権威を志向し、聖職者は官僚制組織を運営し維持することに精励するであろう。セクトの指導者もタイトな組織運営を志向するはずである。セクト結成にあたっての至上命題である伝統の復興は、そうせずには果たしえないほどの難題だからである。ただ、セクトの万人祭司主義は、メンバーの自律志向性を刺激せずにはおれない。セクトの存亡は個々のメンバーの活躍如何にかかっているからである。したがって自律志向型組織といえるセクトは——スピリチュアル・セミナーもクライエント・カルトもまた——指導者とメンバーの思惑の違いに発する矛盾を内部に抱えた不安定な宗教集団であるといえる。この元来有していたセクト性を薄れさせ、世俗世界や他の宗教集団との協調を果たすようになったものがデノミネーションであり、これは権威志向型組織と捉えられるであろう。ここでは、メンバーは自律的裁量の重さから逃れて権威に寄りかかるようになり、指導者の組織運営に協調するようになったものと考えることができる。

現代日本に活発に活動を展開する宗教における非公式セクター以外のもの、つまり宗教における公式セクターについては、いかがであろうか。既成化した旧新宗教つまり組織宗教では、神話化された教祖のカリスマ的権威が信者によって志向され、第二・第三世代が中心になった彼らをつなぎ止めるべく、指導者側は組織の引き締めを図っているように思われる。組織宗教よりはるか昔に成立した制度的教団宗教についても、事情は変わらない。宗祖とその法脈に連なる聖職者を権威を有する存在として信者は尊重し、伝統的儀礼の執行を彼らに委嘱しているだろう。教団中枢は――仏教諸宗派の場合でいえば本末関係に表されるヒエラルヒーに拠って――末端を厳しく統制下に置き、強固で巨大な組織運営を行うこと星霜を経て現在に至っている。公式セクターにあたる二類型はともに、権威志向型組織と認識できるだろう。

この限りでは、現代日本でやや停滞気味と認識できる宗教集団も、そして活動的な新新宗教も、チャーチあるいはデノミネーションと同タイプである。しかし日本におけるそれら宗教集団のメンバーそして指導者の志向性は、一神教世界におけるそれに比較すれば強いものではないように思われる。多神教世界である日本の風土ゆえに、メンバーは権威的存在を重んじながらもそれを絶対視せず、自主的に別の権威的存在を探して自律的な宗教生活を営むことを罪とは感じていない。そして指導者側も、メンバーのかかる宗教生活に対して寛容な態度で臨んでいるように思われる。(21) こうした事情が、近現代の日本社会にあって活動的な宗教の生まれ来る地盤となっているのであろう。(22) こう推測するなら、デノミネーションが並立するアメリカにおいて新しい宗教運動が頻出しているという現象の背景が理解できるかもしれない。すなわち、デノミネーション・メンバーが自律化へと向かい、指導者による組織運営がゆるやかになっていると解することができるのではないだろうか。

5　八つの新類型

以上のように考察しただけでは、十分ではない。このままでは権威志向型組織というカテゴリーで把握すべき宗教集団が多彩に過ぎることになり、分析の切れ味を鈍らせることになりかねない。ここで、スタークとベインブリッジのカルト論を評価したもう一つの根拠に再び着目することにしよう。カルトとセクトとを弁別する規準、換言すれば、カルトが新しい伝統を創始するという視点——セクトが(腐敗した)伝統の復興を目論むという視点——を活かそうというのである。

「新伝統の創始」に注目するのは、日本のような多元的宗教風土において「創始者」が引きも切らずに現れるからにほかならない。また欧米のような一神教世界においても、宗教が市場に並べられて人々の選択を待つ存在へと化した世俗化の時代には、新規商品(新伝統)を開発することに対する社会からの抵抗も小さくなっていると考えられるからである。さらにいえば、キリスト教やイスラームといった世界宗教も、その萌芽期においては新伝統の推進者であった。いかなる宗教集団も最初は新しい何者かとして自己呈示したのである。それゆえ、本書が探求する宗教集団論の起点に、伝統を創始する創唱的宗教集団を置こうというのである。

創唱的宗教集団は自らの存在(出現)理由を新伝統に求める。同様に、宗教の持つイデオロギー的側面に着目するなら、その存在理由を既存の伝統に求めるタイプの宗教集団が析出できるだろう。伝統(保存)的宗教集団である。そこでは、既存の教えに基づく宗教生活を営むことが善であり、義務であるとされるものである。そしてここで導入された創唱的 foundational-伝統的 traditional という類型化の規準は、いま世界各地の宗教シーンで注目されているものが新宗教運動の展開であり(その対極である)原理主義的動向であることを考慮するなら、比較分析にとって有効であろう。さらに、創唱された新伝統が確固たる伝統に成長するという時間軸をパラダイムに組み込むことになるがゆえに、宗教の過去・現在・未来を跡づけ展望することが可能となるであろう。

先述の権威志向-自律志向、組織運営-ネットワーク形成の二軸に加え、宗教の教義レベルでの分類である創唱的-伝統的という軸を構想に組み入れることによって、本書はここに八つの宗教集団類型を提示しよう。宗教文化の境界を越えるというカルト概念のメリットを活かした上で、カルトというスティグマタイズされたタームを用いることなく、構想された宗教集団の諸類型である（図2-3）。

タイプI〈創唱的権威志向型組織〉

カルト運動、新新宗教、（組織宗教）

新たな世界観、そしてそれに基づく新たな救済財を開発して世に現れた宗教集団であり、その中枢に――大抵の場合カリスマ的な――教祖的人物があって、その宗教的権威に信者は服するものである。組織化レベルは高く、それがゆえに信者に対してはタイトな統制が実施される。なお、ここに組織宗教を括弧を付して掲げたのは、合理的組織編成を終えてはいても、教義の合理主義的整備という作業においていまだ完成に至っていないということが現実にありうるからであり、教祖以降の後継者たちによって新たな啓示が加えられ教義自体が成長の途上にある、というケースに該当する組織宗教も考えられるからである。

タイプII〈創唱的権威志向型ネットワーク〉

新たな世界観と救済財を提示して現れた教祖的人物を中心とした集団で、「信者」はそのカリスマ的権威に服そうとするものの、指導者自身は「信者」を欲せず、「クライエント」もしくは「ファン」を欲して、彼らとの

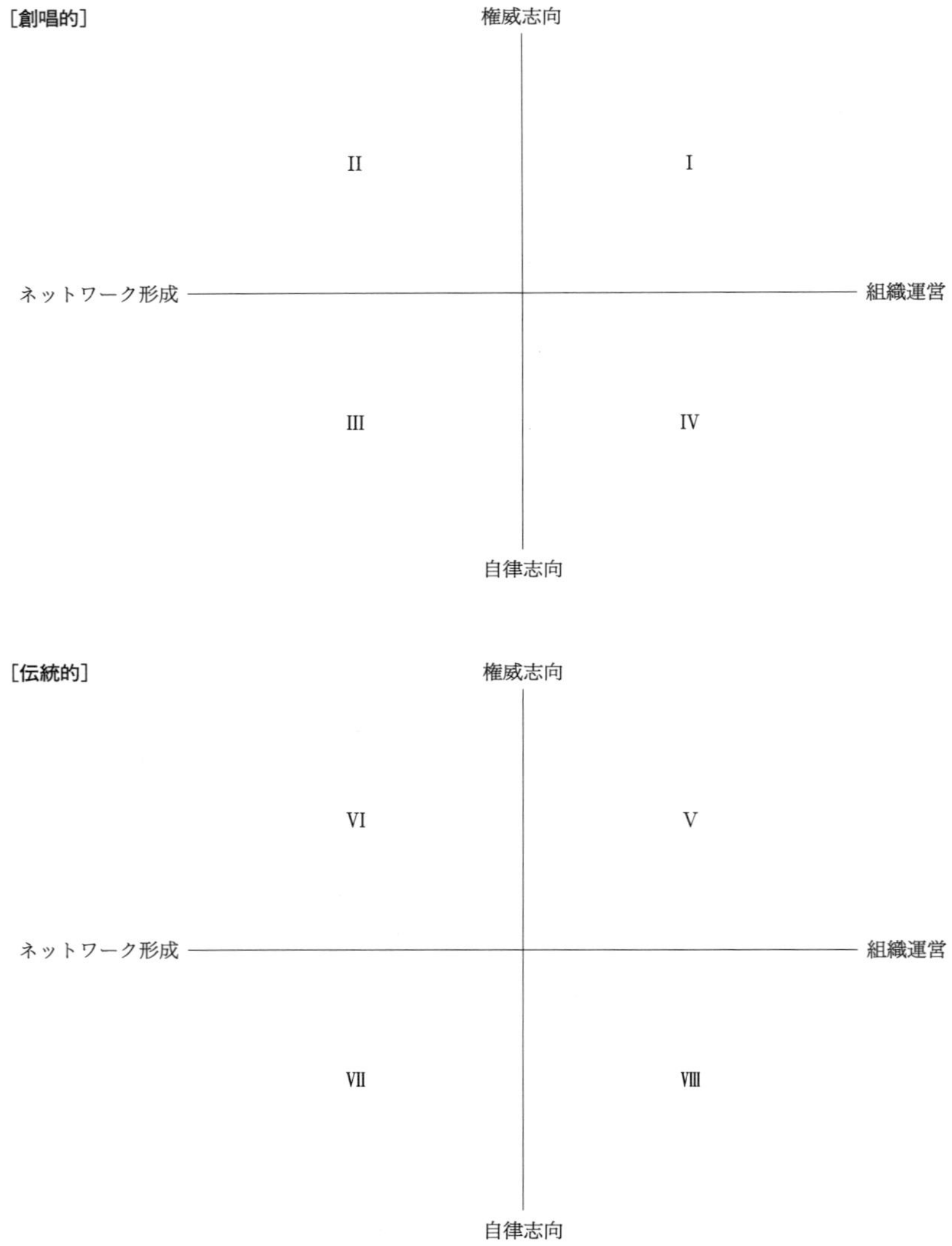

図 2-3. 宗教集団の 8 類型

関係を部分的・一時的なものにとどめようとする。指導者の志向と「信者」の志向との間にかかる齟齬が見出せるがゆえに、この宗教集団が永く存続するとは予想されない。いずれ「信者」がその熱い思いに応えない指導者を見放して集団の消散を帰結するか、あるいは指導者が「信者」に呼応して組織の整備へと向かい、別タイプの宗教集団――創唱的権威志向型組織――へと変質することも予想される。

タイプⅢ〈創唱的自律志向型ネットワーク〉

オーディエンス・カルト、スピリチュアル情報消費者群

宗教・スピリチュアリティにかかわる新奇な情報の発信者と情報受信者によって形成されるゆるやかな集まり。ここでは、情報受信者は自律的に(消費)行動に従い、発信者は受信者を組織化する意図を示すものではない。

タイプⅣ〈創唱的自律志向型組織〉

クライエント・カルト、スピリチュアル・セミナー、(新新宗教)

このタイプの宗教集団においては、新たな世界観と救済財を提示して現れた教祖的人物が「信者」を糾合してタイトな組織運営を目論むものの、「信者」は自分自身を単独の「探求者」もしくはクライエントと認識して、宗教集団との持続的で没入的な関係を築くことに躊躇している。したがって、指導者と「信者」の志向の差がこの集団を不安定なものにせざるをえない。またこのタイプには、スピリチュアリティにかかわる新奇な情報に習熟した人物が、その種の情報に関心を寄せる人々を対象に運営しているセミナーも該当する。セミナー運営をビジネスであると指導者が位置づける限り、そこに属す者はクライエントを超えるものではない。クライエントはセミナーとの持続的・没入的関係を結ぶことはなく、そのため指導者は不断にクライエントを集め続けねばなら

ない。なお、このカテゴリーに属するものとして新新宗教を括弧を付して掲げているのは、その教団中枢が信者の他宗教集団への複属を黙許して彼らの自律的宗教生活に厳しく臨まない場合があると思われるからである。

タイプⅤ〈伝統的権威志向型組織〉

チャーチ、デノミネーション、制度的教団宗教、組織宗教

自身の拠る教義体系を確固たる伝統であると認識し、それに裏打ちされた教団中枢を権威ある存在と自認している集団であり、信者もまたその伝統的なるものを承認し評価して従属するものである。成立後の永い歴史のなかで洗練されてきたがゆえに、その組織化レベルは高い。

タイプⅥ〈伝統的権威志向型ネットワーク〉

民俗宗教

伝統的宗教世界の枠内で成巫した人物の持つカリスマへの崇拝が見られるものの、指導者自身は「信者」を欲せず「クライエント」を欲して組織化を企図しない。

タイプⅦ〈伝統的自律志向型ネットワーク〉

宗教・スピリチュアリティにかかわる情報が新奇なものではなく、むしろ伝統的な題材に基づくものであって、それを開示するマス・メディアやウェブ・サイトの運営者と情報受信者との間に形成されているゆるやかなネットワークである。情報発信者側に受信者を組織化する意図は見られず、受信者もそれら情報を個人レベルの楽しみ、自己啓発の材料として受け入れているものである。

タイプⅧ〈伝統的自律志向型組織〉

セクト、（制度的教団宗教）、（組織宗教）

伝統的な教義体系を自身の存在根拠となし、その伝統の再興を目論んで活動する宗教集団として信者の組織化を図るが、同時に信者の自律性を容認するがゆえに集団としての安定性は低くならざるをえない。このタイプに該当するものとして制度的教団宗教、組織宗教がここに括弧を付して掲げられているが、それは両宗教集団が、日本のような宗教風土にあっては自信者の他宗教集団に関与することを厳しく禁圧せず、ある程度の自律性を黙認していることがあるからである。

以上が自律志向-権威志向、ネットワーク形成-組織運営、創唱的-伝統的という三種の変数によって成立する新たな宗教集団類型である。ただ、いかに新しいとはいえ、それだけで提示された諸類型が評価の対象となるものでないことはいうまでもない。それらを用いることでいかに有効な比較がなせるのか、宗教をめぐる現象をどう理解できるのか、それを示すことができないのなら新類型の意味はない。この課題は次章以下で検討されるため、本章では論じない。ただ、新しい諸類型に拠ることで、これまでの宗教集団論において弁別されてこなかった宗教集団を取り出すことができていることを示して、本章を終えることにしよう。タイプⅡの創唱的権威志向型ネットワークとタイプⅦの伝統的自律志向型ネットワークがそれである。

創唱的権威志向型ネットワークは、いわば宗教団体が公然のものとして成立する直前の形態であると見ることができる。組織を立ち上げる意欲に乏しい教祖的人物に対し、信者が自分たちの強固な信仰共同体の結成を希求するのである。そして時に信者の願いは現実化することがあるだろう。そうであれば、宗教組織が教祖の意図とは裏腹に成立しうることが理解できる。教祖でなく信者が宗教集団を創設するのである。また、創唱的自律志向型ネットワークの一群のメンバーが宗教情報発信者のなかにカリスマ的権威を認め、自身を信者と定義し直し始めたとき、このタイプは成立するともいえそうである。

伝統的自律志向型ネットワークもまた、旧来の枠組みによっては捕捉できなかったものである。スタークとベインブリッジによるオーディエンス・カルト——本章ではこれを創唱的自律志向型ネットワークと解釈し直している——とは、何かしら新しい宗教情報を消費する一群を指すものだったはずだからである。しかし、私化された宗教性の時代に人々が個人的に購入する宗教書は、新奇な情報に満ちたものばかりとは限るまい。教会・寺院とは没交渉であったとしても、伝統教団の聖職者による書籍・TV番組を消費して、伝統の許容する範囲内で信仰を深めようとする一群の存在も、軽視しうるものではない。だからこそ、この類型を独立したものとして設定しておくことは必要であると考えるのである。

本書の提唱する宗教集団の新しい類型論が宗教社会学研究において意味あるものかどうかは、それによって現実世界の宗教現象がいかに分析できるかに拠る。次章では、新類型に基づいての宗教集団の展開過程について、図式を提示しよう。既存宗教集団はその成立以降の時の流れのなかでメタモルフォーゼしつつ、現状へと至っているだろう。そして以降も何らかの変容を遂げゆくと予想される。ではその行方はいかなるものになるか、そして変容を促すものが何であるか、このことについて本書が解答を提示できるのであれば、新たな宗教集団類型は意味のあるものといえるはずである。

［註］

（1） アメリカにおいては一九六九年に起こったチャールズ・マンソン率いる「ザ・ファミリー」による女優シャロン・テート殺害事件を契機に、また人民寺院による集団自殺（一九七八年）事件以降、反社会的存在と目される宗教集団をカルトと総称することが一般的になる。日本では、統一教会による「洗脳」と信者の搾取の問題が法廷の場で取り上げられるにつれ、カルトという言葉が徐々に浸透を始め、九五年のオウム真理教事件以後、定着していったように思われる。

（2）この数値は石井の研究[石井 二〇〇七、四八頁]に拠った。ここで石井の提示している数値は『宗教年鑑 平成一七年版』に掲げられる数値をもとにしたものである。なお、以降に教勢を表すものとして引かれた数値も主に石井の著作に拠っている。

（3）日本人全体の七~八割が年に一、二回は墓参を行っている[石井 二〇〇七、七一—七二頁]。

（4）『宗教年鑑 平成二三年版』に拠った。

（5）たとえば「家の宗教から個人の宗教へ」の転換を目指した浄土真宗大谷派による同朋会運動、浄土真宗本願寺派による門信徒運動、浄土宗のおてつぎ運動など、一九六〇年代に始まった(やや古い)改革運動が実例である。もっとも、その成果については期待通りのものではなかったとの指摘がある[西山 二〇〇〇、一二七—一二八頁]。また昨今、伝統仏教に属する僧侶の一部が仏教の未来に危機感を覚え、NPOを主催したりイベントを催してネットワーク形成に腐心するなどして新しい仏教(寺院)のあり方を模索している。それについては[上田 二〇〇四]が詳しい。なお、伝統的教団宗教によるものに限定するものではないが、それらを含む宗教団体による社会貢献活動が近年活発化してきている。教団による時代への適応の一つの表れと、理解できるだろう。その詳細は[稲場・櫻井 二〇〇九]を参照のこと。

（6）入信を説明する理論において、剝奪経験を重視する議論は有力である。最もよく知られるのはチャールズ・グロックによる相対的剝奪論であろう[Glock and Stark 1965, pp. 242-259]。彼は(社会における富の不公正配分に起因する)経済的剝奪、(社会による特定属性の偏重に発する)社会的剝奪、(心身の不全に因る)有機体的剝奪、(社会と個人との価値観闘争から生じる)倫理的剝奪、そして(意味喪失状態をいう)精神的剝奪の五つのタイプを析出している。また森岡清美は四つの剝奪タイプを設定している[森岡 一九七五、一八—二〇頁]。貧・病・争・死をいう基本的剝奪、経済的保障・政治権力・社会的栄誉を失う下降的剝奪、地位上昇によって開かれた可能性が現実において閉ざされているときに感ぜられる上昇的剝奪、生き甲斐模索に向かわせるような不充足感を指す派生的剝奪が、それである。

（7）ここでは『宗教年鑑 平成二三年版』に拠り、公称信者数が一〇〇万人近くを数える新宗教を列挙した。なお、創価学会については『宗教年鑑』に信者数の記載がないが、その巨大さについて否定しようもないため、ここに連ねた。

（8）ここでは[島薗 二〇〇一、一〇—一一頁]にリストアップされた新新宗教の主なもののなかから、二〇〇〇年前後で五〇万人を超える信者を擁する教団を列挙した。

(9) [島薗 二〇〇一、一〇一―一一頁]に記された当該教団の信者数を合算したものである。ただ、教団が自己申告する「公称」数値は実際の活動的信者のそれをかなりの程度上回ることが常態であることは、留意されるべきである。なお、幸福の科学の公称する信者の数は一〇〇〇万人を超える。

(10) 「小さな神々」という呼称は朝日新聞紙上の連載コラムに由来する。記事中では、この用語は新新宗教とほぼ同義に用いられていたようであるが、本文中にも示されているように、ここでは両者は異なるものとして扱われる。なお、同コラムは連載終了後に編集されて単行本として刊行されている[朝日新聞社会部 一九八四]。

(11) たとえば二〇〇〇年六月から開始されたポータル・サイト http://teddyangel.com には多様な「精神世界」へのリンクが張られている。このサイトは「スピリチュアル・コンベンション(通称、「すぴこん」)」の運営を手がける人物によるものである。なお、すぴこんとはスピリチュアリティにかかわるフリー・マーケット型見本市のことをいい、そこで扱われる商品・サーヴィスはオーラ写真や前世療法、マッサージから(不思議なパワーを秘めるといわれる石や水といった)物品まで、きわめて幅広い。このマーケットに、出店者以外の客は入場料を支払って入場し、自身の感性に合う何かを見つけて購入するのである。

(12) この「集団」をかつて筆者は「霊性探求者群」と称したことがあるが[三木 二〇〇二、八三頁]、ここでは「スピリチュアリティ探求者群」といい換えておく。「霊性」という言葉は幽霊等を想起させて誤解を招く場合があるからであり、また霊性でなく「スピリチュアリティ」を用いる方が、昨今のこの分野の研究におけるトレンドに合致しているからである。

(13) スピリチュアリティの定義は多くの研究者によって行われているが、ここでは伊藤による定義が最も包括的であると思われたため、それを採用した。

(14) いうまでもなく、ここでいう「メンバー」は自身がカルトに所属しているという自覚に乏しい。

(15) この発想は、合理的選択理論に基づくものである。合理的選択理論とは、人間の行為を、コストを最小化しベネフィットを最大化するよう合理的に選択されるものであると捉える経済学の考え方であり、それをスタークとベインブリッジが宗教社会学の領域に導入したものである[Stark and Bainbridge 1980, pp. 114-128]。なお、彼らによる合理的選択理論、そしてそれに基づいて展開された宗教市場理論については沼尻正之が詳細に解説している[沼尻 二〇〇二、八五―一〇一頁]。

(16) ヒンドゥー教、原始仏教、キリスト教等の要素を組み込んだオウム真理教は、ここでいうカルト運動に符合するものであるが、この国家転覆を企てたとされる教団は、日本にあっては例外的ケースであろう。

(17) 統一教会やオウム真理教を筆頭とする反社会的宗教集団としての「カルト」については、マインド・コントロール、伝道に名を借りた詐欺的行為等によって受けたスピリチュアル・ペイン(自分自身の理想を喪失し、自身と他者とのかけがえのない関係を喪失することによる痛み)を申し立てる脱会した元信者がそれを訴え、裁判係争中である。このことについては[櫻井 二〇〇六]が詳しい。なお、統一教会の正式名称は世界基督教統一神霊協会であるが、一九九七年にその名称は変更され、現在は世界平和家庭統一連合を名乗る。オウム真理教はアレフ(後にアーレフ、さらに二〇〇八年にAleph)と改称し、さらにその後、幹部がそこから別派独立して「ひかりの輪」を結成している。

(18) その詳細については、[Shupe, Bromley and Oliver 1984]、[中野 二〇〇二、一二〇―一二三頁]を参照のこと。

(19) フランス国民議会が設置を承認した「セクト調査委員会」の提示した報告書『フランスのセクト』(一九九六)に拠れば、当該集団をセクトと判断する基準は以下の通りである[中野 二〇〇二、一七一―一七三頁]。①精神を不安定にする、②法外な金銭的要求をする、③以前の生活環境との絆を断つ、④身体の完全さ、健全さを損傷する、⑤子どもを勧誘し教化する、⑥反社会的な教えを説く、⑦公共の秩序(治安)を乱す、⑧裁判を起こすことを重視する、⑨目的を遂行するための財源を伝統的な経済活動から逸脱した方法で行う、⑩公権力への浸透を図る。

(20) ジェームズ・リチャードソンも、カルト概念の学術領域での使用を控えるべきであることを主張している[Richardson 1993, pp. 348-357]。その根拠は本章の主張するところに重なるが、リチャードソンはさらに、法的文書において「カルト」というタームが用いられることも問題視する。かりに新たに成立したばかりの小規模宗教集団が「カルト」であるとして訴えられた場合、文書中にこのタームが現れている限り、大多数の人々は当該集団を――たとえそれが無罪判決を受けたとしても――不審視するばかりとなる。人々にとって、馴染薄い宗教集団を評価するための題材はメディアの発信する情報の占めるところが大きく、かつ「カルト」に関わるメディア発の情報の大半はネガティブ・ニュアンスに満ちたものであるからである。リチャードソンは、心理学者ジェフリー・ファイファーの「(ある物・人物・出来事への)評価にあたっては、ポジティブな情報よりもネガティブ情報が影響する」[Pfeiffer 1992, p. 533]との主張、また「人は、自身にとって馴染みのない何かについて判断を求められる場合、その人物が現に持っている情報をのみ参照し、その固着から結論を下す」[Pfeiffer 1992, p. 534]との主張に依拠して、こう論じるのである。そうであれば世間的に用いられている「カルト」というタームは、それに反対する人々にとって格好の「社会的武器 social weapon」となる。法的手続きのなかで特定宗教集団が「カルト」

として言及される限り、それに対しての判決・世論が自身の願う方向に形成されるであろうことを、訴えた側は期待できるのである。

(21) 理念型的にいえば、権威志向と自律志向のペア、組織運営とネットワーク形成のペアはそれぞれに相互排他的なものであるが、日本においてはその排他性の度合いは相対的に低いと考えざるをえない。

(22) ロドニー・スタークは、日本において新しい宗教運動が多数生起した原因として、本来的に宗教的である日本人がもともと宗教組織(教団)に強く結びついていなかったという事情を挙げている。つながっていないがゆえに、多くの運動が容易に支持者を獲得し、成長を果たすことができたということである。彼は、日本の二つの伝統宗教である仏教と神道は儀礼執行によって対価を得るサーヴィス産業のようなものであると捉えているのである[Stark 2004, p. 34: Stark, Hamberg and Miller 2004, p. 131]。

(23) ここでは、ある宗教指導者が「何等かのまったく新しい、そして決定的に重要な理念や信仰形式を創出、開示したと見なされていること」[島薗 一九八七、一二頁]を、教祖の指標であると理解しておく。

(24) ＰＬ教団がそれである。これは「代々の後継者が教祖と同じ天人合一のカリスマ性を有する(代々おしえおやが現れる)とされている興味深い教団である。実際二代教主は継承後、根本教義の再定式化や新しい秘儀(神業)の創出を行っている」[対馬 一九九四、一二四頁]。

第三章　宗教集団の展開モデル

第二章第四節で本書は宗教集団の新たな諸類型を提唱した。それらを念頭に世界に活動する宗教集団を観察し、どの社会にどの類型が顕著であるか（あるいは観察し難いか）という点に照準を合わせて考察を深めてゆくなら、宗教集団を介しての比較社会論を発展させることができるであろう。しかし本章は比較（宗教）社会論への道を歩まず、新しい諸類型に拠りつつ、類型間移行の問題を検討してゆく。

宗教集団類型を用いてのこれまでの研究は概して、当該社会に存する宗教集団を類型によって描写することにとどまっていたように思われる。ある集団はセクトとして認識される、また別の集団はデノミネーション的である云々という程度の記述に終わって、そこからの発展があまり見られず、宗教集団の時間軸上の展開に議論が及ぼされることは少なかったのである。もちろん、第一章で言及したニーバーのセクト-デノミネーション論やロバートソンによる救世軍の質的変化を論じた研究は存在する。ただそれらはあくまでキリスト教世界を舞台とした議論であって、他宗教文化圏の宗教集団への適用は難しいものである。とはいえ、社会に活動する宗教集団がその誕生から時を経て集団属性を変化させつつ存続（場合によっては、死滅）するとは、至極当然のことである。

デヴィッド・モバーグは宗教集団の発達過程を萌芽的組織・公式的組織・最大能率・制度的・解体の五段階に刻んでいるが[Moberg 1962]、この議論に則って見据えた各段階での集団の様相がそれぞれに異なるであろうことは、本文中で説明する必要もないことであろう(1)。

宗教集団は確かに徐々に、あるいは急激に変容を遂げる。そしてその変容への学問的注視が乏しいからこそ、たとえばオウム真理教の果たした教団の「怪物化」に宗教社会学は気づかなかったのであり、悲劇を未然に食い止めることができなかったのだともいえる。これは極端な事例としても、宗教と社会との関係を考察しようという宗教社会学が変転著しい現代社会のなかの宗教集団の変化に言及することなく、その学的課題を遂行できるものではないはずである。だからこそここで類型間移行を論じ、宗教集団展開過程のモデル化に着手するのである。

第一節　宗教集団類型間の移行

図3-1に示したように、類型間の移行パターンとして次の理念型的な12のモデルを取り出すことができる。

① 権威志向型組織から権威志向型ネットワークへ
② 権威志向型ネットワークから権威志向型組織へ
③ 権威志向型ネットワークから自律志向型ネットワークへ
④ 自律志向型ネットワークから権威志向型ネットワークへ
⑤ 自律志向型組織から自律志向型ネットワークへ

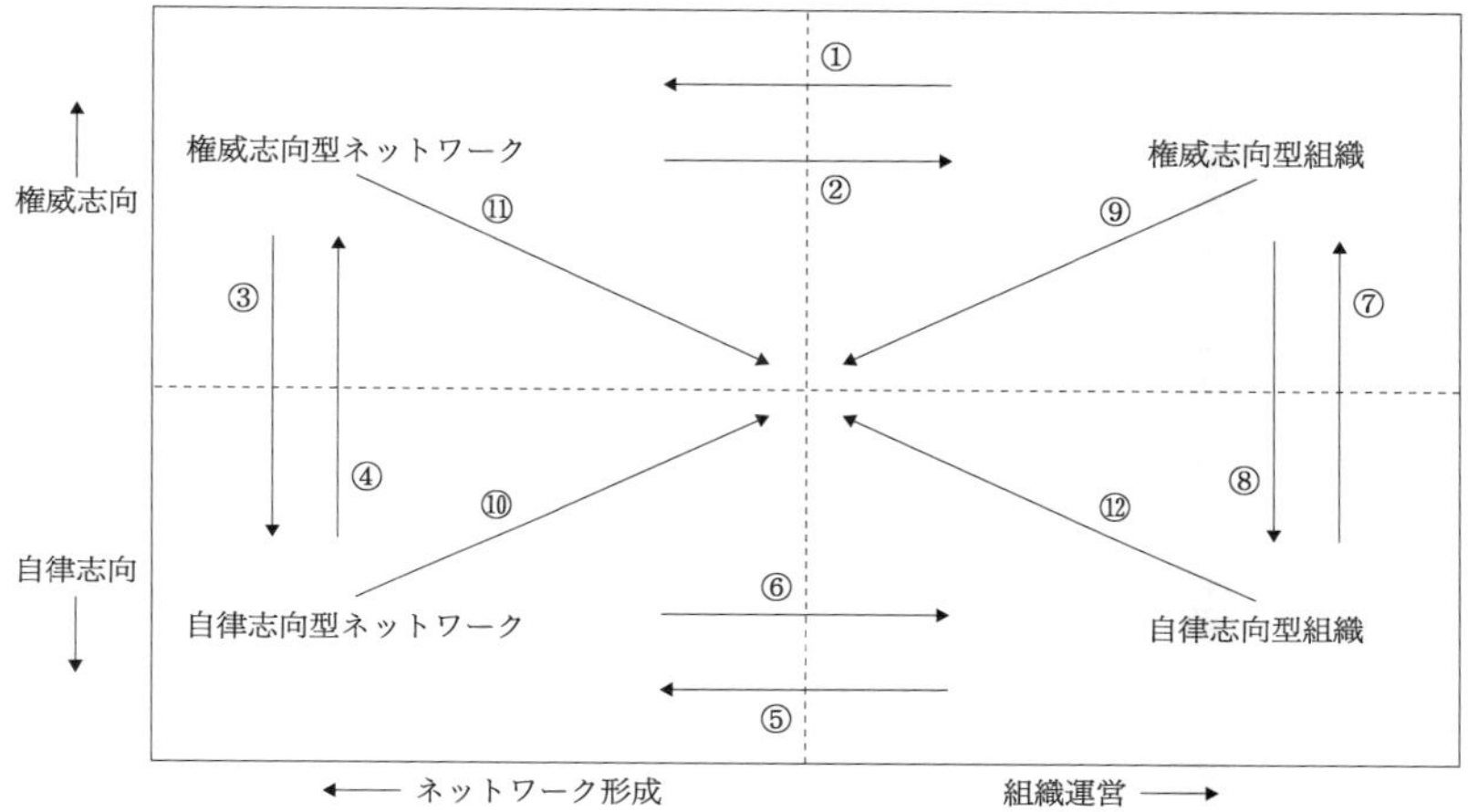

図3-1．宗教集団の展開パターン

⑥自律志向型ネットワークから自律志向型組織へ
⑦自律志向型組織から権威志向型組織へ
⑧権威志向型組織から自律志向型組織へ
⑨権威志向型組織から自律志向型ネットワークへ
⑩自律志向型ネットワークから権威志向型組織へ
⑪権威志向型ネットワークから自律志向型組織へ
⑫自律志向型組織から権威志向型ネットワークへ

ここに提示した展開=類型間移行モデルに関し、これまでの宗教社会学の議論で最も取り上げられてきたものは、展開を果たした結果として権威志向型組織が成立する、というパターンであっただろう。それぞれの歴史を重ねて遂に(研究対象となりうるほどの)教団が確立された、というケースである。詳述するなら、②権威志向型ネットワーク(たとえばシャーマン-クライエント・ネットワーク)が権威志向型組織(新宗教)に至るというケースが最も頻繁に、次いで自律志向型組織たるセクトが権威志向型組織であるデノミネーションに移行するというパターン⑦が論じられ、⑩自律志向型ネットワーク(スピリチュアル情報消費者群)のなかから権威志向型組織(新宗教)が立ち上がるというパターンもまた――数少ないと思われるが――取り上げられてきただろう(2)。

対して、権威志向型組織が異質なタイプへと移行するパターン(①⑧⑨)は研究対象とされることが少なかったのではないか。とはいえ、権威志向型組織は一旦確立されれば未来永劫不変である、というはずはない。権威志向型組織と把握できたオウム真理教の、その引き起こした事件以降の現状が一例を提供しようが、権威志向型組織は全体社会との関係如何によって変容を果たすことがあるだろう。事件以降の件の教団は、激しい教団バッシングの風潮のなか、存続のため教団体質を変更し、同時に母体のそれとは異なる類型の集団も派生させているはずである(3)。権威志向型組織を起点としての移行パターンにも、研究の視線は注がれるべきなのである。

さらに、残る六つの展開パターンにも言及しよう。それらのなかで現実社会に見出すことのできるものとして、④自律志向型ネットワーク(スピリチュアル情報消費者群)から権威志向型ネットワーク(シャーマン-クライエント・ネットワーク)へ、また⑥自律志向型ネットワークから自律志向型組織(スピリチュアル・セミナー)へ、というパターンが指摘できそうである。テレビ霊能者の登場する番組の視聴者(あるいは著作の読者等)がその霊力の彼ら個々への発動を求めて「人気者」の門前に市を成すこと、また視聴者・読者がより積極性を示して「話題の」教えを学び実践するセミナーの顧客となる、ということがあるだろう。ただ、その逆パターン(③⑤)は見出し難いかもしれない。自律志向型組織、権威志向型ネットワークからの離脱者が自律志向型ネットワークへと個々に復帰することはあるとしても、当該集団そのものがこの方向へと変質することが果たしてあるだろうか。あるとすればそれは、集団・組織の解消につながりかねない。

自己啓発セミナー(スピリチュアル・セミナー)のような自律志向型組織が宗教集団化するというケースは、日本社会にあって確かに存在していただろう(4)。ただそれは権威志向型組織への移行パターン(⑦)に該当するものであり、権威志向型ネットワークへの移行パターン(⑫)にあてはまる事例は僅少ではないかと思われる。また、たとえばシャーマンを核としたゆるやかなギャザリング（権威志向型ネットワーク）がスピリチュアルなセミナーへと姿を変えてゆく⑪ことも同様に少ないのではないか。権威志向型ネットワークと自律志向型組織との間の移行が現実的には乏しいのであれば、それはなぜなのだろうか。理念型的な移行パターンが現実世界で確認できないとすれば、宗教社会学はその理由に迫らなければならない。

まず⑫では自律的なクライエントが権威に従う信者に変換されねばならず、それにもかかわらず指導者は信者の掌握に努めない、という二律背反がクリアされなければならない。また⑪について、この移行を果たすためには指導者（たとえばシャーマン）は周囲に集まる信者の組織化を企図することになるが、その信者による指導者に対する依存の度合いが低下しておらねばならず、場合によっては指導者を批判できるほどの自律性をメンバーが発揮するとなれば、集団にとって存続が保証されない危険な状況が現出することになろう。

要は権威志向型ネットワーク、自律志向型組織ともに、その内部に存在する二つのベクトルが相反し合うものであることに注目すればよいだろう。すなわち前者では、成員が指導者を慕いながら指導者はその情誼に存分に応えようとしておらず、後者では指導者が成員に統制を及ぼそうとしながら成員はそれを好まないということで、二つの集団類型ともにその運営は簡単なことでない。二つの類型ともに安定性を欠くものであると認識され、それゆえに困難な運営が予想される類型への移行は合理的な選択の対象とはなりにくいのである。その方向への移行が選択されたとしても、当該集団が解消への道を選ばないのであれば早晩、別類型へと移行せざるをえないだろう。したがってこの二類型に該当する宗教集団に研究の視線が注がれる限り、「集団の変動」への目配りを怠ることなく臨まれるべきである。

かく考えてゆくならば、ここに提示した宗教集団の展開モデルが宗教集団論・運動論に対し新たな視点を提供するものであると理解されるはずである。権威志向型組織を「終点」とした展開だけが、宗教集団・運動の展開方向のすべてではない。

第二節　移行を促すファクター

1　代償の質——普遍的か特定的か

スタークとベインブリッジがカルト運動と残る二つのオーディエンス・カルト、クライエント・カルトとの組織化レベルの違いを、それら集団の提供する代償の質と普遍性に起因するものと述べていることは、前章に記した通りである[Stark and Bainbridge 1985, p. 30]。本章の論点と関係するため彼らのその議論をここにあらためて提示するなら、代償とは「すぐには確かめられない未来で、あるいはどこか別のコンテクストにおいて報酬が得られるであろう、という信念」[Stark and Bainbridge 1985, p. 6]をいう。求めながらも通常では獲得し難い報酬に代るものである代償には特定的なものと普遍的なものがあり、特定的代償は特定祈願者への特定の約束であってその妥当性が判明しがちであるがゆえに、祈願者を集団につなぎ止める力は弱い。オーディエンス・カルトの提供する代償はほぼ、クライエント・カルトの提供する代償はかなりの程度、これであり、したがって両者は低度な組織性によって特徴づけられる。対して普遍的代償はすべての人間への約束(たとえば「永遠の生命」)であって、人はそれを妥当とし魅力的と感じる限り代償提供側と持続的にかかわることになり、組織が整備されてゆくことになる。カルト運動のケースがこれにあたることはいうまでもない。

ここで組織論の基本に言及して「組織は、一方では共同目標の達成という要件を、他方では関与者の諸要求の満足という要件を、ともに充足するための媒介手段として構成される」〔塩原 一九七八、六五頁〕ことを確認しておこう。組織とは何より、集団目標の達成を志向するものであり、そのために活動システムが構成されることになる。そして、組織に参与する者が集団目標達成のための諸活動を通し満足感を得ることがなければ組織は消滅の危機に瀕する、ということである。

しかしながら、組織の対極として本書が位置づけたネットワーク的な集まりにおいて、そこには集団としての目標は見出し難い。宗教ネットワークにあるのは個人的な（癒しや知的好奇心の充足等の）目標であり、先の議論につなげるなら特定的代償（報酬）獲得への期待である。システマティックでない人間の集まりが組織へと化す契機は集団目標の成立であると理解できようが、宗教集団に即していうなら、指導層が成員に獲得することを期待し、成員もまた獲得を願う代償が特定的なものから普遍的なものへと変質することが鍵となる。普遍的代償は成員と指導者との間に持続的かかわりを生成することは先に見た通りであるが、それを前提としなければ、たとえば「堕したる社会の再建」といった全体として取り組むべき目標が立てられるはずはない。そして関与者である集団メンバーがその目標達成のため活動することに意味を見出し満足感・充実感を得るなら、そこには宗教組織が姿を現している。病気治しをはじめとする生活上の難儀への解決策を専らに提供していたシャーマン的存在が「教義」を語り出すとき、代償の質的転換が行われ、それに伴い彼（彼女）は教祖的存在として高められ組織の頂点に立つ。そして教祖が与える普遍的代償を組織メンバーが魅力的と捉えるとき、それを得んとする彼らの宗教生活は満足度の高いものとなり、彼らの属するところはネットワークから組織へと変わって、共通の組織に参与しているという自覚が生まれる。

逆に、組織の停滞を意識し始めた指導者が、成員の抱える個別案件に対応して成員のつなぎ止めに腐心するようになることも、ありうるところである。組織成員の宗教的ニーズが変化して、深遠な教義よりも身近な苦難への解決策を欲して特定的代償を求める声が高まり、それに押されて指導層が方針を変えるというパターンが考えられるところであろう。こうなれば組織目標は薄れゆかざるをえず、成員の連帯感は弱まり、ここに宗教ネットワークが形成される。宗教集団類型としての組織とネットワークとの間の移行を左右するのは、普遍的代償と特定的代償のどちらに指導層が力点を置くか、である。

2　コンティンジェンシー理論

次に、成員の自律もしくは権威への志向性に影響を及ぼすファクターについて考察を及ぼそう。それにあたり、宗教社会学と組織社会学の接合を試みたい。「組織社会学は宗教社会学との接合が未開発である分野の一つである。ヴェーバーによる『チャーチ-セクト』論は現代の組織論における古典的基礎といえるものであるが、社会-宗教的な組織論を組織社会学から封鎖してしまい、両分野の接合を妨げるという側面もあった。現今のカルトと地域社会との軋轢の問題、あるいは一九八〇年代に誕生した新宗教のサバイバルの不確定性を考えるとき、宗教社会学の領域への『組織と(それを取り巻く)環境』という観点の導入が求められるだろう」[Robbins 1988, pp. 193-194]。このトマス・ロビンズの指摘に応えるのである。そして本書の議論にとっては、前記の観点に立って展開されたコンティンジェンシー理論 contingency theory の主張するところが有益である[Laurence and Lorsch 1967＝1977]。コンティンジェンシー理論とは、それまでの組織論が組織を閉じたシステムと捉えていたことへのアンティ・テーゼであり、組織を開いたシステムと考えてそれが直面する諸条件を重視したものである。高い業績を挙げようとするあらゆる組織が採るべき唯一最適な組織構造は存在せず、有効な組織構造は環境の特性に依存すると説くもので、「組織の環境適応理論」とも和訳される。

この理論によれば、組織が存続・発展を望む限り、その直面する環境の確実性が高いときには機械的管理システム mechanistic management system が、低い場合には有機的管理システム organic management system が適合的であるという[Burns and Stalker 1961, pp. 119-122]。環境について、それが安定しており正確な認識・分析が可能である場合は確実性が高く、不安定で困難な場合には確実性が低い、と解すればよい。ここにいう機械的管理システムとは官僚制構造を典型とする組織のことである。職務の職能的専門化と細分化、明確に規定された職務と指示に基づいた垂直的な相互作用と調整、所属組織への忠誠心の強調等の特徴を持つ。そして有機的管理システムは、成員の知識・経験に基づいた専門化、職務・権限・規則・手続きの弾力性、権限・情報の分散と成員間の水平的・人格的な相互作用を通じた調整、組織よりも仕事それ自体への関心の強調等の特徴を持つ[加護野一九八一、一七〇頁]。

もっともコンティンジェンシー理論は、環境不確実性が高い場合に組織が「必ず」環境に適応して有機的管理システムを構築する、とまで主張するものではない。同様に、環境不確実性が低い場合には機械的管理システムが構築されるはずであると説く決定論ではない。環境にフィットすることができれば組織は豊かな成果を期待することができ、できなければ目覚ましからぬ成果しか得られないであろうというのみである。組織の環境への適応はオートマティックなものではない。となれば、環境への適応に失敗することになる組織は発展せず、衰退の途をたどることもありうる。

ここで環境について、詳述しておこう。環境とは「組織内の諸個人が意思決定を行う際に、直接考慮に入れるべき物的・社会的諸要因の総体のことである」[Duncan 1972, p. 314]。ここにいう環境を考慮する主体は「組織内の諸個人」であり、本書が宗教集団の類型化にあたり一方の基軸とした権威-自律を志向する主体と同じである。そしてもちろん、組織内諸個人による意思決定は組織目標達成にかかわるものである。環境についてさらにそれを明確化しておくなら、七つの環境類型が組織論によって識別されている[Evan 1976：岸田 二〇〇五、一一一―一五頁]。組織成員の間に行き渡る――成員によって主観的に知覚される――価値・規範・行動・感情を指す①組織風土、組織の起源と歴史・所有と支配の程度・目標・戦略・社会的機能・理念・規模・技術・立地・他組織への依存度をいう②コンテクスト、管理者の直面する環境総体のうち目標（の設定および達成）に関連している部分のことであり、当該組織がその資源を依存し、協調・競争・規制を伴う取引を行うすべての組織を含むものである③課業環境、当該組織が相互作用を行う他の諸組織を意味する④組織セット、組織が追求したいと思っている特定目標および目標遂行のために組織が行う諸機能である⑤活動領域、組織のパフォーマンスに影響を与える文化的要因等をいう⑥社会的背景（文化）、そして家族・経済・政治・宗教・教育等の社会の制度的領域における成員の相互作用のパターンである⑦社会環境（社会構造）がそれである。一見して明らかなように、七つの類型はそれぞれに排他的ではなく、重なるところが小さくない。どの環境類型が着眼されるかは、論者が拠るパラダイムによって異なるのである。そこで岸田民樹に従い、七つを再検討して、以下の三つのレベルに環境を整理しておこう[岸田 二〇〇五、一三頁]。個人から見た組織内部の状況を扱う組織風土とコンテクストとを併せて内部環境とし、当該組織から見た環境を指す課業環境・組織セット・活動領域をまとめて特定環境と呼び、諸組織が活動を行う場としてのマクロな環境を指示する社会的背景と社会環境をともに全般環境と捉えておくのである。

そしてこの環境が不確実であるとは、（ⅰ）意思決定を行うにあたって関連する環境諸要因についての情報が欠如していること（情報の明確さの欠如）、（ⅱ）誤った意思決定を行った場合に組織がどれほどのものを失うかについて、決定の帰結がわからないこと（予測の困難性）、（ⅲ）環境諸要因が意思決定の成否に作用し影響を与える蓋然性を明瞭に指し示すことが難しい（因果関係の不明晰性）、ということである[Duncan 1972, p. 318]。これら環境不確実性を構成する三つのポイントは、環境の複雑性・動態性の上昇に比例し、それに伴って組織の不確実性認知は高まることになる[Duncan 1972, pp. 314-317](5)。となれば、複雑で動態性の高い現代社会に活動する組織は常に、不確実な環境と向き合わざるをえない。

そして不確実性認知が高レベルに至った場合、組織が環境への適応を目論む限りにおいて成員の自律性は刺激され、組織下位部門の分化 differentiation が生じる(6)。自律性の高まった下位部門は、部門間の相互依存度が高いほどにコンフリクトを生じやすい。下位部門は独立性を高め己が主張の正当性を主張するが、部門間関係が密であれば、その正当を旗印として他部門に干渉することとなり、それが各部門の独立性を侵すことになって反発を招きかねないからである。こうした混乱があるにせよないにせよ、ここにおいて部門間の調整・統合を行うものとして成立するのが有機的管理システムである。部門間対立の激しい場合、その間の調整・統合はかなり困難なテーマとなるが、この問題への対処が首尾よくゆけば組織は高い成果を得られると予想され、捗々しくないのなら組織存続の危機が訪れるかもしれない。下位部門の組織からの離脱・独立もありうる。

3　環境の確実視と不確実視

ここでようやく、宗教組織論にコンティンジェンシー理論の知見を援用することにしよう。その前に留意さるべきは、コンティンジェンシー理論(組織論)が考究してきた環境は主に企業組織にとってのそれであったということである。企業とは何より経済的利得を目指すもので、必ずしも経済を第一義的な関心事としない宗教組織と企業の組織とをまったく同一のものとして認識することは差し控えるべきであろう。したがって宗教組織と企業組織にとって、環境は共通のものではない。宗教組織がその目標を達成しようとするにあたり考慮しなければならない環境要素を、考察しなければならない。

そのためには宗教組織の目指す目標について、先に明確にしておく必要があろう。宗教組織の目標は、企業のそれが利益獲得に収斂されるのに比して、多様である。（チャーチのように）当該社会の成員すべてを信者となすことによって社会全体を覆うこと、（セクトのように）堕した伝統の復興を目論むこと、人々の現世的苦悩を取り除くこと、信仰の力によって社会の変革を実現すること、同信者だけによる信仰共同体を形成して自足すること、切迫した終末から一人でも多くを救済しようとすること等々である。そしてその目標如何によって、考慮されるべき環境が変わる。

先ず内部環境として、成員の価値観の様態が考慮の対象となるだろう。宗教組織においては成員の価値観の均一なることが常態であるとイメージされがちであるが、たとえば世代交代によって組織内の価値意識に濃淡が生じてくることがあるだろう。こうした価値観における統一性を欠いた状況を正しく把握せず、旧と変わらず共通目標達成に向け成員を動員しようとする試みは、組織の発展にとって適合的ではない。動員される成員間に垣間見られる「不承不承」に手を打たぬまま放任すれば、円滑な組織運営に支障をきたすと予想される。経済的報酬と交換で労働力を動員しない宗教組織にあって、信者の自発的寄与を期待するのであれば、彼らの間の価値観の様態をチェックすることは不可欠である。同じ理由で、指導者は信者の行動・感情・規範への態度の様相を考慮せずにはおれない。また組織規模も、組織目標との関係で重要なファクターである。たとえば「社会改革」を組織が志す限り、規模は社会全体を覆うほどの大きなものに成長する必要があるだろう。教団目標が「一人でも多くの救い」であるなら、それは規模の不断の拡大を伴う。その場合には教団は、教団外の社会にある人々に目を向けることを優先して、教団内部への配慮が二の次となることもありうる。とはいえ、「一人でも多く」を救うには既信者を動員することが必須であり、彼らの感情への配慮を怠っていては目標実現は覚束ない。したがって既信者に対するケアを遺漏なく行えるほどに、教団は絶えず、組織規模の適正であるレベルを見定めてゆかねばならない。

次に特定環境では、他宗教団体や行政機関との関係、当該宗教組織が活動する地域社会との関係、成員の属する家族との関係が挙げられる。近年ではこれらに加え、マス・メディアとの関係も重要であろう。これらが組織目標達成にあたり配慮されねばならないことには、多言を要すまい。このレベルの環境に適合的な対処がなされなければ、宗教組織はネガティブなレイベルを貼付されることになるやもしれず、それに伴い社会制度・全体社会と組織との関係が先行き不透明になる。コミューン形成型の宗教組織は特定環境と断絶して自閉するとイメージされるが、そうであってもこの環境への配慮を怠ることはできない。信仰共同体運営に必要な資源――食糧やエネルギーといった基本的なところから、それらを賄う資金まで――すべてを内部で調達することが不可能である限り、特定環境との関係を悪化させることはできない。

全般環境を構成する法制度・政治システムが当該組織を「監視」するとなれば、組織の被る痛手は計り知れない。逆に遵法を貫き政治との良好な関係を築くのであれば、宗教組織は社会における公式セクターを構成するものとして正統視され、それが延いては組織目標達成のための良き基盤となるかもしれない。それゆえ宗教組織は法を熟知し、政治の動向に注目しなければならない。加えて社会の宗教意識・宗教文化、あるいは世論も全般環境として指摘できるだろう。このレベルの環境への適応が宗教組織の浮沈を、組織目標達成の成否を左右することについても、冗長な説明は不要であろう。先祖祭祀を重んじる社会にあって、それを軽視または否定する方針を採る教団の運営が簡単ではないことは、容易に推測できる。社会の若い世代間に神秘への関心の高まりがあると認知するなら、組織は神秘的要素の強調を行うことで彼らを取り込み、組織目標達成への原動力となすことも可能である。通常の宗教組織(内の諸個人)には、既述した考慮に値する環境諸要素があるのである。

コンティンジェンシー理論にいう、環境不確実性が認知された場合に分化しうると想定される下位部門に関しては、宗教組織におけるそれとして、教学研究部門・対内(指導・管理担当)部門・対外(布教・イメージ戦略等担当)部門の三つのセクションあたりを考えてみよう。たとえばカリスマ的指導者が世を去ることになったのなら、成員が動揺して組織内部レベルの環境が不確実となるため、教学研究部門の充実が必要である。成員間にモラール(志気)の低下が見られるなら、対内部門に大幅な権限移譲をすることが必要かもしれない。対内部門のスタッフは信者の細々とした事情を誰よりも知るであろうから、彼らの活躍に期待せずにはおれない。教団への社会的イメージ(世論)が悪化するということがあるなら、組織指導部は前面から退き、イメージ戦略に長じたエキスパートの集まる対外部門に対応を委ね苦境を乗りきるということがあるだろう。宗教組織は既述の環境とのかかわりから影響を受け、環境不確実性の高い場合にはこれら下位部門の自主的活動を容認し、その上で諸部門間のコンフリクトを鎮め部門間統合を実現するため、それらの間の調整を行わねばならない。調整の失敗は下位部門の組織からの離脱を生起させうる。離脱の実例は、新宗教の事例のなかに多く見出せるはずである。(7)

そして環境確実性の高い場合に適合的とされた機械的管理システムを備える宗教組織には、先に掲げた宗教集団類型でいえば、権威志向型組織が匹敵するだろう。頂点の意向を末端にまで行き渡らせることのできる、合理的・ヒエラルヒー的構造を備えた確たる教団組織であり、基盤を固めた新宗教や伝統教団の組織として通常想起されるものがこれである。環境が確実視できる限り、組織内の諸個人は安心して権威的存在の指導に身を委ね、それに服せばよいのである。環境確実性の低い場合に適合的であるとされる有機的管理システムに対応するのは、自律志向型組織の類型であろう。頂点に立つ権威的存在を尊重しつつも各成員の自主的活動が組織の活性を支え目標達成に貢献する、セクトやスピリチュアル・セミナー型の宗教組織である。環境を確実視できないのなら、信者間に権威的存在による指導への懐疑が頭をもたげることもあり、また広く組織内に人材を求めようとの趨勢に呼応し信者が自身の働きによって組織に貢献しようとして、そしてもちろん組織指導部の決断により下位部門の主体的活動が奨励されて、組織内諸個人の自律性が高まることが考えられる。

本書はここに至り、権威志向型と自律志向型の二つの宗教組織類型間移行を促すものとして、環境確実性の高低を見出す。宗教組織成員による権威への志向性と自律へのそれは、彼らが環境をいかに認知するかによって影響されるところが大きい。

4　宗教ネットワークと個人環境

前セクションでは宗教組織論とコンティンジェンシー理論の接合を試みた。しかし、そこに宗教ネットワークは考察されていない。既述の通り、コンティンジェンシー理論は企業を主なる研究対象として展開されてきたものであるため、当初からその議論の射程内には「組織」しかない。したがって宗教ネットワークをこの理論に直接的に組み込むことは難しい。

ネットワーク内部の諸個人はネットワークを自身の生活に不可欠であるとまで認識しておらず、またネットワークに属しているという意識すら有さないことがあるはずである。組織にかかわっていない、それゆえに組織的拘束を受けない彼らは自由で独立した主体であり、ネットワークの存続が危ぶまれる状況になったとしても、それを保存・発展させねばならないと思い込むほどに深いコミットメントを示すことはないはずである。

ネットワーク内部の諸個人は自らの宗教生活における主体である。とはいえその彼らが、他者である宗教的な権威的存在に直結することを望むことが少なくないということからは、「自由からの逃走」というフレーズが頭に浮かぶ。近代以降の産業化された社会において旧来型の絆から解放された人間が、獲得された自由を享受する反面、自身の孤独・無力に苛まれて(孤独感・無力感を払拭してくれる)強大な何かと(自由を放棄して)新たな絆を締結しようとするという、エーリッヒ・フロムの議論は示唆的である[Fromm 1941＝1951]。これを宗教の領域に限定しても、人々が宗教的自由(私的宗教性)を喜びとして自律的探求に邁進するか、逆に重荷と感じることとなって権威的存在に埋没する、ということがあるだろう。人を自由から逃走せしめるのは孤独や無力感であるとフロムはいう。では、自身の宗教生活における主体であるはずのネットワーク内部の諸個人が孤独に怯え無力を痛感するのは、いったいいかなる場合であろうか。

組織人ではない自由な彼らも、日々の活動にあたっては(共有目標達成を目指す組織と同じく)多様なことを考慮してゆかなければならない。心身の健康やアイデンティティの問題、良好な人間関係の構築が、何よりここで想起されるテーマであろう。これらは、先の組織環境についての議論に引き寄せて、個人(内部)・当事者間(特定)関係レベルの環境と捉えることができる。さらにいえば、社会規範という社会制度レベルの環境(全般環境)への適応も考えねばならず、全体社会のなかに自らのポジションを見出すことも必要であろう。すなわち自由な個人といえど彼らは、人生の目的を明確に意識しているか否かを問わず、組織環境ならぬ個人環境を考慮しなければならない。

宗教ネットワーク内部の諸個人がスリルやエンターテインメントを求めてスピリチュアルな情報を消費するとき、彼らの生活は安定していると推測される。差し迫った不安がないからこそ、換言すれば個人環境が確実性高いものとして認知されているからこそ、彼らはそうした類の特定的代償を追求して自律的宗教生活を営むことができる。この場合、彼らの念頭に孤独や無力という文字はない。対して彼らの個人環境が不確実なものと認知されるなら、孤独感・無力感が彼らを襲う。自身が何者であるかという問題に解答を見出せず、何事もなしえない自分を見出して、不安に怯えるのである。ここに――組織という巨大で強力なるものとの一体化を望まないのなら――彼らを理解し孤独を和らげてくれる「重要な他者」を求める欲求が高まる。そして個人の力では脱しえない苦境に陥っていると自覚するがゆえに、彼らを救い出してくれる（と期待される）権威的存在にすがり、その指導に全面的に服して苦境から脱しようと心が動く。

畢竟、ネットワークにおいて人をして自律あるいは権威に志向させるファクターとして、彼らが認識する（個人）環境の確実性・不確実性があるのではないか。環境確実性を認知する限り、彼らは自律的な宗教生活を送ればよい。環境不確実性を認知するならば、権威を志向することで不安を解消することができるかもしれない。となれば、宗教ネットワークにおける成員の権威志向-自律志向を促すものは、宗教組織におけるそれと同じである。ただ環境不確実性認知が宗教組織では自律を志向させ、宗教ネットワークにおいては権威を志向させるというように、その向きが逆となることには留意されるべきであろう。さらに宗教ネットワークにおいても、組織のケースと同じく、環境認知による志向の選択がオートマティックに行われるわけではないことも付言しておこう。ばかりに不安を抱えていようと、当該人物が必ず権威的存在を求めるわけではない。

5　宗教集団類型間の移行

以上に論じてきたことをまとめたものが、図3-2である。

これを本章第一節の「宗教集団の展開パターン（図3-1）」に重ねるなら、権威志向型組織と権威志向型ネットワークの間の移行（第一節で示した展開方向①②）は代償の――特定化か普遍化かの――質的転換によって促される、ということになる。自律志向型組織と自律志向型ネットワークの間の移行（⑤⑥）を促すのも、同じく代償の質的転換である。権威志向型ネットワークと自律志向型ネットワークとの間の移行（③④）はネットワーク内部の個人の個人環境認知の――確実視か不確実視かの――変化が左右し、権威志向型組織と自律志向型組織の間の移

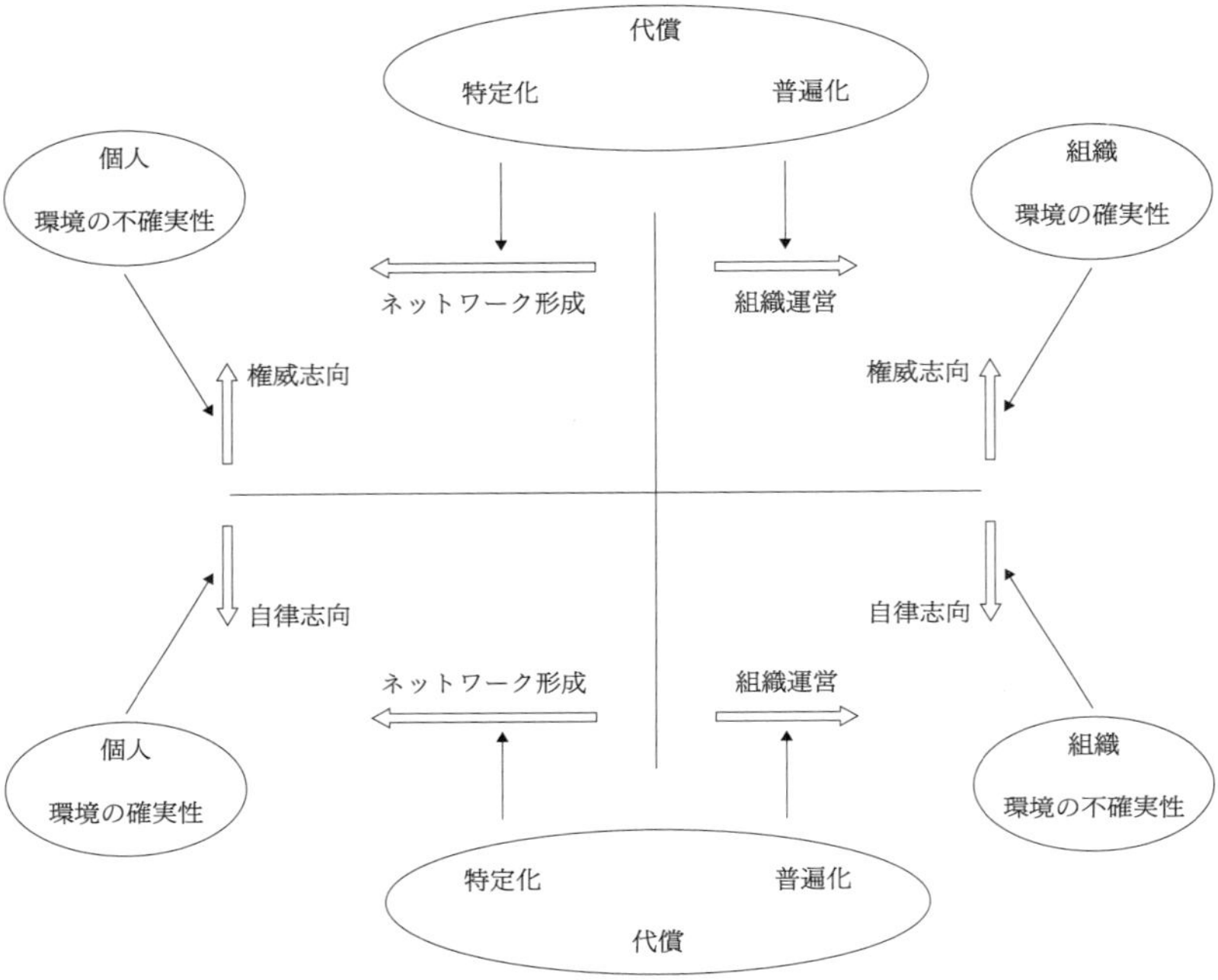

図 3-2. 類型間移行促進要因

行(⑦⑧)も、組織成員による組織環境認知の――確実視か不確実視かの――変化が作用する。

指導層がその提供する代償を特定的なものへと変え、成員が個人環境を確実視するほどに安定的な生活を営みえていると認識するならば、権威志向型組織は自律志向型ネットワークに移行する(⑨)。逆に代償が普遍化して成員の組織化がなされ、組織環境が確実視されるならば、そこに自律志向型ネットワークから権威志向型組織への移行が完成する(⑩)。また権威志向型ネットワークは、代償が普遍化されるも、組織の直面する環境を不確実なものであると成員が認識するとき、自律志向型組織へと移行する(⑪)。そして⑫の自律志向型組織から権威志向型ネットワークへの移行は代償が特定化され、成員が個人環境を不確実なものであると捉える状況下で生起する、ということである。なお⑨⑩⑪⑫では、代償の質的変化が先に作用し、それを前提として成員の（個人・組織）環境に対する認識の作用が続く、という段階的移行だけを本書は考えてはいない。成員が組織の一員としての生活よりも個人のそれを重視するようになり、あるいは個人生活より組織の一員としての活動に意義を見出すようになって、その趨勢を尊重した（ネットワーク・組織の）指導層が代償の質の転換を行って類型間移行を帰結する、ということも考えるものである。二つの要因のうちどちらが先であれ、二つの要因が相乗的に作用すると、いいたいのである。

宗教社会学においてはこれまで、宗教集団・組織の存亡に影響を及ぼすものとしてカリスマ的人物の死（それに続くカリスマの日常化）に言及することが多かったはずである。その死を契機として集団の求心力が失われる可能性そしてその危機への対処について、多くの研究者が議論を展開している。(8) しかし、強力な指導者であったカリスマ的人物の死を迎えた宗教集団は不可避的に変動を被る、というわけではない。またカリスマ的存在の死を迎えずとも変動を果たしゆく集団のケースは、枚挙に暇がないだろう。本書は、宗教集団の変容というイシューに客観的な視線を注ごうとする者であるなら誰しもが気づくに違いないカリスマ問題を主要論点とはしない。カリスマの存否あるいは日常化の成否が集団展開の決定的なファクターとは見ず、宗教組織・宗教ネットワークの成員それぞれが直面する環境を確実性の高いものであると認識するか否か、成員に対する集団の約束である代償の質が変化するかどうか――もちろん環境への認識の変更や代償の質的変化に宗教集団内のカリスマの存否や日常化の成否が大きくかかわることは否定するものではないが――ということを、議論の要とするのである。

第三節　宗教組織運営の困難な時代、そして宗教ネットワークの拡大・顕在化

新たな宗教集団類型に基づく類型間移行モデルと移行に作用するファクターの考察は、以上である。次の本書の課題は、この理論図式に依拠して現実の宗教集団を分析することであり、そこで新しい知見が得られることを示すことである。それができないのであれば理論は机上の空論に過ぎない。分析は次章・次々章のテーマとなるが、以下に少しく本書の理論図式の学問的意義を示して、そのための先触れをしておこう。新たな理論図式に依拠することによって見えてくるものを示唆することで、空論ならざることを主張しておこうというのである。

1　現代における宗教組織と環境

当該宗教集団が権威志向型組織である場合、環境についての知識・情報をそれが明確に認知するならば環境への適応に支障はなく、ヒエラルヒッシュなその構造は安泰といえよう。しかし近年の環境の複雑性・動態性は高度になりつつあり、(あらゆる宗教集団にとって)環境不確実性は高まっていると想像できる。そうであれば権威志向型組織である多くの教団において、自律志向型組織への移行が顕著となっていると推測できそうである。

では、この移行を現実に果たした教団を、どれほど挙げることができるだろうか。近年の日本で宗教組織が急成長を遂げる、あるいは伝統教団が復興に成功するという事例をさほどに数え上げることができないのは、この移行の活発ならざることを表していると思われるのである。となれば、宗教組織の多くは権威志向型組織の姿の

まま、環境への適応が不十分なままに活動を継続していると考えられ、今後の動向の安穏ならざることが予想される。経済の分野で多くの新興の会社組織が成長を遂げ、また着実に成果を挙げ続ける古くからの会社がある一方、同じ経営体である宗教組織が相対的に不調であるとするならば、それはなぜなのだろう。

その理由は、宗教組織における環境に対する感受性の鈍さに求められるのではないか。宗教組織の成員にとって——とりわけ特定および全般レベルの——環境にかかわる情報は、より多くの利潤獲得を目指して環境適応に腐心する企業の成員に比較すると、重要なものとは認識されていないように思われるのである。宗教組織は企業組織と違い、一旦成立してしまえば外部から資源を動員せずとも存続が可能——資源を外に求め過ぎるなら「搾取」集団、果ては非合法的・破壊的集団としての「カルト」イメージが付与される(9)——だからであろう。組織を運営するために必要な資源は、成員が供出してくれる。それゆえに、宗教組織は組織外の環境への対処を最優先課題とする必要がない。さらにいえば宗教組織は日々の活動において、おそらく内側を向き、既存信者の指導・教育を重視している。換言すれば、組織内部レベルの環境を主なる配慮の対象としているだろう。信者こそが組織を運営してゆくための何よりの資源であるのだから、彼らへのケアを指導層が等閑にできるはずがない。そして信者の関心は——企業成員に比較すれば——属する組織(その教勢拡大)に対してよりも自分自身(その宗教的成長)に向けられるところが大きいと考えられ、彼らは自らを組織的指導に委ねる限り、組織環境への目配りに熱心になる必要がない。かくして組織指導部ならびに一般成員の環境への関心は希薄となる。宗教組織が創立・成長期から時を経て停滞期に至るのは、信者の高齢化、また初期の宗教的熱狂が世代交代によって希薄化していったから、というだけではない。環境への適応において奏功しないからではないか。何より——専ら組織内部の環境に目を向ける——権威志向型の宗教組織それ自体に、組織外環境にも目を向けて環境を正確に読み取ろうという意思を欠く(欠かざるをえない)傾向があるからではないだろうか。

発展を実現した宗教組織があるなら、それは不確実な環境への適応を模索するなか成員の自律志向性を尊重し、下位部門間のコンフリクトを顕在化させずそれらを統合することに成功して、満足ゆく成果を挙げることができたのである。とはいえ既述の通り、裁量権を与えられた各下位部門を調整・統合する有機的管理システムたる自律志向型組織は(内部の相反し合うベクトルのゆえに)不安定な組織であり、安定を求める限り権威志向型組織への移行を目指すことになって、付随的に成員の自律志向性は押さえ込まれることになる。この流れのなか、成員の反発を招く危険性もあるだろう。また環境への適応を図る過程でコンフリクトの様相を呈していた下位部門間の統合という課題遂行に支障を来たせば、下位部門が離反しての分派を招きかねない。宗教組織において内部分裂が発生する理由はこれである。自身の成長を目指そうとする信者が、組織のなかにあっては目的を達することができないと判断するなら、離脱する(延いては別派独立する)ことは不自然ではない。組織を離れても――企業成員とは異なり――経済的基盤を失うわけではないのなら、個人の満足充足への道を優先的に探求することに躊躇は少ない。

一旦確立された権威志向型組織は発展あるいは復興を企図し、様々な策を打ち出しているだろう。信者個々に特定である宗教的ニーズに、教団として応ずることを方針とするかもしれない。その場合には供される代償は普遍的なものから特定的なものへと変化しており、組織はネットワークへの移行の道を歩み始める。とはいえ権威志向型ネットワークは(既述の通り)不安定な集まりであり、この方向への移行選択は合理的ではない。自律志向型ネットワークの方向へと移行すれば、その宗教集団は実質的に解消された状態に陥ってしまう。となれば、信者個々の特定事情を考慮しての懇切なケアは、宗教集団の存亡にかかわることになると考えられる。

環境不確実性の上昇する時代に宗教組織が運営に難渋するなら、そこからの離脱者数は増加すると考えられる。さらに組織内部でのコンフリクトを抑制できず、また成員への抑圧を問題化させずに鎮静化を行うことができないのであれば、組織的束縛を好まない現代人の宗教組織への新規参入は減退する。

2　教団内の宗教ネットワーク

宗教組織が斜陽となったとしても、宗教的なニーズを持つ人々は常に一定数存在していると想定するなら、社会における宗教ネットワークの数は増加し、また連なる成員数が上昇して宗教ネットワークの規模は拡大してゆくかもしれない。宗教ネットワークは組織の体裁を採らないがゆえに、その実態把握は容易ではない。とはいえ、環境不確実性の高まる時代にあって、一層の注視に値する宗教集団であろう。

その宗教ネットワークを、本書は権威志向型ネットワークと自律志向型ネットワークとに二分類している。前者はシャーマン的人物を核に形成されるもので、おそらく洋の東西を問わず、古くから社会に観察できるものである。この類型が――あちこちで消滅しながらも――新たな出現を続けていることは、マス・メディアに登場するテレビ霊能者の事例を俟つまでもなく、周知のことであろう。後者はスタークとベインブリッジの提唱したオーディエンス・カルト、あるいは本書にいうスピリチュアル情報消費者群に一致するもので、具体的には宗教的な情報に関心を寄せる読者・視聴者の一群あるいはウェブ上に形成されたヴァーチャルな集まりを指す。自律志向型ネットワークは情報社会に出現した新たな集団タイプであると捉えられ、まさに現代的なものであって、これからの拡張が予想されるところである。

しかし以前から、情報化社会という言葉が聞かれ始めるより早く、自律志向型ネットワークは成立していたのではないか。たとえば我々のよく知る伝統的な諸教団において、一般信者の少なからぬ部分が自らを教団組織の一員であるとする認識に乏しいことは夙に指摘されてきたところであるが、その彼らが組織での生活よりも私生活を重視し安定した日々の暮らしを営んでいる場合(個人環境確実性認知のケース)、加えて彼らが自身の人生充実のための手段として宗教的教養に関心を寄せたり儀礼の執行に従っているのなら(代償の特定化のケース)、そこには自律志向型ネットワークが姿を現しているといえる。これは教団側が信者をタイトに(再)組織化しようという意図を薄れさせていること、教団が個々の信者のニーズに応じようとしていること、そして信者が聖職者を絶対視しない(伝統的権威への全面的服従を善しとしない)ほどに自律性を発揮していることも表しているが、こうした事象は現実に看取することができるように思われる。日本の伝統教団では、教団が自教信者と把握しているはずの人びとが自らの属しているはずの教団(宗派)を何であるか知らず、彼らが聖職者を絶対視せず儀礼が必要な際にそれを執行する「機能」程度にしか認識していないことは珍奇なことではない。さらに、儀礼すら必要としない人々が、現代の日本では増加している状況である。[10] 彼ら「名目的」信者群が自律志向型ネットワークを形成しているのである。そうであれば、伝統教団は(少なくとも)二重構造をなしているといえるだろう。伝統的権威を中核にまとめ上げられた篤信者の結集する権威志向型組織と、自律志向型ネットワークとが上下に重なり、伝統教団は運営されていると見ることができるのである。[11] おそらく現実の組織は、かくのごとく複数の類型が共存するハイブリッドであろう。[12]

この伝統教団内部の自律志向型ネットワークを、指導部は看過しえない。ネットワークは指導部による組織引き締めの働きかけがなければ拡大する一方と懸念されているだろう。教団へのコミットメントの度合いの低い彼らを教団組織に「復帰」させねば、教団の組織としてのアイデンティティが危うくなるやもしれない。伝統教団が種々実行してきた施策は、その危機感の具体的表現である。伝統教団の停滞が囁かれる世俗化の時代に、名目的信者群すなわち教団内自律志向型ネットワークが――指導部からの梃入れなしでも――組織運営のための資源を供出し続けるわけではないことを、教団も認識しているのであろう。となれば、伝統教団にとって組織内部レベルの環境への配慮は必須要件である。宗教ネットワークの動向は伝統教団の浮沈にかかわっている。そしてこのことは伝統教団のみならず、成立後星霜を経て何度かの世代交代が見られる新しい教団にとっても、該当することであろう。

宗教組織はいま、その運営において困難な時代のただなかにある。そしてそれは、環境に対して組織が持つ感受性に関係している。教団がその未来を見据えて集団属性を変質させたとしても、その先にはクリアされるべき新たな難題が待ち構えている。それならば、宗教組織は従前にも増して組織環境への適応に心を砕くほかない。対して宗教ネットワークは宗教組織の管轄する世界の外で、またその内側でも、拡大し顕在化しているように思われる。現代の宗教集団に関し、本書の提示した理論図式に拠ることで見えてくるものの一端が、これである。

［註］

（1）萌芽的組織とは、カリスマ的リーダーをめぐって形成されたカルトもしくはセクト——ここではモバーグ説を尊重して、彼の集団類型をそのまま用いる——をいう。公式的組織はカリスマ的熱狂が徐々に醒めゆく半面、リーダーシップや集団目標・正統信仰が確立されるに至った段階のものである。最大能率段階とはカリスマ的リーダーシップに合理的組織が取って代った段階であり、その組織力ゆえに華々しい成長が果たされる段階であるといえる。そして制度的段階では形式主義が集団に蔓延し官僚制機構が発達して、宗教集団は制度体となって個々の信者を抑圧する存在へと化す。行き過ぎた制度化は最後の解体段階をもたらす。ここでは信者の退会が続発するなどして集団の力は衰えてゆくものの、教団（リーダー）への愛慕の念の強い者たちの間から改革運動が現れることもある。以上がモバーグ説の大要であるが、この議論は「（ドゥソン＝ゲティスによる宗教運動の展開過程の四段階説を底に敷き、）欧米の宗教社会学におけるカルト・セクト・デノミネーション・チャーチの宗教集団類型論に接合させたものである」［森岡 一九八九、一三頁］と考えられ、それゆえ通（宗教）文化的理論研究を目論む本書にとって依拠できるものではない。また、展開過程をテーマとしている限りモバーグの議論は本書の論旨に重なるように思われるが、彼はそれをナチュラル・ヒストリーと考えるものであり［Moberg 1962, pp. 118-124］、この点においても賛意を表し難い。宗教集団は、集団を取り巻く環境如何によって（ナチュラルでなく）複雑な展開を遂げるとするのが、本書の眼目だからである。同様の理由で、このモバーグの議論に触発された森岡清美による教団ライフサイクル論［森岡　一九八九］も、本書は採らない。

（2）　権威志向型ネットワークから権威志向型組織への移行の具体例は枚挙に暇がないため、ここで提示しないが、ほかの二つのパターンの日本における事例については挙げておこう。自律志向型組織から権威志向型組織への移行を果たしたものとして、一九九九年にミイラ化した遺体が生きていると主張して世間を騒がせたライフ・スペースを指摘することができる［小池　二〇〇四、二二五―二四八頁：藤田　二〇〇八、四九―六七頁］。自己啓発セミナー（スピリチュアル・セミナー）が指導者のカリスマ的権威によって統合された団体へと変容したものが、これである。また自律志向型ネットワークから権威志向型組織への移行について研究された事例はきわめて少ないが、ス光波世界神団が一例を提供する。これは、心霊劇画家とその読者との関係が劇画家を教祖とし読者を信者とする団体へと変化したものである［石井　一九九四、三三六頁］。展開パターン⑩では、おそらく自律志向型ネットワークが直線的に権威志向型組織へと移行するというより、権威志向型ネットワークあるいは自律志向型組織を経て移行すると見ることが、自然であるだろう。これについては、第六章においてやや詳細に論じられる。

（3）　事件以降――教祖であれ、旧幹部であれ――特定指導者に対する帰依は慎まれるようになっているだろう。すなわち、信者の自律への志向が尊重されるようになってきたはずである。分立した「ひかりの輪」のホーム・ページ（http://www.joyus.jp/hikarinowa/）に、「新団体が最も重要するのは（ママ）、オウムの松本氏などのような、特定の個人や特定の神に対する崇拝・帰依をではなく、一人一人の中にある神聖な意識を成長させることです」（二〇一一年三月三日閲覧）とあったことから、それはうかがえる。母教団を個々に離脱した元信者たちが、旧知との間でゆるやかなネットワークを形成していることも考えられるところであるが、その存在は確認できていない。

（4）　註（2）に示したライフ・スペースがその好例である。

（5）　単純性と静態性によって特徴づけられる環境については、組織の環境不確実性認知は低下する。

（6）　企業組織でいえば、環境の不確実が認知された場合、その研究部門・生産部門・販売部門という下位組織において最も環境変化に敏感であるとされる研究部門（それに次ぐのは販売部門である）が分化する。すなわち、この部門の自律性・独立性が高まるのである。

(7) 弓山達也は、天理教における分派の出現が(人々を救済する力を持つ)有力信者に対する教団中枢による力の抑制への反発に起因することを論じている[弓山 二〇〇五、三〇三―三〇六頁]。すなわち対外(布教)部門の調整、中枢への統合において成功しなかったがゆえの分立であるが、弓山は「宗教伝統の内的な論理に従って分派は生じる」[弓山 二〇〇五、三一八頁]として、分派発生の組織論的メカニズムについて考察を及ぼしてはいない。世界救世教も、教祖死後に「自立的な支部を本部に制度的に一元化しようとしたことにより、これに反発」[弓山 二〇〇五、三〇七頁]した支部の分派を引き起こしている。統合の失敗といえるだろう。大本信者として機関紙編集に携わっていた人物が設立した生長の家は、対内部門の離脱のケースといえる。なお日本の新宗教における分派については[井上・孝本・対馬・中牧・西山 一九九四、六四―一〇〇頁]が詳しい。

(8) カリスマの日常化については[Weber 1922＝1962, 四二五―五二三頁]を参照のこと。とくに日本の新宗教におけるカリスマの変容については、[島薗 一九八二、五一―七七頁／一九八七、一一―三五頁]がそれに論及している。また[対馬 二〇〇二、二四六―二七五頁]は、カリスマ的リーダー死後の宗教組織の変質について、組織内におけるカリスマ的権威の分布パターンを類型化したアミタイ・エチオーニの議論に基づいて考察を加えている。

(9) 櫻井義秀は教団が「カルト」化する契機を、その資源動員構造から考察している。すなわち宗教コミューン、あるいは勢力拡大による社会変革を目指す教団は、自身の目的を達成するための資源を教団内部のみから動員できず、外部に求めざるをえない。その活動が度を越した場合に収奪装置としての教団が姿を現すのである[櫻井 二〇〇六、一五六―一六二頁]。

(10) 日本において伝統的仏教教団が担ってきた葬送儀礼について、これを必要視しない人々が増加している。死亡の床から火葬場へと(葬送儀礼なしに)遺体を直接に送り込む「直葬」という言葉の近年の普及は、この証左である。

(11) あるいは伝統教団内の傑出した人物の(伝統的権威ではない)個人的資質に裏打ちされた権威に、個人環境の不確実性を認知する名目的信者がすがりついて、教団内に権威志向型ネットワークを形成していることもあるかもしれない。さらに教団中枢による施策として、名目的信者を含む人々に向けての教義学習のためのセミナーを設けて、すなわち自律志向型組織の側面を組み入れ、世俗社会への適応を図っている場合もあるだろう。その場合は、本文中の指摘よりなお重層的である。

(12) 日本における宗教組織は――伝統教団のみならず新宗教についても――本文中あるいは註(11)に示したように、権威志向型組織を基幹として、そこに自律志向型ネットワークが、また権威志向型ネットワークさらに自律志向型組織も重なることがありうるハイブリッドとして捉えるべきである。新宗教のハイブリッドなるところは、次章において立正佼成会を事例として示されるであろう。また、キリスト教組織についても同様のことがいえると思われる。伝統的組織に名目的に所属する一部信者が宗教情報消費者群（自律志向型ネットワーク）を形成していると推測することは、あながち誤りではあるまい。さらに、一九七〇年代・八〇年代のアメリカにおいて活躍したテレビ伝道師televangelist率いる教会は（多くのベストセラーを執筆した人気牧師の運営するメガチャーチも）、近年ではインターネット伝道にも取り組んで、牧師を中心とする権威志向型組織に不特定多数の視聴者や読者、ネット・ユーザーからなる自律志向型ネットワークを結合させていると見ることができる。これについては［生駒 一九八七／一九九九］を参照のこと。

第四章　宗教集団の発展——立正佼成会のケース

本章の課題は、前章に提唱した理論図式を現実の宗教集団に適用し、理論の有効なることを示すことである。第三章第一節に宗教集団の一二の展開パターンを提示したが、そのうち本章では権威志向型組織にかかわるもの(前章に挙げたパターンのうち、①②⑦⑧)に照準を合せる。宗教という言葉から通常イメージされるであろう集団タイプはこの権威志向型組織であり、それはこれまでの宗教社会学が最も頻繁に俎上に載せてきたところである。宗教集団の典型・代表にかかわる変動を考察するため、ここで一章を費やす価値はあろう。

そしてこの権威志向型組織は、提唱された理論の有効性を示すという本章の課題にとって適切な題材となりうる。課題遂行のためには参照可能であるデータ——これを検討して変動の事実関係を確認するのである——の蓄積されていることが不可欠であるが、この組織タイプは可視的なるがゆえに観察容易で、データも蓄積されており、あるいはデータ収集も容易であるため、その展開を分析しやすいという利点を持つ。対して、権威志向型組織にかかわらない(権威志向型組織へと展開せず、権威志向型組織からの展開でもない)権威志向型ネットワーク・自律志向型組織・自律志向型ネットワークという三者間だけの展開(前章に挙げたパターンのうち、③④⑤

⑥⑪⑫)については、それらは宗教集団としての輪郭の曖昧さや成立以降の歴史の浅さゆえに研究対象とされることが少なく、何より変動経験の乏しいことが推測され、分析に堪えうるデータの蓄積が十分ではない。したがって、本章の意図に供する題材として取り上げることは難しい。とはいえ、本章・次章での事例分析において権威志向型ネットワークや自律志向型ネットワークへの言及は行われることから、理論の有効なることは不足なく示唆することができるはずである。さらに自律志向型ネットワークと権威志向型組織の間の展開(前章に挙げたパターンのうち、⑨⑩)、そして権威志向型組織・自律志向型ネットワーク・自律志向型組織の間の展開は——データに裏打ちされたものではないが——第六章において論及される。

本章が取り上げる権威志向型組織は、公称信者数三三一万九七八六人[1]の大教団・立正佼成会(以下、佼成会と略す)である。佼成会の展開過程については、かつて森岡清美が教団ライフサイクル論[2]の立場から詳細な検討を加えている[森岡 一九八九]。本章は森岡と同じパースペクティブを踏襲するものではないが、彼の研究は佼成会の草創期から一九六〇年代初頭までの歩みを詳細に記しており、その描かれる軌跡は本章にとって有益なデータとなる。佼成会の歴史的展開を、森岡とは異なる理論図式に依拠して、読み直してみようというわけである。

次節では佼成会の歴史をたどってゆく。そこでは、通常の教団史において中心的に取り扱われる創設者のライフヒストリーは省略した。代って、宗教集団(組織・ネットワーク)論の立場から重要と思われる事柄について、強調して記述している。なお記述にあたっては、前掲の森岡の研究に大部分を依拠した。

第一節　立正佼成会の展開

1　教団の成立と成長

一九三八年三月、霊友会第四支部系の新井支部副支部長であった庭野日敬(一九〇六～一九九九)と、庭野が信仰の道に導き入れた長沼妙佼(一八八九～一九五七)の二人が中心となって佼成会は結成された。[3]「私たちについてきた同志といえば、三〇名にも満たなかった」[庭野 一九七六、一六六頁]と語られているように、霊友会から分派独立した小集団が佼成会の原点である。創立当初の佼成会会長は国柱会に属した金物商・村山日襄、副会長は同じく国柱会会員で庭野の元勤務先の主人であった石原淑太郎――庭野はこの石原から六曜・七神の占いを学んでいる――であった。真新しいひ弱な宗教集団が自身の活動の正当なることをアピールするため、集団外部の権威を引き入れて己が船出を担保したということであろう。石原は四〇年に、村山は四三年に相次いで退会しており、以降は会長を庭野とし長沼を副会長として、二人が実質的にも形式的にも会を率いてゆくことになる。なお当初の会名は「大日本立正交成会」で、四〇年に宗教団体法のもと宗教結社として届け出て、その活動を合法化している。

霊友会からは、佼成会をはじめ、数多くの団体が分派している。[4]梅津礼司は霊友会が分派を許した理由を三つに分けて説明しており[梅津 一九九四、八二―八三頁]、第一のものとして霊友会組織の特徴を指摘している。霊友会では布教組織は獲得された信者数の大小によって階層化されていて、教団内での宗教的権威も信者の獲得数に比例するという構造になっていた。それがゆえに布教者は競って信者獲得に邁進したわけであるが、布教組織の頂点にある指導者は信者となった全員にとっての「親」(それに対して信者は「子」「孫」である)と位置づけられ、信仰上の「親」に「子」「孫」は従うべきという規範が共有されていた。[5]そのために「親」が教団からの離脱を図るときには擬似的な「子」の集団もそのまま霊友会を離れる、ということが生起したものである。こうした組織的特徴に加え、自前の霊能者獲得と勢力拡大に自信を持った幹部の独立志向も、分派に拍車をかけたと推測されている。第二に挙げられているのは、霊友会指導者・小谷喜美の性格の激しさである。彼女と側近幹部との間には軋轢が生じやすかったようで、それが袂を分かつ遠因になったのだろう。また、霊友会指導者は理知的な思索や行動を意識的に嫌う傾向があり、修行を何より重んじて根本経典たる法華経の講義も嫌ったといわれ、それに対する反発が第三の理由であって、梅津はこれを佼成会のケースで最も重視しているようである。

最初期の佼成会は、庭野と長沼の居住地近くに信者もまた居を構えるという、零細で局地的な集団であった。それが独立して二年後の一九四〇年には信者五〇〇名を数えるまでに成長している。その後も順調に信者数は増え続けるが、長沼の霊感に基づく指導が人心を惑わすとして、四三年三月に長沼と庭野が警察署に召喚されるという事件が出来した。その影響によって退転者が増えて四四年五月末には四二六名にまで減少し、また「恐れをなした大部分の支部長たちは退会」[森岡 一九八九、六二頁]してしまった。とはいえ同年末には信者数は一一一二名を記録するまでに回復し、そして四七年には一万名近くにまで増加した。結成後、僅か一〇年である。

信者数が急速に伸びるなか、支部組織の整備が進行してゆく。信者数五〇〇名程度の一九四〇年時点で既に五つの支部が成立していたが、四四年頃には通し番号を付された八つの支部(数字支部)と本部付による体制となっている。本部付とは、庭野と長沼の親族である会員や、どの支部にも所属させようのない(一度は教団を離脱した経験を持つ)復帰幹部たちを束ねたものである。ここから、幹部を務めながら脱退した前歴を持つ者のいることが知られるが、彼らの脱退理由を「恐れをなした」からとのみ断じてよいかどうかは詳らかではない。

佼成会の扉を叩いた人々の動機は圧倒的に病気が多く、家計の逼迫・家庭不和・事業上の悩みなどもあった[森岡 一九八九、三二─三四頁]。長沼は強い霊能力を有する存在と目されており、その力に戦時下・戦後の厳しい状況下で苦悩に喘ぐ人々がすがったのである。信者の増加とともにその分布の空間的拡大ももたらされ、それに対応して地方布教が試みられることになるが、二人の指導者を迎える地元信者の熱狂は大変なもので「『妙佼先生ッ』という叫びがあちこちから起こり、そう叫んだだけで病気の治る人が一ヵ所で二、三人は出た」［森岡 一九八九、六〇頁］ほどであったという。初期佼成会において、長沼は絶対的な生き神（活仏）であった。もっとも、「当時の入信者は、病気なら病気が治ってしまえば、さっさとやめてしまったものだ」［庭野 一九七六、一七八頁］と回想されていることから、当時佼成会に接触した人々の小さからぬ部分が会（長沼）にクライエント的に接近していたことがわかる。とはいえ、一九四四年から五五年末までの入会者を分母に、入会者から脱会者を減じた数を分子とした歩留り率を森岡は約七割と算定しており［森岡 一九八九、三九頁］、その数値はおそらく、通常の「拝み屋」を中心とする集団における比率よりも高いと推測される(6)。

いうまでもなく、庭野と長沼は困苦する人々に現世利益を与えることだけを目的として佼成会を創設したわけではない。彼らは人々に、その間違った「心根性」を直すことを求めた。すなわち、仏は正しい行いに対しては良い結果を、間違った行いにはそれに相応しい悪果を与えているのだとして、人々の苦境は彼らに日頃の過ちを気づかせるための警告なのだと説いたのである。自省し、苦しみに正面から向き合え、と諭したわけである。苦しみは成仏できない先祖が子孫に救いを求めているがゆえの悪業・悪因縁によるのだから、懺悔して心根性を入れ替え修行に励み功徳を積むこと、そして（佼成会の規式に則って制作された）総戒名を掲げて霊鑑（過去帳）を祀り、法華経によって自ら先祖供養することで悪因縁が解消し、子孫の苦しみも消散するとアピールしたのである。なお、佼成会が人々を入信へと導く過程で、また入信後の指導においても重視していたのは姓名鑑定であり、降神であり、法座であった。姓名鑑定は庭野が能くしたところのものである。降神は長沼に降りる神の指導を受けることをいう。法座は信者が円形に座って各自の抱える諸問題や信仰上の疑問等を語り合い、その解決策を論じ合って見つけ出してゆくもので、現在でも重要視されている「佼成会のいのち」である。

庭野は長沼にとって導きの親であり、彼女に降りる神示の真偽を判別する審神者の役割を担っていた。それはとりもなおさず、彼が佼成会における最高の指導者であることを示唆していたはずであるが、長沼の宗教的権威が佼成会を覆っていたというのが当時の実状であっただろう。しかし庭野は、たとえ神示であっても法華経の教えの本筋から外れるようなそれに対しては、絶対に服そうとはしなかったという。シャーマニズム的な御利益信仰でなく法華経を中心とする仏教信仰の世界に日々苦闘する生活者を導き入れること、これこそが庭野の本意であったということである。

2 戦後の躍進

終戦後、佼成会信者は爆発的に増加する。一九四五年時点の信者一〇〇〇世帯は五年後の五〇年末には約六〇倍となり、さらに五五年末には二六万世帯を計上するまでになっている。「実に稀有の大発展といって過言ではない」［森岡 一九八九、三七頁］。

この大躍進の途上の一九四七年、八支部それぞれを代表する一名の幹部が幹事という役名を与えられ、幹事長を中心に毎月幹事会が開催されることになった。また同年、この年の五月までに曼荼羅を勧請した会員を本部幹部、六月以降に勧請したものを本部準幹部として、彼らによる幹部会が毎月開催されることになっている。(7) 佼成会運営にあたっては幹事会だけで事足りるところ、幹部会を開くことにしたのは、「支部間のいわば実力差を反映した会議が別にあることが、会の運営上必要と思料されたからであろう」［森岡 一九八九、九〇頁］。信者獲得において実績のある支部に、配慮がなされたのである。

一九四八年八月一日、佼成会は「宗教法人立正交成会定款」を制定し、当初の会名から「大日本」を除いて同一一日に設立登記を完了して(宗教法人令による)法人格を取得した。定款では庭野と長沼が主管者に定められ、また総代の設置が規定されている。総代による総代会は「本会の重要な事項を決議する」もので、前掲の幹部会の後身である。この総代会以外に「会長の諮問事項を決議する」支部長会も設置された。これは前掲の幹事会を継承しており、実質的には議決機関たる総代会の上位に据えられた。とはいえ、両機関とも庭野と長沼による指導・説明のための会、という趣きの強いものであったという[森岡 一九八九、九二頁]。また五〇年に定められた「宗教法人立正交成会庶務規定」に基づいて事務機構の整備が進められ、それは五四年にほぼ確立されることになる[森岡 一九八九、一三〇頁]。それに伴い、理事会の権限が拡充し教団権力の理事会への集中が実現してゆく。

一九四八年末、支部の数は既存の数字支部八に四つを加えた一二となっていた。増えたのは支部長の姓を付して呼ばれる支部(名前支部)で、有力信者の布教活動の活発であったことがうかがえる。信者数の急速な膨張に対処して、規模の大きな支部が分割され、新たに一六の名前支部と二つの地名支部が発足するが、それら新支部を親支部に統括させるという霊友会方式は採られず、すべて会長直属とされている。

信者が六万世帯にまで増加していた一九五〇年そして五一年には、支部に支部長の姓を付すパターンが廃され、在京支部をすべて数字支部とし地方支部には地名を冠するという、支部命名パターンが確立される。これによって支部長交代の際に(さらにいえば支部長不適格の烙印が押され更迭という事態となっても)支部名を変更する必要がなくなる。教団の組織化が着々と進行していったことが理解されよう。また五〇年には有力支部に支部旗(8)が勧請されて支部の地位の権威づけがなされ、翌五一年にほぼ全支部に支部旗が勧請されている。先ず有力支部の権威づけを行って有力支部長の歓心を買い、彼らからの不満の噴出を抑えておいて、次いで支部間の平等を宣布することとしたということだろうか。この五一年末の支部数は五〇(数字支部三六と地名支部一四)である。支部はさらに増加し、五五年末には一二二(数字支部八三、地名支部三九)の支部が佼成会を編成することとなった。なお、一支部あたりの信者は四五年段階で一二〇世帯、五〇年には一九〇〇世帯となり、五五年には二五〇〇世帯を突破する。

支部の内部は導き関係によって結ばれていた。そこでは、三〇人程度の導きの子を持って曼荼羅を授与された信仰上の親は、導きの子からなる「関係」と称される小グループを率いることが認められていた。さらに、自身の導きの子のなかに曼荼羅を授与された者が何人もいるような幹部は「守護神」(9)を受け、自身の系列に連なる「関係」をいくつか束ねた「系統」と称する中規模グループを率いることができた。また、当該人物が布教において目覚ましい成績を挙げた場合、自身の親が束ねているグループから独立し、自らも親になって自分自身の「関係」を、さらには「系統」を率いることも許されていた。こうなれば、佼成会組織のなかでその人物が彼(彼女)を導いた親に並び立つ、もしくは親を凌駕するということもありえるが、だからといって両者の間のオリジナルな導きの親子関係が破棄されるわけではない。

支部を増設するにあたっては、大きな系統ごとに支部へと昇格させるというパターンが通例であった。しかし、中核となる系統に他の系統をいくつか混成して一つの支部を成立させたり、また地方支部創設の場合に異なる支部に属していた複数の系統を(最寄り原則によって)一つにまとめて発足させるという実例が見られた。系統の異なる者たちとともにまとめ上げられることに抵抗を感じた信者もあったようであるが、指導部はこれを宥め、断行している。後に見るブロック制への転換の端緒が、ここにある。

一九五一年、宗教法人令に代って宗教法人法が公布施行される。これに対応して佼成会は規則改定を行うが、そこに「教団の最高位にあるべき会長の影が薄く」[森岡 一九八九、一〇六頁]なったことが読み取れる。すなわち、旧規則における総代会の項で「総代会の議決事項はすべて会長の承認を得なければ施行できない」とされ、また理事会・評議員会の項では「理事会および評議員会の議決事項はすべて会長の承認を得なければ施行できない」と規定されていたところ、新規則に会長による指示を必須とした文言はなく、このとき制定された「立正交成会教規」にも会長の指揮権に係る規定はなく、「会長および副会長に諮り本会布教の方策を立てる」とあって、会長は副会長と「並んで」「諮られる」に過ぎない。こうした改訂は文部省(当時)宗務課による指導を受けてのこととといえようが、森岡はそこに、その指導を歓迎する内部事情のあったことを推測している[森岡 一九八九、一〇六頁]。

この時期の佼成会は多くの施設の整備・拡充を旺盛に行っている。第二修養道場の建設(一九五一年)、本部境内の模様替え(一九五一年)、本部事務局の建設(一九五二年)、佼成霊園の設置(一九五二年)、佼成病院設立(一九五二年)、佼成図書館設立(一九五三年)と、あたかも槌音が聞こえてくるかのようである。霊園や図書館、病院の設立は、たとえ結果的に信者が専らに利用することになる施設であっても、そこに「公共性」を意識した教団の姿が垣間見える。また一九五〇年には社会浄化、青年男女の文化向上、そして信者に対する指導を目的に機関誌『交成』が創刊されている。これもまた、公益性を意識して開始された事業であった。機関誌には佼成会を世間に正しく認識させるPR効果も期待されたが、その刊行は五二年に教団規則において公益事業から外され、信者教化育成のためと位置づけられることになる。また雅楽部(一九五〇年)、音楽部(一九五二年)、野球部(一九五二年)が発足し、これ以外にも無料職業相談所(一九五五年)、結婚相談所(一九五三年)が設けられ、教団内の信者に供するのみならず、教団外をも意識したと思われる施策が顕著である。さらには第三修養道場建設(一九五五年)が実現し、本部参拝のために訪れる地方在住信者のための宿舎(佼成寮)も建設された(一九五三年)。五六年の学校法人佼成学園の創設もここでの言及に値する。

3　外患と内憂

一九五一年八月、東京都北多摩郡大和村(現東大和市)蔵敷在住の主婦が佼成会の姓名鑑定を受け、「このままでは一二歳の長男が一四歳になると死ぬ」と告げられて消沈し、(それが主原因であったか否かは定かならざるが)母子が服毒自殺するという事件が発生した。そしてこの「蔵敷事件」をNHKのラジオ番組が取り上げ、翌年二月に『人間の寿命は予言できるか』と題して放送する。これを契機に多くのメディアが事件を取り上げ、佼成会に対し攻撃的・批判的な報道を行うようになっていった。不幸な事件は教団の誤った教えが引き起こしたものである、教団は現世利益で大衆を惑わす金儲け主義の邪教である、とする論調が過半を占め、佼成会は対応に追われることになる。

蔵敷事件の影響は後を引き、教団バッシングが続く。佼成会にとって外患の始まった一九五二年、四〇年以来団体参拝を行って良好な関係を築いていたはずの日蓮宗(身延山久遠寺)との関係が悪化し、翌五三年に佼成会は宗派から破門される。「蔵敷事件をほじくり出したその年二月のNHK放送の背後にも、佼成会にとっては日蓮宗の黒い手が感じられるのだった」[森岡 一九八九、一五二頁]と、森岡はバッシングの背後に日蓮宗の影を見ているようである。また五四年、佼成会に入会したばかりの元読売新聞記者が佼成会を相手に宗教法人解散命令請求書を東京地方裁判所に提出している。それに加え、後に教団史において「読売事件」と称される渦のなかに、佼成会は巻き込まれてゆく。

一九五六年一月二五日から四月末日まで続いた読売新聞による佼成会攻撃、すなわち読売事件の始点は、佼成学園設立にあたっての用地取得に不正があるとした告発であった(一九五五年)。この告発の背景に森岡は、土地売買で儲け損なった一部の人間の（教団バッシングを追い風とした）妬みがあったと推測している［森岡 一九八九、一三六―一五五頁］。読売を中心とするメディアの攻撃はやがて、土地不法買占めから信者の人権蹂躙の告発にまで展開し、この問題が衆議院法務委員会でも取り上げられ政治問題化してゆく。

この危難をもたらした読売新聞に対し、佼成会は「読売菩薩」という表現を用いてポジティブ視さえしていることは興味深い。すなわち、自分自身を顧みる契機を読売新聞による「法難」に与えられたと、佼成会は解釈するのである。これを契機として佼成会は、布教方法としてとかく批判を被りがちであった姓名鑑定を自粛するようになっている。また佼成会はバッシングに抗して教団内外の出版物を通じ反論を試みているが、それによって信者以外の人々にも佼成会の真の姿を知らしめることができた、と解釈するのである。一九五一年に佼成会を有力メンバーとして発足した新日本宗教団体連合会とその機関紙『新宗教新聞』は蔵敷事件を調査し、「真相」を報道して事件と佼成会の指導との間に因果関係のないことを結論づけ、公共的なマス・メディアの報道が偏見に満ちたものであるとして強く抗議している。さらに五六年に創刊された佼成会の機関紙『交成新聞』は、その報道を通して事件の真相と本部の姿勢を信者に周知徹底させ、信者の動揺を制止する機能を果たした［森岡 一九八九、一六八頁］。さらに佼成会内部の青年部メンバーも真実解明に奮闘している［森岡 一九八九、一六六頁］。

メディアによるバッシングという外患は、内憂をも誘引して佼成会を揺さぶることになる。一九五六年の「連判状事件」である。連判状はメディアからの一連のバッシングへの会長・庭野による対応を不審であるといい、庭野に対する信頼感の喪失を訴えたもので、副会長・長沼を最高指導者とする体制確立を目指した長沼側近による政変をこれと捉えてよいだろう。連判状以前、既に長沼中心体制確立を目指す動きは進行しており、外患の喚起した教団内の混乱に乗じたということである。

しかし一九五七年に長沼が死去し、これを境に政変は収束に向かう。庭野批判の勢力は落胆・当惑したであろうが、「『連判状事件』に暴発した幹部の過ちを庭野が寛大に許したので、佼成会は会長を中心に統合を急速に回復して、危機を乗り越えた」〔森岡 一九八九、一八七頁〕ということである。五七年の入信は六万三〇〇〇世帯で五六年の数値をはるかに上回り、また会費滞納・行事不参加による信者の整理数も五七年は前年の半分にとどまったとされ、その結果、信者数は三三万世帯まで伸びて教勢は再び上昇へと転じてゆく。

4　真実顕現と地区ブロック制の導入

長沼の逝去後、佼成会は庭野中心の体制が確立されてゆく。長沼の(長沼に降ろされた神示の)指導による時代は使命を果たして終えたが、その基礎の上に立ってこそようやく「真実顕現」に至りえたのだと新体制は宣言し(一九五八年)、長沼を慕った信者・幹部への配慮も怠りなかった。「真実顕現」の宣言とは、かつての長沼の霊能力による指導を「方便」視し、また曼荼羅を本尊とし先祖を信仰対象であると言明していた時代に訣別して「久遠実成大恩教主釈迦牟尼世尊」を佼成会本尊とすることを表明したものである。これによって佼成会は法華経を信仰する正統仏教教団としての組織アイデンティティを確立する。佼成会教学がここにおいて完成されたと見ることができる。なお釈迦牟尼仏を本尊とすることは一九四五年一〇月一三日(日蓮入滅の日)に長沼に降ろされた神示に既に指示されており、五六年の(庭野によるものでなく)長沼による法話にもそれが明言されているという。

一九五九年には信者数は四〇万名を突破するまでになっており、佼成会は大教団化の道を歩んでいた。こうした信者の急増・分布の拡大を受けて実施された「地区ブロック制」への転換は、「真実顕現」と並び、この時期において特筆されるべきことである。導き系統を骨子として組織されていた支部を、地域的な最寄り原則で編成し直すことを試みた改革がこれである。(10) 導きの親子関係を基軸とする従来の支部のあり方は、信仰上の親と子が地理的に遠く離れるということがあり、それが指導の授受にあたり多大な時間と労力・費用のロスにつながることがありえる。それを解決し、布教と信者のケアの効率化を図った施策であるといえる。

この改革に先立ち、交成新聞配布の効率化のために(支部別でなく)地区別取扱所が設けられており、青年部が(所属支部の境界を越えた)地区ブロックでの活動を充実させていた。さらに一九五四年から地方布教の拠点として設置されていた地方連絡所が、信者の所属する支部を横断する結集点としての機能を充実させつつあった。これらを背景に改革案は練り上げられ、五九年の後半から六〇年にかけて実行されてゆく。全国一三八の支部(ほかに海外二支部)が一定地域に対応して成立し、付随して支部の内部関係であった「系統・関係」は解体されることになった。また支部がカバーする区域を地区割りして法座とし、さらに法座を地区的に分割して組として、組の下に平均三〇世帯で編成される班を置くことになる。また全国を一〇教区に分け、教区内の支部を統括する教会をそれぞれに設置することになったのである。この体制下、八四を数えていた数字支部は二三区と三鷹・川崎市に対応する二五の支部に改組される。地方支部たる地名支部六三は、各地域において他支部会員を組み入れたり他支部と合併したりして三七に整理されてゆき、その一方で新たに六五の支部が設立されて合計一〇二支部となった。

「交」を「佼」に改めて教団名を現行の立正佼成会としたのは、この同じ一九六〇年である。「人と人との交わりを完成する」ことを謳い、この目標を文字において表現するための改訂であるといい、遷化した長沼の功績を会名に残し讃えることで長沼「派」に配慮したものと思われる。そしてこの年、会長職の終身制と世襲制が定められ、庭野長男の次代会長世襲が披露されたのであった。同年に施行された「立正佼成会会規」は第一条においてあらためて釈迦を本尊とすることを明記した上で、同第二項に「日蓮聖人図顕の大曼荼羅をも奉祀する」こと、

第二条に「法華三部経を所依の経典とする」ことを定めている。第一条第二項は後に削除され、ここに佼成会は、「日蓮の教旨を奉ずる日蓮系教団から、法華経の信解に立って菩薩道の実践を本義とする根本仏教志向教団へと脱皮した」〔森岡 一九八九、二八一頁〕のであった。

佼成会のシンボルともいえる大聖堂は一九六四年に落成する。佼成会はその初期、日蓮宗本山や日蓮旧蹟に団体参拝することを常としていたが、もはやそれら「部外」に団体参拝目的地を求める必要はない。大聖堂が偉容を誇る本部がすべての佼成会信者の聖地となった。ここに教団としての完全なる独立が完成したのである。

ここまで、佼成会の一九三八年から六〇年初頭までを見てきた。もちろん以降も佼成会は活動を続け、いま日本有数の大教団へと成長を遂げている。しかしその姿を森岡は追ってはおらず、かつ本章が分析を行うにあたってのデータは彼の記述に大きく負うているため、佼成会の軌跡をたどることは以上に見た程度にとどめるが、若干の補足を行って次節につなげることにしたい。

佼成会の特徴の一つとして、社会活動への関心の深いことが指摘できる。先に見た教育や医療への取り組みのほか、一九七四年に始まった「一食を捧げる運動」がよく知られるところである。これは、信者が毎月数度の食事を控え、その分の食費を募金して困難な生活を強いられる世界中の人々の支援に役立てることを目的としたものである。また七八年には創立四〇周年事業として庭野平和財団を設立し、世界平和実現のための活動や研究に助成を行って現在に至っている。さらに佼成会は宗教間対話にも熱心である。その表れが、五一年に他の新宗教団体と語らって発足させた新日本宗教団体連合会である。庭野はこの二代目理事長を六五年から九二年まで務めている。世界宗教者平和会議 World Congress on Religion and Peace も佼成会が中心となり、宗教間対話を目標に掲げて七〇年に発足したものである。いま佼成会は日本の、さらには世界の宗教界において小さからぬ役割を果たすとして注目される教団へと発展を遂げた。ここに至るまでの期間の短さを考えるならば、驚異的といっても過言ではないだろう。

第二節　立正佼成会における集団属性の変動

1　初期佼成会の集団類型

初期佼成会の歴史は前節に記した通りである。本節はそこに宗教集団の属性における変動を読み取り、考察を及ぼそうとしている。それにあたっては森岡による研究に加え、庭野の手になる自伝的著作［庭野 一九七六／一九九九］も参照して事実関係の正確な把握に供し、その上で議論を進めてゆくことにしよう。

庭野は自らが率いる集団の命名意図について、こう語っている。「立正とは、〈この世に正法すなわち《法華経》の教えをうち立てる〉という意味、〈佼成〉の〈交〉は信仰的な交りと、信者の和の交流すなわち異体同心を示し、〈成〉は人格の完成、成仏という理想を掲げたものである」［庭野 一九七六、一六七頁］。法華経を奉じる者同士で人格完成を目指して交流し合う集まり、これが佼成会であるということであろう。ここで目指されている人格の完成とは、すべての人間が求めるべき境地であり、同志間での継続的関与と切磋琢磨によって達成が期待されるもの、すなわち普遍的代償である。

初期佼成会の発展を支えたファクターの第一は長沼の霊力であっただろう。多くがそれを恃み、救われた奇跡に感激して信者となって佼成会を急成長させたのである。しかし庭野が構想していたのは呪術(特定的代償)ではなく仏教(普遍的代償)を中心に据えた組織の運営であった。長沼の享ける神示に対し、それが普遍的代償の源泉たる法華経の教えから外れると判断された場合に彼は従わなかったというエピソードが、彼の真意を表しているだろう。また佼成会結成の理由に霊友会指導者の教義軽視への反発があるのであれば、庭野が考えていたのは、前者の轍を踏むことなく、教義を学び合う持続的な人々の集合体を形成することであったに相違ない。その意向が、約七割と推計される歩留り率（一九四四年末〜五五年末）の高さに反映されている。佼成会を訪れる悩めるクライエントの多くが、人格完成に向け精進を続ける信者へと高められているのである。すなわち佼成会は、シャーマン的人物を中心に形成された宗教ネットワークとしてではなく、宗教組織として出帆したのであった。

では、成立間もない佼成会の組織はどのようなものであったのか。佼成会の初期段階において、その急成長を実現させた――長沼の霊力と並ぶ――大きな要因を信者による布教活動に求めることは妥当であろう。長沼の霊能によるか庭野の教えによるかは問わず、救われたと感じた信者が未信者にアプローチし救済の喜びを広めることに熱意を注ぎ、多くを入信へと導いていったのである。その布教活動において実績目覚ましい者は導きの親となり曼荼羅・守護神を授与され、子の集合である「関係」を率い、「系統」を率い、さらには支部を任されて信仰上の子を指導することになる。そうした優秀な布教者を、佼成会は軽んじることができなかっただろう。有力支部に（当時の）本尊というべき支部旗を授け、支部名に支部長の姓を付すことを認め、支部長を幹事とするのみならず支部内の有力布教者も幹部（あるいは総代）として遇していることから、佼成会の有力布教者尊重の姿勢がうかがえる。彼らは――本部が彼らに配慮するほどに（せざるをえないほどに）――佼成会において重きをなしていたのである。そうした有力布教者が自律性への志向を（程度の差こそあれ）内包していたであろうことは、あながち穿った見方ではない。佼成会の母教団であった霊友会では支部が自立していったケースが少なくないことから、それは推測される。また実際に、何名かの支部長が（庭野と長沼が拘留された一九四三年の事件後）脱会しているのである。すなわち初期佼成会の組織は、有力布教者の自律的活動を許容し彼らを束ねることに心を砕いていた自律志向型のそれであったと把握できるだろう。

しかしながら、初期佼成会が普遍的代償と並んで特定的代償を人々に供与することにも力点を置いていたことは、看過されてはならない。当時の庶民生活は厳しいものであり、その彼らを救うためには「最初から抽象的な理想だけを説いてはおられない」［庭野 一九七六、一七一頁］ために「取りあえずは霊友会の信仰活動を踏襲して、〈病気直し〉を主たる活動としたのであった」［庭野 一九七六、一七一頁］と庭野は当時を回想している。その「主たる活動」が信者獲得につながってゆく。とはいえ、病気等の現世的苦難の解消を見た「一般の信者がどんどんめていくのは無理もないことだったのだ」［庭野 一九七六、一七九頁］との一文は、人々を佼成会に関係づけるにあたっての柔軟さを感じさせ、その点からは佼成会が権威志向型ネットワークの側面も有していたことがうかがえる。そしてこのネットワークでは、霊能者であった長沼とともに、庭野もその中心にあっただろう。布教にあたり姓名鑑定が重視されているということから、それを能くした彼も長沼に準じる権威的存在であったと推測される。

初期佼成会は自律志向型組織に霊能（あるいは占いの技術）を中心として形成された権威志向型ネットワークが、不即不離に重なる集団であった。すなわち、複数の類型が混在するハイブリッドが初期佼成会の実態であった。おそらく現実の（宗教）集団はハイブリッドであることが常態であろう。そして佼成会と同種のハイブリッドは、他の数多くの新宗教の事例にもあてはまるものと考えられる(11)。

権威志向型ネットワークと自律志向型組織は――前章において何度も指摘している通り――不安定なものであるため、安定的な宗教活動のためには集団タイプを変動させることが佼成会にとっての喫緊の要事となる。いうまでもなくそれは、宗教集団にとって最も安定的なタイプである権威志向型組織へと向かうものであろう。その変動がナチュラルにドリフトして遂げられることもあろうが、かつて属していた霊友会における教義軽視と多くの分派発生を知る庭野であるから、当初から彼はそれを思念していたと見るのが適切である。

2　特定的代償から普遍的代償へ

権威志向型ネットワークから権威志向型組織への移行を促すファクターは、代償の特定的から普遍的への質的転換である。これは「痛み」を取り除いてくれる術者が（痛みと術の）理論を語る存在に変わることに喩えられるが、施術されるクライエントにとって理論を知る必要は本来なく、代償の質的転換は術者と深くかかわることに迷うクライエントの足を遠のかせる危険性を秘める。逆に、痛む理由、痛みが癒される理由を説明する理論をクライエントが受容するなら、彼らは信者と化し、教団に強く結びついてその発展を支えるだろう。代償の質的転換は宗教集団の存続を左右する重要な分岐となる。

この転換に佼成会は成功を収める。別言すれば、佼成会の有していた権威志向型ネットワークの側面を権威志向型組織のそれへと移行させえたのである。一九五六年の読売事件と五七年の長沼の死が、その契機を提供したといえる。新聞に批判されて、布教活動において重視されていた姓名鑑定を行うことは停止されることになり(12)、また指導的な霊能者が世を去って、信者に提供されてきた特定的代償の源泉は枯れる。そして五八年の「真実顕現」宣言において霊能力による指導は「方便」と位置づけられ、霊能の役割の終了したことが明言されるのである。庭野はいう。「妙佼先生の死によって、〝神〟の声を直接聞くことはできなくなった。私はこの現実を、『直接聞く必要がなくなったから聞けなくなったのだ』と、受け取ったのである」〔庭野 一九七六、三二七頁〕と。「聞く必要がなくなった」とは創立から二〇年を経てようやく機が熟し、「もはや守護神の〝神の声〟に指導を仰ぎ、それを心のよりどころとする必要はない」〔庭野 一九七六、三二九頁〕ほどに、信者が法華経の教えに則って生きることができるようになったということを示唆するのだろう。かくして代償の質的転換、すなわち集団属性の変動が達成される。五七年以降も信者数は順調に増加しており、それは代償の質的転換が成功したことを裏づける。

しかし庭野にとって、代償の質的転換は容易なことではなかっただろう。庭野と並ぶ指導者の長沼が霊能者であったということに関連して、信者のなかに法華経よりも霊能を重んじ霊能を介しての特定的代償の授受を重んじる風潮のあったことが指摘できるからである。たとえば戦前に佼成会が信者に課していた寒修行では「霊感を受ける人も続出した。お九字の能力のある人もたくさん生まれた。家族が風邪をひいたとか、腹が痛いとか、それぐらいのことなら、エス・エスとお九字を切って、たちまち直してやったものだった」[庭野 一九七六、一九二頁]とあり、当時の雰囲気の神秘主義的なることが感じ取れる。こうした状況下で代償の質的転換を図ることは難しい。加えて庭野によれば「昭和二〇年を境にして、妙佼先生が主として支部長の指導にあたるようになり、私は仏教の本質的な理念を究めようと、法華経の研鑽に没頭」[庭野 一九九九、二五頁]するようになっていたため、「会員のあいだに妙佼先生を神格化していく空気が、しだいに濃くなっていた」[庭野 一九九九、二五頁]。また一九五六年の連判状事件前後、「霊能とか神秘性とかが指導的立場にある人の資格のように思われていたので、支部長たちは、神さまを見たとか、霊と感応したとか、よく言ったものだ。そういう神秘体験がなければ、支部長としての〝顔〟が立たない、といった風潮があった」[庭野 一九七六、三〇〇頁]。こうした風潮に対し、内心忸怩たるものが庭野にはあっただろう。それが五八年の「真実顕現」において霊能・神示の役割の終了したことが明言されるようになるとは、急転直下の感がある。まして庭野は長沼逝去の直前まで、長沼擁立を目指す幹部たちに批判されて窮地に立たされていたはずである[13]。

権威志向型ネットワークから権威志向型組織への移行にあたり、推進者が細心の注意を払うべきことがある。それは、特定的代償の源泉である権威的存在への信者からの支持を、移行後も維持するということである。代償の質的転換を図ったために離脱者が続出するという事態が出来すれば、教団は瓦解しかねない。カリスマを熱狂的に支持していた人々が、代償の質が変化したとして、普遍的代償をも同様に受容し続けるであろうか。おそらく権威的存在が同一人物であれば、それは容易であろう。特定的な救いを授けてくれた権威的人物が授けてくれる普遍的救いは魅力的に映ると想像され、それゆえに変わらない支持が権威的人物に寄せられる。しかし佼成会では、呪的カリスマは彼岸へ去ってしまった。普遍的代償を提示しようとする庭野に、長沼を慕ってきた人々が長沼に寄せたのと同質・同量の(あるいはそれ以上の)支持を与えるのだろうか。

結果から見れば、長沼の死が庭野を復権させることになった。長沼の死後も佼成会信者の数が増加し続けたという事実からは、新しく船出した庭野率いる佼成会が長沼信者からの支持を確保することができ、新たな支持をも獲得しえたということが知られるだろう。ではなぜそれが可能であったのか。なぜ庭野は、教団幹部を含む信者からの支持を獲得することができたのだろう。

庭野は「立正佼成会の本尊を久遠実成大恩教主釈迦牟尼世尊とすべきであることは、すでに会を設立したときから私の心にあったことであり、昭和二〇年には妙佼先生の神示をとおしても示されていた」[庭野 一九九九、一二頁]と述べている。その神示にとどまらず、「立正佼成会をもととして法華経が世界万国に弘まるべし」との神示が合計すれば三〇回近くもあったという[庭野 一九九九、二〇頁]。つまり本尊がいずれ「確定」すること、それに伴って佼成会の提示する代償が法華経に基づく普遍的なものへと転換することは長沼も了解していた、ということである。したがって庭野主導によって佼成会の集団属性が変動することに異議を唱えるとは、長沼(神示)を蔑ろにすることと同じである。おそらく庭野は折に触れて上記の神示に言及したのではないだろうか。長沼の権威を傘にして、長沼後の代償の質的転換が正当であることをアピールするなら、庭野の計画は実現しやすい。

また庭野は「妙佼先生が亡くなられて建碑式を行ったとき、私はその墓前で幹部たちがいちばん気にしているであろう誓約書を懐からとりだして焼いてしまった」［庭野 一九九九、四五頁］と記して、連判状事件の終結したことを示唆している。この墓前のパフォーマンスが佼成会史上に持つ意味は大きい。彼は造反幹部を指弾することなく寛大に許したのである。「その人たちを、一人として首を切ったり、左遷したりしなかった。それまでと変わりなく重用した」［庭野 一九七六、二九九頁］のである。事件にかかわった信者たちは庭野による処遇を喜び、深謝したのではないだろうか。代償の質的転換が成功を収めたのは幹部たちが協力したからこそで、その協力は彼らが庭野に恩義を感じていたからと捉えるのが自然であろう。幹部は導きの親子関係のトップであり、トップの指導は末端にまで届きやすい。だからこそ、幹部を懐柔できたからこそ、代償の質的転換が遂げられたといえる。(14)おそらく地区ブロック制実施後に代償の質的転換を図ったとしても、その企ては困難に直面した可能性が高い。この段階では導きの親子関係が認められなくなっているからである。というよりむしろ、質的転換が成就したからこそ、安心して導き関係を廃止することができたと見るほうが正鵠を得ているだろう。

さらにこの時期、庭野をカリスマの保有者であるとする見解が幹部を含む信者の間に成立したと見ることは、憶測に過ぎようか。先に「佼成会をもととして法華経が世界万国に弘まるべし」との神示が何度も下されたということを記した。「このこと（＝神示のあったこと、筆者註）についてはしばしばふれてきたが、じつは、そのあとに『庭野、汝には仏性開顕の使命があるのだ』という、きびしい言葉がつづいていたことについては、あまり話すことがなかった」［庭野 一九九九、二〇頁］と、庭野は往時を振り返って記している。彼が使命を授けられた選ばれた存在であること、すなわちカリスマ的存在であることは疑いえない――疑えば神示を、さらには長沼を否定することにつながりかねない――ことで、「あまり話すことがなかった」とはいえ、おそらく何度かこのことは信者に伝えられて、彼に対するカリスマ視が成立する背景が形成されていただろう。さらに上記の神示には「『常不軽菩薩さまのように、あらゆる艱難と杖木瓦石に堪えて修行し、いっさいのものの仏性を開顕するために礼拝を行ぜよ』という言葉がつづくこともたびたびあった」〔庭野 一九九九、二〇頁〕ということで、その神示に則れば「堪えて修行」していた庭野は現代に現れた常不軽菩薩そのものであり、まさに予言されたカリスマ的存在ということになる。長沼逝去後の彼は、不遇な状態に置かれながらも信念を曲げることなく耐え、常人ではない――常人ならば造反者を許すはずがない――寛容の精神を持つに至った、そういう人物であると認識されただろう。この評価に神示の内容が重なり、庭野は(呪的ではないという点で長沼とは別種の)カリスマ的存在と目されるようになったのではないか。だからこそ代償の質的転換を成功させることができたと理解することは可能である。カリスマ保有者の提示する普遍的代償は、受容する価値があるはずである。

「この事件があってから会の上層部のまとまりはとみによくなり、現在の磐石のような体制の基礎はこの時に固まった」〔庭野 一九七六、三〇二頁〕。庭野は勝者となった。庭野の立場を急転させたファクターは、そして代償の質的転換を可能ならしめたのは、庭野によるカリスマ的権威の利用、墓前でのパフォーマンス(そして寛大な処置)、そして庭野のカリスマ化である。

3 自律志向型から権威志向型へ

次に佼成会の組織的側面の変動を論じよう。宗教組織タイプ(自律志向型組織‐権威志向型組織)における変動は、当該教団がその組織環境をどう認知するかに因るところが大きい。そして環境の(確実性・不確実性)認知は、教団の掲げる組織目標に連関するところが大である。組織は組織目標達成のために環境がいかなる状況であるかを認知し、その認知に即応した組織構造を編成することによって成果を期待することができる、ということである。

佼成会設立の動機について、庭野はこう語っている。「私が立正佼成会を創立した願いも、一人でも多くの人に法華経に示された人間の真実の生き方を知ってもらい、ほんとうの幸せを自分のものにしていただきたい、ということにあった」［庭野　一九九九、一頁］。「一人でも多くの人」を信者となすこと、これが庭野（そして長沼）の掲げた組織目標であった。この目標達成のため、方便としての「病気直し」に初期佼成会は取り組んだが、そこでは、一人でも多くの病者にアプローチし病苦（を含む現世的苦難）を取り除くという下位的な組織目標が設定されているだろう。

佼成会創設年の一九三八年から終戦まで、当時の人々の生活は厳しく、宗教どころではないと考えていた人々は多かっただろうと考えられる一方、そうした時代だからこそ宗教に救いを求める人も少なくなかったはずである。とりわけ病苦に対しての人々の悩みは深刻であったと想像できる。だからこそ佼成会は布教・救済活動に邁進したのであろう。また当時の人々は、鎌倉時代に「国難」を説いた日蓮という存在、そして日蓮の信奉した法華経をある程度認識していたと思われる。日蓮主義を奉じる運動は戦前・戦中の日本の思想状況における重要なファクターであったからである(15)。佼成会が国柱会会員を会長・副会長に据えて船出したのは、その点に配慮してのことである。そうであれば佼成会は全般環境に対し鈍感であったわけではない。それどころか佼成会は――病気治し中心の御利益信仰に対する全般的な不審視は否定できないとはいえ――組織目標遂行にあたり、その全般環境をある程度は確実視していたということである。とはいえ、宗教に対する当時の統制は厳しいものであった。佼成会にとって――佼成会以外のすべての宗教集団にとっても――国家権力という特定環境の構成要素は不確実性の高いものとして認識されていたはずである。四三年の拘留事件は当時のほとんどの支部長の脱会を引き起こしたが、その事態をもたらした警察による介入は予想外の出来事であったに相違ない。また内部環境、換言すれば信者群の意識や行動の様態についても、佼成会が確実視することは難しかったと考えられる。事件をきっかけに脱会する者の少なくなかったこと、悩みが解消すれば脱会してゆく人の少なくなかったことは、教団へのコミットメントにおいて信者間に濃淡があったということである。当時の「信者が私たちを呼ぶのも『庭野さん』『長沼さん』だった」〔庭野 一九七六、一七五頁〕との庭野の回顧からは、信者が庭野・長沼の「技量」に信服していたとしても、崇めるべき組織リーダーとして二人に応対していたわけではなかったことをうかがわせる。これでは信者を機械的管理システムに組み込むことはできない。この時点の佼成会信者群が強固な信仰者集団であったとは捉え難い。

ともあれ、特定環境・内部環境を不確実視せざるをえない状況下、佼成会は有力信者たちの自律的な活動を許容する組織の体制を採ることを選んだということである。「人間の真実の生き方を知ってもらい」たいとした指導者の意図に沿わない組織運営であったやもしれないが、当時の佼成会が自律志向型組織であったからこそ多くの悩める人々を救うことができたのであり、彼らの支持を得て成長することができたのである。

おそらく宗教組織にとって、全般環境‐特定環境‐内部環境のうち、何より内部環境にかかわる認知が組織タイプの選択に影響を及ぼすものであろう。前章で指摘したように、宗教組織は組織外の環境(特定環境‐全般環境)への配慮を怠ったとしても、組織内部に対するコントロールが成功している限り、活動のための資源を内部から動員することができる。逆に内部環境が穏やかならざる状態なら、宗教組織がいかに組織外環境への対処に成功しようが、組織の存立は危うい。顧客(特定環境)や景気(全般環境)への対応を誤らず組織目標である利潤獲得が達成されさえすれば社員の働き(内部環境)が――たとえ社員がその業務内容や執行部に不満を抱いていたとしても――期待できる会社組織とは、この点で異なる。宗教組織が最も重視すべき環境は内部環境なのである。そして内部環境を不確実視せざるをえなかった戦中期、信者の自律的活動を容認することが組織目標に適うことであった。

憶測することになるが、この戦時下に権威志向型組織として佼成会が活動をしていたとすれば、その組織は二人の指導者(その一方は霊能者であり、もう一方は占いの達者である)を頂点としたヒエラルヒー的なものであり、影響力の強い(強過ぎる)二人は警戒されるべき支配者と認識され官憲による厳しい監視の対象となって、単なる拘留では済まなかったかもしれない。入信したばかりの信者は、彼らの直接に従う相手が導きの親であるべきところ、会長・副会長の指導に服するよう求められるなら、さらに官僚制組織に組み込まれるなら、困惑の度合いを深めたかもしれない。そうなれば教団は激しく揺れ動き、成長を果たすことは難しかっただろう。

この自律志向型組織が終戦後、徐々に変動してゆく。ニール・マクファーランドによる著作『神々のラッシュアワー』[McFarland 1967＝1969]の表題が如実に表すように、数多くの新しい宗教集団が登場し、それぞれに多くの信者を獲得して急成長を遂げていったのがこの時代である。天皇を頂点に据える国家主義的なイデオロギーは色褪せ、社会規範は動揺し、困惑するばかりの人々が宗教に寄る辺を求めて現出させたのが「神々のラッシュアワー」であった。当時の全般環境は佼成会にとっても、病気直しを契機に「一人でも多く」を信者となすという目標達成にあたり、確実性の高いものとして認知されていたはずである。さらに戦時下に佼成会に危機をもたらした特定環境すなわち宗教統制機関は解体され、同じく特定環境である法体制については、宗教法人令そしてそれに続き宗教法人法が成立し、宗教集団には(戦前に比してはるかに)自由な活動を行うことが保証されることになった。統制の時代に逆行することがない組織環境を、佼成会は確実視することができただろう。また一九四五年から長沼が信者(支部長)指導において中心的役割を果たすようになって――庭野は法華経の研鑽に没頭するようになって――集権化が進行し、信者掌握のレベルが高まり、内部環境の確実視もまた昂進していったと推測される。長沼のカリスマ的権威の絶大なることは、庭野が語る一九五〇年前後のことと思われる以下のエピソードが教えてくれるだろう。「妙佼先生を仏様とばかり信じ込んでいた人が、妙佼先生が生きた人間として壇上にのぼって説法を始められると、驚きのあまり卒倒してしまったのだった。これは極端な例だが、たいていの人がそれに近い感情を懐いていたのである」[庭野 一九七六、二二五頁]。組織のトップに立った「生き神」の掌握力は絶大であろう。この段階に至った佼成会の、信仰者集団としての強固なることが想像できる。この時期、佼成会は霊園、図書館、病院さらには教団内に音楽部や野球部を設け学校法人も設立している。これらの施設が持つ公共性は、多分に特定環境・全般環境を意識してのものであると思われる。これらの設立により、組織外部からの佼成会に対する評価が高まることが期待され、それは延いては佼成会による組織外環境の確実視につながる。そしてそれが翻って、信者の福祉に供することとなり、内部環境の安定化・確実視を保証することになる。なお、これら新設の下位部門は機械的管理システムに組み込まれたものであって、有機的管理システムにおける自律的部門ではない。

かくして組織環境は確実視され、佼成会の自律志向型から権威志向型の組織への変動が進行する。一九四八年に設置された支部長会や総代会が会長・副会長の指導と説明を受けるニュアンスの濃厚な集まりにとどまった(とどめられた)ことは、組織中枢の権威の高まりとそれに対する有力信者・布教師の恭順を示唆しているだろう。同時期、信者急増に対応して大規模支部が分割され新たな支部が設けられているが、それら新支部を親支部に統括させず会長直属としたことも、指導層による掌握力の高まりの証左である。また支部旗がすべての支部に平等に授与されるようになったこと(一九五一年)、支部に支部長の姓を冠する命名パターンが認められなくなったこと(一九五一年)は、有力信者・布教者の自律性に委ねての教団運営に教団中枢部が徐々に幕を下ろし、機械的管理を志向するようになっていったことを示している。権威的存在による一元的統制に信者すべてが服する権威志向型組織の色合いを、佼成会は帯びるようになってゆくのである。そしてこの組織の変動とパラレルに、「会長の影が薄く」なってゆく。

この（会長・庭野でなく副会長である）長沼を頂点とした権威志向型組織が、一九五六年の読売事件によって揺さぶられることになる。マス・メディアという特定環境の構成要素は宗教組織からすれば敵対すべき相手ではない。その報道如何によって信者および一般社会の当該教団への見方が変わるからである。報道が教団にとってネガティブなものとなれば、組織環境は不確実化する。マス・メディアとの関係は良好に保つことが最善ながら、事件の一方の当事者・読売新聞は佼成会に執拗な攻撃を続け、その動向を佼成会は不確実なものと認知するほかなかったであろう。これに伴い、内部環境の不確実性も必然的に高まる。その結果、組織が達成を目指すべき新しい下位目標が設定されてくる。佼成会が健全な団体であることを内外にアピールし、信者の動揺を抑えるという目標である。

この苦境が乗り越えられるにあたっては、機関紙・交成新聞による報道と、青年部の活躍が大きかったようである。交成新聞は事件の真相究明に尽力し、「真実」報道を行うことで信者の動揺を抑えることに奏功したという。そして一九四九年に二一人で発足していた青年部の「青年たちが、その報道記事の真偽を確かめるため現地に飛び、一つ一つ調査を行って、それを『調査報告』としてまとめ上げ」［庭野 一九九九、二二〇頁］て、機関紙と協同した。さらに「事件後しばらくは私と妙佼先生は地方布教に出られなかったので、代わりに若い人たちが出かけて行った。その人たちがばりばりと働き、行じ、したがって大いに成長した。二四、五歳で支部長になった人が二人も出た」［庭野 一九七六、二九〇頁］という庭野の言葉は、若い会員の力が動揺する佼成会を支えた（これを契機に青年部が佼成会の発展を支える人材に育っていった）ことを評価している。

交成新聞創刊はマス・メディアによるバッシング報道が始まって以後であり、危難への対応策として佼成会がそれを下位部門として分化させたといえる。また教団内において周辺的な小勢力に過ぎなかったであろう青年部が佼成会の危難克服に寄与したのは、佼成会組織が青年部という下位部門の活動を支援し、その自律的活動に期待を寄せたということである。この点から、佼成会は長沼体制下で確立した権威志向型組織を有機的管理システムである自律志向型組織へと再び変動させていると認識できる。

ここで青年部について追記するなら、「その青年たちに私は、毎日曜日の朝、『法華経』の講義を行った」[庭野一九七六、二二〇頁]ということで、庭野が彼らを手塩にかけていただろうことが推察される。長沼の霊能への帰依者でなく、庭野の教えを学ぶ弟子集団が形成されているのである。彼らが佼成会の二人の指導者に代って地方布教に従ったということであるが、それは多分に霊能よりも法華経をアピールするものであったに違いない。また青年部は他の新宗教教団に属する青年たちと交流し、教団を横断する連合会を形成している。長沼中心体制下にあって、庭野を中心とする独自の動きが展開されているということである。この青年部が支部の境界を越えて同信者(青年)との間につながりを築き、それが後に地区ブロック制導入にあたり重要な役割を果たす。

読売事件が収束に向かったとしても、佼成会は解決すべき新たな難題に見舞われることになる。連判状事件(一九五六年)がそれであり、そしてそれに長沼の逝去が続く。佼成会が短期間に経験することになった読売事件・連判状事件そして生き神の死は、教団に壊滅的打撃を与えるものであると考えて不自然ではない。

しかし壊滅どころか、佼成会は若干の脱退者を出しながらも再び教勢拡大に転じる。さらには権威志向型組織へと再び転換を果たすことに成功している。有力布教者が系統・関係を率いることが認められなくなり(一九六〇年)、さらに会長職の終身制と世襲制が確定し(一九六〇年)、会長主導による地区ブロック制への転換が完了して(一九六〇年)、森岡のいう「なかま-官僚制連結モデル」[森岡 一九八一、一九―二七頁/一九八八、一〇―二一頁]の組織が実現されたが、これらが組織タイプの変動したことの証左である。ここに佼成会という権威志向型組織が再び、しかも短期間で、完成する。その組織の中枢に座ったのが庭野であったことはいうまでもない。

なぜ、組織タイプが変動したのだろう。それは、不確実視するほかなかった内部環境が確実視できるものへと変わったからこそであると考えることができる。その変化に要した期間の短さを考えれば、信者の動揺が徐々に鎮静化していった結果の内部環境確実視であるとは考えられない。内部環境は確実視しうるものに、人為的に変えられたのである。では、それはどうしてなし遂げられたのだろう。組織環境が不確実なものと認知されるなら、下位部門の自律的活動を容認しての組織運営が予想されるはずである。しかしこの間、佼成会が自律的な下位部門を新たに分化させたことを示唆する事実は、森岡の研究にも庭野の自伝のなかにも見あたらない。なぜ、内部環境が確実視できるものに変えられ、組織タイプの変動が可能となったのか。

それは、先述したように、庭野による神示の利用、長沼墓前のパフォーマンス、庭野のカリスマ化が重要な役割を果たしたからである。そしてそれらに加えて強調したいのは、佼成会組織の――新設ではない――既存の下位部門の自律的活動である。すなわち、この時点ではまだ容認されていた導きの親子関係、換言すれば、有力信者・布教師の率いた集団(支部)という下位部門の働きを指摘したいのである。信仰上の親が子に対し、(佼成会の提供する代償が特定的から普遍的なものに変換されたことを伝えると同時に)権威的存在の交代したこと、その存在の心服するに値することを自律的に説いて動揺する一般信者の鎮静化に努めたのだと考えれば、内部環境に対する短期間での認知の変化の理由が理解できる。さらにいえば、トップ交代を機に有力信者・布教師を性急に押さえ込むのでなく、彼らの自律性を当面は容認することを庭野が方針としたのであろうと推し量れる。内情穏やかならざることに対応して、佼成会は有機的管理システムを採ったということである。

そうであれば佼成会は、霊能を媒介とする信仰上の親子関係によって壊滅の危機を免れえたのである。庭野にとってそれは皮肉なことであったといえる。霊能を方便と捉えていた庭野が、その一線を画すべきものの協力によって不動の地位に就いたのであるから。そしてその自律的な下位部門を、庭野は自身を中心とする組織化を進めるなかで廃していったことになる。

また、庭野が育て上げた青年部の自律的活動も重要な役割を果たしたと考えられる。「純真な若者たちが自分の信仰を確立して外にむかって活発に働きかけるようにならなくては、会の発展はないと考えていた」［庭野 一九九九、二一九頁］庭野の薫陶を受けた若い信者が、「外にむかって」の前に「内にむかって」働きかけ、不確実な内部環境を確実なそれに変えるのに貢献したと考えられるのである。読売事件を契機に「大いに成長した」青年信者のなかには「二四、五歳で支部長になった人が二人も出た」ほどであり、彼らが指導的役割を担うようになって、庭野を中心に据えた組織固めに尽力したのであろう。

真実顕現の時代に、佼成会の組織目標は当初の「一人でも多く」に変更はなかったであろうが、もう一つの下位目標も設定されているはずである。方便時代が終わり、本尊が確定したことを信者に周知徹底させ、佼成教学を信者間に浸透させることである。事は急を要することであった。この下位目標を達成するには、内部環境が確実視できるものでなくてはならない。不確実なままにこの下位目標達成を目指せば、離反者の現れるであろうことは火を見るより明らかである。そしてその難題を庭野は——幸運に恵まれたという側面もあろうが——ごく短期間でクリアした。その上で成し遂げられたのが先の下位目標であり、地区ブロック制への移行である。

爾後、庭野主導によって佼成会は宗教協力や社会活動への取り組みに深くコミットしてゆくようになる。「一人でも多く」という組織目標達成のためには、内部環境の確実視に加え、特定環境-全般環境の確実視も要件となる。社会において高く評価されるようになれば、教団と潜在的信者との間の距離は縮まる。それを実現するための具体的施策が「一食を捧げる運動」であり「世界宗教者平和会議」「庭野平和財団」の運営であろう。

いま佼成会は日本有数の教団として精彩を放っている。ここに至るまで、佼成会は平坦な道を歩んできたわけではない。そこには組織環境に即応しての組織運営における成功があった。わけても、長沼逝去後の庭野の——権威志向型への——組織形成が佼成会の興亡を決定したといえるだろう。

第三節　教団の展開と組織運営

佼成会の飛躍的発展を可能ならしめたファクターとしてこれまでの研究が語ってきたのは、第一に、長沼という霊能力者と庭野という理論家の二頭体制の妙であったように思われる。「このふたりのコンビは、まさに採長補短の天のよき配剤を思わせる。日敬には、理論と組織力があるが、庶民を非合理的に感化する霊能もなければ、神懸りもない。妙佼には日敬のもっている理論と組織力がないかわりに、日敬に欠けている霊能と神示があった」[戸頃 一九七〇、九〇頁]。二人の指導者が互いに足りない部分を補い合ってきたことによって、発展が可能となったという理解である。さらに「こうした発展は、読売事件という外圧と妙佼の死という偶然に助けられたとはいえ、日敬のリーダーシップによる路線の転轍なくして不可能であった」[西山 一九八九、五〇頁]との指摘は、庭野の(とくに長沼逝去後の)奮闘なくして佼成会の安定・発展がありえなかったことを主張している。また井上順孝は、新たに勃興した宗教集団の大教団化にあたり、それを可能にした集団論・組織論にかかわるファクターとして万人布教者主義とタテ線・ヨコ線原理の駆使を挙げているが[井上 一九九二、一六七頁]、これらはともに佼成会の事例にあてはまるものである。

奇跡的救い(霊能)を契機として、信仰に導いた者と導かれた者との間には緊密なタテ線が引かれる。これが佼成会の原点である。そして導かれた者すべて(万人)が救いの奇跡を未信者に伝え入信へと導き(布教)、宗教ネットワークが拡張してゆく。入信者は法華経の教え(理論)に染められ、教団という強固な組織の信仰者として成熟してゆく。しかし膨張した信者のケア・管理にあたり、タテ線をのみ頼みとしては円滑な組織運営に支障をきたしがちである。そこで組織中枢からの号令のもと(リーダーシップ)、信者の住まう地域ごと、すなわちヨコ線に彼らを編成し直すこと(組織力)が、教団運営にあたり有益となる。そして地域に密着して布教活動を行い、新入信者のケアを滞りなく行うようになることで、教団の巨大化が進行する、ということである。

現在の佼成会をつくり上げたものとして、これらのファクターを指摘することは正しい。しかし万人布教者主義は、組織中枢からの管理のもとでのものであるか否かによって、教団の動向を左右する。管理の乏しいままでの万人布教者主義は有力布教者の教団内での台頭を促すことがあり、場合によっては教団分裂の事態を誘引しうる。ヨコ線重視すなわち地区ブロック制への移行は、信者の掌握が十分でないままに、タテ線の強力であるままに敢行されるなら、離脱者の少なからず現れることが予想される。

さらに霊能力をアピール・ポイントとしての集団形成には限界がある。呪的カリスマの衰えとともに信者(クライエント)が集団を見限ることがあるからである。理論(教学)もまた、それを説くべきタイミングがあるはずである。教学のみをセールス・ポイントに布教活動に邁進したとして、多くの信者を獲得できたとは思えない。万人布教者主義も地区ブロック制への移行も、必要条件ではあるものの、あらゆる宗教集団があらゆる状況下において採りうる戦略ではない。時宜に適わなければ、それは成果を期待できないだろう。また霊能であれ教学であれ、それをアピールすべきタイミングというものがあるだろう。

佼成会が大教団化しえたのは時宜を得ることができたからである。代償の質的転換ならびに組織タイプの転換の成功が、その時宜をもたらしたといえる。そして代償の質と組織タイプの転換は、庭野の施策がそれを実現させた。その庭野の組織運営は、結果だけから見れば、絶妙であったといえるかもしれない。しかし、練り上げられた計画に沿っての周到なものではなかったというのが、実情であろう。一つ打つ手を、またそのタイミングを誤っていたなら今日の大教団は存在しなかったといえるほどの、綱渡り的なものであったように思われる。長沼に降ろされていた神示を正統仏教教団のあり方とは相容れないとして顧慮しなかったなら、長沼の墓前で造反を不問に付すパフォーマンスをしなかったなら、また霊能を介した信仰上の親子関係――教義重視の庭野はこれを早々に整理したかったはずと考えられるが――を利用しなかったなら、庭野体制による佼成会の繁栄はなかっただろう。

長沼死後に図らずも得られた時宜に、庭野は的確に対処していった。もちろん、彼が運に恵まれて綱を渡り終えた、という側面は否定し難いところである。とはいえ、庭野の組織者としての卓越は、否定しようがない。

この佼成会の事例から導き出せるのは、研究対象とされている宗教集団・組織がいかなるタイプのものであるかに焦点を合わせることで、その発展・停滞そして衰退が予測可能であるということである。宗教集団の展開を論ずるにあたり本章が光をあてたかったのは、それである。そして佼成会は、それを認識させるにあたっての好素材を提供するものであった。またこの佼成会の事例から、宗教集団の展開がモバーグによる五段階説に則って把握できるほどに単純（ナチュラル）ではないことを示すことができただろう。それゆえに、本書の提唱する理論図式の意義もまた、示しえたはずである。

［註］

（1）この数値は文化庁編『宗教年鑑―平成二三年版』（ぎょうせい）に拠った。なお佼成会のホーム・ページは会員世帯数を約一三三万世帯（二〇一一年一二月三一日時点）と記している。佼成会では会員の単位は個人ではなく世帯であって、個人が入会の申し込みをすると、その世帯が自動的に会員となる。会員とは、佼成会の主旨を理解し、所定の会費を納入するものであると規定されている。この会員を本章は、より一般的な信者という呼称で捉えることにする。

（2）「ライフサイクルとは、生命を持つものの一生の生活に見られる規則的な推移のこと」［森岡　一九八九、三頁］で、そのライフサイクルが教団においても見られることを前提に議論を展開するものが教団ライフサイクル論である。森岡はとりわけ、前章に言及したデヴィッド・モバーグ[Moberg 1962]による五段階説(萌芽的組織・公式的組織・最大能率・制度的・解体)に依拠して、立正佼成会へのライフサイクルを念頭に置いたアプローチを試みている。

(3) 霊友会は、先祖供養と法華経の研究を行っていた久保角太郎(一八九二〜一九四四)を理事長、久保の義姉で霊能面での修行を積んでいた小谷喜美(一九〇一〜一九七一)を名誉会長として、一九三〇年に設立された教団である。創立されてから一〇年少々で数十万世帯の信者を擁するまでに急成長を遂げており、それが男性の理論家と女性の霊能者との協働体制に因るという構図は、佼成会に重なっている。ただ霊友会においては久保(理論家)が先にこの世を去っており、小谷(霊能者)主導の体制下で、佼成会を筆頭に多くの分派独立を許すことになった。詳細は[井上・孝本・対馬・中牧・西山 一九九六]を参照のこと。

(4) 戦前の分派は第一次分派と称され、ここには佼成会のほかに思親会・霊照会・孝道教団等が含まれる。一九四八年から五三年までの間にも第二次の教団離脱が相次ぎ、妙智会・仏所護念会・大慧会・法師会・妙道会・正義会等が独立を果たしている。この第二次にあたっては、霊友会の金塊・コカイン隠匿事件や脱税事件、赤い羽根共同募金横領事件が重大な契機となったようである。

(5) 信仰上の(導きの)親子関係の重視は、霊友会だけの特徴ではない。日本における多くの教団においても見られるところである。

(6) 入会にまで至らなかったクライエントも数多くいたと想像されるが、その彼らについてのデータは残っておらず、森岡もまた言及していない。

(7) 布教において多数の導きの子を得た者に授与される、本部からの権威賦与のニュアンスも込められた一種の報奨というべきものである。

(8) 支部旗は中央に大きく「南無妙法蓮華経」、左右に「天壌無窮」「異体同心」の文字を配したものである。これは一九四〇年に佼成会が本尊に定めたものと同じで、そのために「勧請」という言葉が用いられたものである。したがって支部旗授与は本尊授与と同義であり、教団本部による権威づけのニュアンスを持つ。なお佼成会本尊はこの後、変更されてゆく。

(9) 目覚ましい布教実績を挙げた者に賦与されたのが「守護神」である。それを受けた者は曼荼羅を授けられた者よりもランクが高い。

(10)　創価学会は佼成会よりも早く、一九五五年に東京都内に、六一年には全国に地区ブロック制を敷いている。

(11)　呪的カリスマ保有者と彼女(彼)を支えるオーガナイザーの組み合わせによって活動を行った新宗教が、これに最もあてはまると思われる。佼成会の母教団というべき霊友会はこの好例である。

(12)　この佼成会の事例から、特定的代償から普遍的代償への質的転換が集団外部のファクター(このケースではマス・メディア)によって促されることのあることが知られる。

(13)　「二九年ころから、会の上層部に変な動きが目立つようになった」[庭野　一九七六、二九一頁]と記されていることから、読売事件の二年前、一九五四年頃から庭野にとって不穏な空気が漂っていたことになる。それが表面化したのが連判状事件である。

(14)　別の視点に立てば、導きの親子関係を重視していた佼成会において、幹部の失脚はその人物に連なる信仰上の子たちにも甚大な影響を及ぼすことになり、それでは教団が動揺するばかりであるため、庭野は彼に敵対した幹部を許したのだと捉えることもできる。その理由がいずれであれ、許したことが大きな意味を持っていたのである。

(15)　一九世紀末頃より日蓮主義の運動は活性化し、国策を規定するほどの影響力を発揮し始める。その思想運動の中心となったのが国柱会である。戦前・戦中のスローガンとなった「八紘一宇」は国柱会の創始者・田中智学(一八六一～一九三九)の造語である。また同じく国柱会・会員であった石原莞爾(一八八九～一九四九)による満州国建国の背景に日蓮主義のあったことも、よく知られるところであろう。

第五章　宗教集団の挫折――ＵＦＯグループのケース

本章ではアメリカで活動した小さな集団(1)の事例を取り上げる。アメリカのある街に暮らしていた一家庭婦人を中心に一九五〇年代前半に形成され、アメリカを大洪水が襲うと予言し、ＵＦＯがその予言を信じた者を救うという信念を共有した集団の事例である。

本書は通文化的比較を可能にする宗教集団の理論を提示している。その理論の有効なることを示すため、前章では立正佼成会を事例として取り上げたものである。しかし、グローバルな視点から宗教集団研究を行おうとする本書の意図からすれば、日本の宗教集団を取り上げるだけでは十分ではない。日本以外の宗教文化圏に活動する集団に対しても分析を施してこそ、本書の主張は強く説得力を持つ。

ゆえに本章が設けられたのであるが、知名度高く、かつ規模の大きな教団をここで取り上げるべきであったかもしれない。ただその成立からの――とりわけ集団属性の変動の様子を読み取ることが可能な――歴史について、森岡清美による立正佼成会研究に比肩するほどの詳細なデータを含む社会学的研究を、筆者は寡聞にして知らない。ここで対象とされるグループの動向についてのデータはレオン・フェスティンガーら社会心理学者の研究に依拠するが、彼らの記述はきわめて詳細であり、ここでの分析に十分に堪えうる[Festinger et al. 1956＝1995]。さらにいえば、データはグループ内の人間関係やグループと外部社会との交渉について詳しく、集団運営における(内部・特定・全般)環境への対応の重要性を説く本書の理論を適用するに相応しいという理由もある。また、その研究は広く知られた著名なもので、邦訳も刊行されていることから、後学の徒が参照するに容易であるという利点もある。ゆえにここに、その事例を取り上げるものである。

さらに、フェスティンガーらの研究は――後に詳述するが――予言の失敗後に宗教集団が活性化するという不可解な現象を社会心理学によって解明しようとしたものであるが、本章は宗教集団論・組織論の見地から当該集団の動向を読み解こうとしている。同一対象にアプローチしデータをフェスティンガーらに借用しながら、彼らとは異なる学問的立場に拠って宗教集団の展開過程に迫ってゆく。その結果、フェスティンガーらが得たところとは異なる知見の得られることも、期待されるところである。

以下、ここで取り上げる集団を「UFOグループ」という、固有名詞とはいえない呼称によって言及してゆく。指導者やメンバー自身が自分たちのグループに特定名称を付しておらず、フェスティンガーらも特段の呼称を与えていないからである。またメンバーの待ち望んだものが彼らを迎えに飛来する未確認飛行物体(UFO)であったことから、こう称するものである。そしてUFOグループを宗教集団として取り扱うのは、彼らの共有した信念がキリスト教伝統の延長上にあるからにほかならない。UFOグループにあっては、人間社会が壊滅的な打撃を被ることを人々に予言し、それを信じる者を救うとされるのは、かつて地球上でイエス・キリストとして活動し、いまは某惑星にいるサナンダと名乗る存在とされている。オーソドックスなキリスト教との差は大きいが、終末とメシアの再臨に匹敵するモティーフは、UFOグループをここで宗教集団として論じる正当性を付与してくれよう。その「教義」については詳細に立ち入らず、次のように大枠を示しておくだけで本章の目的には事足りる。すなわち、太陽系の彼方に諸惑星からなる宇宙があり、その宇宙に優れた知恵を持ちテクノロジーを発展させた人間に似た存在があって、彼らは人類の霊的進化を促そうとしており、また地球の未来に発生する変動に対応させるための原理や思想を人類に教えようとしている、と。なお、この教義がＵＦＯグループだけで展開された特異なものではなく、当時刊行されていたオカルティックな雑誌や本に見出せる類のものであったことも、付記しておこう。

第一節　予言の失敗と認知的不協和の理論

本論へと進む前に、本章の依拠するフェスティンガーらの研究について簡単に述べておくことは必要であろう。この研究は、フェスティンガーの提唱した「認知的不協和の理論」を検証する重要な研究と位置づけられるものである。(2)

史上、予言を行ってきた宗教集団は枚挙に暇がない。そしてその予言が成就しなかったという決定的事態に直面した宗教団体も、同じ程に多いだろう。予言の失敗は宗教集団の存続に圧倒的にマイナスに作用するに違いない。しかるにその後も存続し、あまつさえ以前にも増して信者を獲得し成長を遂げたという事例は、史上いくつも指摘されうる。(3)この不可解な現実を認知的不協和の理論によって解き明かそうというのが、彼らの意図するところである。

その理論を簡潔に説明しておこう[Festinger et al. 1956＝1995, 三三―三四頁／三六九―三七一頁]。認知とは意見、信念、環境についての知識、自分自身の行為や感情についての知識を指すが、心のなかに二つの認知要素がある場合、両者の関係は協和と不協和のいずれかであるといえる。二つの認知が矛盾しない――一方が他方から帰結する――場合、両者は協和関係にあり心は平穏に保たれるが、矛盾するケースでは不協和関係となり、心に不快が生じる。不協和は、その認知要素が当該人物にとって重要であればあるほど大きい。その不快を人は放置できず、そこで不協和を低減させ、あるいは除去しようと――すなわち協和状態を得ようと――動機づけられることになる。

不協和低減は以下の三つのいずれかの方法によって、またその方法の複合により試みられる。①不協和にかかわる信念、意見、行動のうちの一つあるいはそれ以上を変化させる。②既に存在している協和(の側面)を増大させ、それによって不協和全体(の比率)を低減させるような、新しい情報あるいは信念を獲得しようとする。③不協和関係にある諸要素を忘却してしまうか、その重要性を低下させる。そしてこの三つの試みが成功するかどうかは、不協和に煩悶する人が「社会的支持」を獲得することができるかどうかにかかっている。

以上が認知的不協和理論の大要であるが、UFOグループのケースにこれを適用するなら、次のようにいえるだろう。グループのメンバーたちは、壊滅的被害をもたらす大洪水が発生するものの自分たちはUFOによって救出される、という予言を信じた。しかしUFOは迎えに来ず、大洪水は起きず、予言が外れるという事態に直面することになった。「そのとき」を見据えて自身の生活を編成してきた彼らにとり、予言は信じるほかない絶対的なもので、ゆえに彼らを襲った不協和はきわめて大きなものであったはずである。そこで彼らは当惑の極みのなか、認知的不協和状態から脱するべく苦悶し、一つの結論へとたどり着く。すなわち篤く信仰する彼らから発せられる光を見て、神が世界を破滅から救ってくれたと信じようとしたのである(低減方法の②にあたる)。この解釈が正しいものであることを、彼らは確信してゆかねばならない(協和状態を実現せねばならない)。そのために彼らは相互に支持し合い、確信を強めていった。グループの結束を強めていったのである。加えて、彼らの解釈についてグループ外からも支持を得るため——得ることができれば彼らの解釈の正しいことを一層確信することができる——メディアに彼ら(の信念・活動)を取り上げるよう懸命に働きかけ、報道に接して彼らにアプローチしてきた者たちに自分たちの信ずるところを熱心に説明していった。いわば布教を行ったのである。それにより集団の活動は活発化したといえるが、彼らは自分たち以外の何処からも社会的支持を獲得することができなかった。その上に、警察による取り調べや精神鑑定を受けさせられることになる可能性に怯え、四散してゆき、遂にグループは消滅することになった。

第二節　UFOグループの展開

ここからはフェスティンガーらの研究に依拠しつつ、集団論の見地に立ってUFOグループのたどった軌跡を詳述してゆくことにしよう。(4)

ある年——一九五〇年代前半と思われる(5)——の九月二三日、レイクシティ(6)『ヘラルド』に「惑星からの予言、クラリオンが町を訪れる——洪水から逃れよ、一二月二一日に我々を襲う、外宇宙から郊外の住民に告ぐ」との見出しを持つ記事が掲載された。郊外に住む五〇歳代の主婦・キーチ夫人(7)がクラリオンと呼ばれる惑星にいる「高次存在」——UFOグループの信仰対象は以下ではこの言葉によって、もしくは「宇宙人」として表される——から受け取ったメッセージについて報じたもので、そのメッセージは一二月二一日の夜明け前に発生する大洪水によって街が壊滅し、さらに洪水は広がって国土を水に浸し、遂にはシアトルから南米チリまでが水没すると予言するものであった。

この報道に接したフェスティンガーらは、彼らの理論的アイディアを検証するまたとない機会に恵まれたとして(狂喜し)、一〇月初めにキーチ夫人にアプローチする。そして夫人を中心とするグループの集まりに参与して観察し、データの収集に努めたのである。集会への参加を許された観察者――以下ではフェスティンガーら研究者たちをこう表記する――たちが他の信者たちと同様な信心を持つ者であることを装い、彼らの言動がUFOグループのメンバーたちの信念や行動に及ぼす影響を最小限にとどめるよう、細心の注意が払われたことはいうまでもない。そうして得られたデータを、本章は活用してゆくわけである。なお、一〇月初め以前の出来事に関する情報は、UFOグループのメンバーの回想を観察者たちが聴き取ったものであった。

1 発端

以下に叙述する一連の出来事の起こる前年の初冬、キーチ夫人は彼女の亡父が彼女を操って便箋に筆記させる、という体験をしている。彼女は学生時代に神智学グループと接触があり、[8]以降も様々な神秘主義的事柄に関心を寄せ続けたようで、突然の霊界からのメッセージにポジティブに対応しうる素養は彼女に備わっていたのだろう。そして次第に彼女は、何らかの知的存在が自分にコンタクトしようとしていると自覚するようになっていった。

初めて自動筆記を経験した翌年(すなわち一連の出来事の起こった年)、春が深まるにつれてキーチ夫人はメッセージを受け取る能力を徐々に発展させてゆき、彼女が交信する相手も増えていった。交信相手――そのなかに(前述した)サナンダがいる――は彼女を指導してゆくことを約束し、彼女の受けたメッセージや彼女の経験を人々に伝えてゆくよう求めたという。その指示に従い、熱心とはいえなかったものの、彼女は「教え」を他者に話し始める。彼女の語りに耳を傾けた人のなかには「空飛ぶ円盤クラブ」の関係者もいた。その人物を通して、クラブの会合に頻繁に参加していたトーマス・アームストロングはキーチ夫人のことを耳にすることになる。後に妻のデイジーとともにＵＦＯグループの主要メンバーとなってゆくアームストロングは、キーチ夫人の暮らすレイクシティから三二〇キロ離れたカレッジビルに住む四〇歳代前半の医師で、大学で学生保険サーヴィスのスタッフとして働いていた人物である（以後、トーマス・アームストロングをアームストロング博士と表記する）。彼は勤務の傍ら、若者からなる「シーカーズ（求道者たち）」というグループを組織して集会を定期的に催し、そこで真理探究を目的に倫理や宗教等々についてメンバーたちと論じ合っており、指導者として信頼されていた人物であった。彼はキーチ夫人との手紙の交換を経て、六月後半に夫妻でレイクシティに出向いて夫人と対面している。

夏になり、事態は動き出す。七月二三日の朝にキーチ夫人の手に握られた鉛筆が一つのメッセージを書き留めたことから、それは始まる。ＵＦＯが八月一日にリヨンズフィールドに着陸するというのである。

このメッセージをキーチ夫人は何人かに伝えたが、広く社会全般に向けて発信したわけではない。彼女は、人々がＵＦＯを見るために押し寄せ交通渋滞の発生することを憂慮したのだという。結局、ＵＦＯを目撃するために現地に到着したのは、キーチ夫人と（ゲストとして夫人宅を訪れていた）アームストロング夫妻の三人を含む合計一二人であった。その日、ＵＦＯは来なかった。しかし一人の見知らぬ男が一行のもとに近づいてきて、キーチ夫人と言葉を交わして去る——そして消えた、とキーチ夫人は認識した——ということがあった。この日の翌朝、夫人は「あの男が自分である」旨のサナンダからのメッセージを書き留めている。このことにより、円盤着陸という予言が不首尾に終わったことなどものともしない強い確信を、彼女は抱くようになっていった。彼女は自分が特別に選ばれた存在であることを、深く理解したのである。ただ、リヨンズフィールドに集まりはしたものの、失望してグループを離れた者は少なくなかった。

地球外からのメッセージはキーチ夫人に送られ続けた。そこでは「父なる神」や「父の子（つまり信者たち）」が言及され、アトランティスとムー大陸との間の原子力兵器戦争と引き続いた大陸の沈没が語られ、人類の起源についての説明や、惑星カーから地球にやってきたルシファーの手下が製造する破壊兵器の脅威、キリストの指揮下にあって「光に従う人々」の活躍等々が説かれ、それらがＵＦＯグループの教義――それに類似したものを大衆雑誌やセンセーショナルな本に見出すことは難しくない――を構成するものとなってゆく。同時に、未来の惨事の発生を想像させる言葉も伝えられるようになり、八月一五日のメッセージには「……この国は、まだ水没しないだろう。だが、一番高いところまで海に洗われるだろう。それは、地上に住む者たちを浄化し、新たな秩序を生み出す目的のためである……」とあった。さらに八月二五日・二七日には、起こるであろう出来事をより詳細に伝える恐るべきメッセージが届けられている。「アメリカの国は沈下により真っ二つに引き裂かれる」「大西洋沿岸の土地は沈み込む」等々。

2　集団形成

アームストロング博士は機敏に行動した。八月三〇日、彼は七頁からなる謄写版の「アメリカの編集者および出版社への公開声明」を五〇通以上、速達で発送している。この声明文は破局が間近に迫っていることを訴えたが、いつその日が訪れるか、特定の日付はそこに記されていなかったようである。この発信に反応し、それを掲載もしくは取材申し込みを行ってきたメディアはなかった。そして九月一七日、アームストロング博士は第二の声明文を発送する。そこには、大災害が一二月二一日の夜明けに発生することが明記されてあった。本節の冒頭部に記した『ヘラルド』の記事は、この第二の速達便を受けてのものである。ＵＦＯグループとして行った最初の布教活動というべきものが、この二度にわたる声明文発送であった。なお、キーチ夫人は外部に向けての情報発信において積極的ではなく、声明文もアームストロング博士の主導するところで、夫人の役回りは、そこに自分の名前が使われることに同意するという程度に過ぎない。

第二の声明文も大きな反響を喚起することはなかった。『ヘラルド』の記事を取り上げた新聞が二、三あったようであるが、それも目立たない扱いであって、この話題を追跡しようというメディアはなかった。ただ、もっと詳しい情報を知りたいとする手紙が新聞社やキーチ夫人宅に何通か舞い込んできていた。しかし夫人は、大洪水を含む諸情報を他者に知らしめることに消極的なままであった。彼女からすれば「準備のある人」であるなら高貴な霊的力によって彼女のもとに「派遣されてくる」はずで、敢えて布教する必要はないと考えていたのである。たとえ人々が大洪水に巻き込まれ溺れてしまったとしても犠牲者はその肉体を失うだけで、その後に彼らの魂の成長度に応じた惑星に移送されると信じていたことも、彼女の切迫感欠落の所以である。

対照的に、アームストロング夫妻は信者獲得に熱心であったといえる。シーカーズという集団の指導者であったアームストロング博士は、声明文発送後であろうか、カレッジビルの自宅で開いたシーカーズのミーティングで、彼に信服し彼の語るＵＦＯや外宇宙とのコンタクトに関心を示す――そうでないシーカーズ・メンバーには警戒心が芽生えていた――一五から二〇人程度の若い男女に、霊的メッセージや大洪水予言について伝えている。とはいえそれも、熱烈な布教といえるものでなかった。「準備のある人」が「派遣されてくる」というキーチ夫人の考えに、彼もまた従っていたからである。

このシーカーズの何人かのメンバーが、ＵＦＯグループの一翼を担うことになる。フェスティンガーら研究者によって派遣された観察者が出会ったシーカーズ・メンバーは全部で――アームストロング夫妻と娘のクレオを除いて――三〇人であったが、そのうち五人がＵＦＯグループの教義に強くコミットしていたことは間違いない。

彼らは予言を信じ、仕事を辞めるなどして予言の日に備えた人々で、アームストロング博士による布教の成果である。UFOグループにシンパシーを感じながら、コミットメントの度合いは低く、予言を全面的に信じていなかったと思われる者は七人。この人々も、博士の得た周辺的な信者と見なしうる。残る一八人はメンバーと呼ぶに値しない人々である。

マス・メディアへの声明文発信の後、アームストロング夫妻はキーチ夫人の筆記したものから抜粋して文書を作成し、シーカーズ・メンバーを含む(彼らの信仰に共感していると判断された)一五〇から二〇〇の個人や円盤クラブ等の組織にそれを送付している。布教は続けられていた。ただ、新聞への声明文発送のような無差別的広報活動は控えられ、一〇月以降は語りかける相手を選んで、密やかになされた。予言は既に新聞を通して伝えられている。後は人々の「準備」状況が決める。準備があるなら「派遣されてくる」はずである。そして、派遣されてきた——と認められた——人に対しては、霊的メッセージや予言のことが詳細に教えられた。UFOグループは警鐘を鳴らした。それで十分だった。

一一月二一日、アームストロング博士は篤信のシーカーズたちを自宅に招いて、一二月二一日に大惨事の発生すること、それが一年は続くであろうこと、その間に死者の魂が呼び起こされるであろうことを語ったようである。また「準備のできている」者は霊的惑星へと連れてゆかれ、「浄化」された後の地上の支配のため訓練を受けると伝えている。こうした「教え」はキーチ夫人が書き留める「教え」のなかにないことを、書き添えておこう。ともあれ博士はいつでも「出発」する準備ができていた。高次存在による救出のどんな予兆も見逃さず聞き逃さないよう、注意を払っていた。

このシーカーズ・ミーティングの翌日と思われるが、グループの行方に影響を及ぼす大きな事件があった。アームストロング博士が失職したのである。彼が地位を利用して奇妙な教義を広めようとしているとの告発があり、大学当局がそれを重く見たためである。もっともこの事態は、博士によって高次存在による「プランの一部」と解された。キーチ夫人の理解も、博士と同じであった。解雇は博士の信念を動揺させることなく、逆に強化したのである。

アームストロング博士が免職されたことをきっかけに、メンバーは高次存在が何らかの行動に出る時期が近づいたのだと感じ始めた。またキーチ夫人はサナンダから、一一月二三日に夫人宅でメンバーを招集してのミーティングを開くようにとのメッセージを受け取っている。キーチ夫人はこの時期まで、高次存在から特定個人に向けられたメッセージや特定個人が発した質問への回答を受け取り続けており、教えは個別に与えられることになっていた。したがって彼女にとり、グループ・ミーティングの開催は無用のことであったが、ＵＦＯグループの最初のミーティングが(指令に従って)催されることになった。

夜の七時半までに、キーチ家には観察者たちに馴染みのない人を含め、一一人が座っていた。キーチ夫人とその(懐疑的な)夫、アームストロング博士、そして八人の信者である(その内の二人は観察者である)。この段階に至り、ＵＦＯグループの輪郭が可視的になってきたといってよい。

この夜、張りつめた時間が流れるなか、突然に信者の一人であるベルタ・ブラッキーがトランス状態に陥る。彼女は「指令を得た、指令を得た」と何度も繰り返し、「我は主なり、汝の神なり……」と発し、彼女がキーチ夫人に代ってメンバーを導くよう命じられたと解釈できる言葉を伝えた。もっともその後の彼女は空虚な言葉を発するばかりで、メンバーたちが待ち望む指令を彼らに与えることなく、遂にミーティングは朝を迎える。ベルタの言動はメンバーを困惑させるものであった。ＵＦＯグループに指導者がもう一人、出現したことになるのだから。しかしキーチ夫人はその混乱を鎮める策を何も採っていない。同じ日の夜、つまり一一月二四日の午後一一時から、ほぼ同じ顔触れによる第二回目のミーティングが開かれている。そこでベルタは「造物主」として、自信に満ちてメンバーたちに語りかけていた。その内容は「意志・自己修養・従順さ」についてで、グループの中心的関心事である大洪水予言とは関係のないものであった。

二日にわたるグループ・ミーティングの後、アームストロング博士はカレッジビルに戻り、一一月二八日、シーカーズのミーティングで自分が免職されたことを報告した。この頃には博士はＵＦＯが直接に自分を迎えにくることを強く期待するようになっており、メンバー各人にも――彼らが選ばれた人間であるならば――直接に外宇宙から指令が下されるだろうと信じて、彼らに信者であることを隠し日々を穏やかに過ごすよう諭している。彼らに――免職された自分のように――迫害の手が伸びる危険性を勘案したということであろうが、この博士の期待とシーカーズへの指導がキーチ夫人の受け取るメッセージとは関係のないものであるということも、ここに追記しておこう。

このシーカーズ・ミーティングで博士は、スティールシティに住む霊媒師エラ・ローウェルを一〇月半ば頃に招いて博士宅で開催した交霊会の模様の録音テープを再生している。エラは「第七密度層第一七席のブラウニング博士」として洪水について何度も語り、交霊会参加者に対して彼らすべてが救済される選ばれた人々であることを請け負ったという。この霊的存在からの言葉が、キーチ夫人の受け取るメッセージについての博士とエラとの事前の話し合いを背景に持つのであろうと想像することは容易い。この時のブラウニング博士の言葉が、シーカーズにも指令が与えられるというアームストロング博士の抱いた信念を裏づけるのだろう。もちろんこの交霊会も、キーチ夫人とは直接的関係を持たない。

翌日の二九日にもう一度、アームストロング博士はミーティングを開いている。そして出席者を前に彼は自分が間もなくレイクシティに行き、もう戻ってこないかもしれないと話している。その地で自分はＵＦＯに乗り込むことになる、と信じていたからである。彼は若者たちに日々の仕事に取り組みながら霊的存在からの指令を待つようアドバイスした。ここにおいて博士は、シーカーズの指導者としての立場を辞したといえる。そして一二月三日、アームストロング夫妻は娘のクレオ、そして一人のシーカーズ・メンバーを伴ってレイクシティに向けて出発している。

3　混乱

一二月三日はベルタ・ブラッキーが――造物主が、というべきか――開催を提案した第二回目のグループ・ミーティングの日であった。一一月二三日の第一回グループ・ミーティング参加者全員が戻ってきていた。さらにカレッジビルからクレオ・アームストロングともう一名が加わり、三人の観察者を加えると一五人の列席者が数えられた。

ミーティング開始前、キーチ夫人は屋根裏部屋にいた。メンバーたちは一人ずつ階上へのぼり、そこでサナンダから各人に宛てたメッセージを手渡された。このキーチ夫人との個別面談では、すべてのメンバーが同じ指令を受けている。身体からすべての金属を(衣類についている金属部分まで)取り除くようにとの指令である。アームストロング博士の説明では、円盤に乗り込むことになったとき金属を身に着けていては火傷をしてしまうから、ということであった。メンバーたちはその作業に熱心に従っていたようである。ミーティングは夜七時半に始まるはずが、キーチ夫人による個別相談が終わらないために時は過ぎてゆき、ベルタ(造物主)は苛立っていた。

結局ミーティングは夜九時四五分に始まり、翌日未明の三時に中断し、午前九時半に再開されて午後六時頃に終わった。この長時間にわたるミーティングでは、ベルタがグループを支配しようとする意欲を示し続けたらしい。彼女(造物主)はキーチ夫人を批判し、サナンダを卑小化した。それだけでなく、ベルタこそがキリストの母マリアであることも宣している。指導の役割を担うのはベルタとキーチ夫人だけであることも告げ、「選ばれた者」と「異教徒」を見分けるサインも教えた。とはいえ、彼らすべてが待ち望んでいたはずのメッセージは、告げられていない。

一二月三日から四日にかけてのミーティングによってベルタ(造物主)を中心にグループが結束を強めたとはいえない。高次存在からの情報に二つの「独立したチャンネル」——しかもその二つには対立がある——のあることが判明したし、メンバーの待ち望んだ指令もなされていない。その困惑からであろう、アームストロング夫妻は第三の情報源を頼るべくレイクシティを離れている。エラ・ローウェル——ブラウニング博士というべきか——の意見を聞こうとしたのである。アームストロング博士が列席したその交霊会では、ブラウニング博士は大洪水に関連する多くの情報を与えた。また、信じている者ならいつどんなところで(UFOに)ピックアップされてもおかしくないと明言しており、これはアームストロング夫妻の以前からの信念に一致する。アームストロング夫妻は安堵した。

一二月九日、夫妻はカレッジビルに戻り、シーカーズを招集している。吹雪という悪天候にもかかわらず、一八人がアームストロング家に姿を見せた。強くコミットしていたメンバーはもちろん、中程度のコミットメントを示していたメンバーもその大部分がやってきたようである。そこではレイクシティでのミーティングの模様が語られ、交霊会でのブラウニング博士の言葉が伝えられた。アームストロング博士はシーカーズの面々を——彼らのもとには戻らないかもしれないと一度は語ったものの——気にかけ続けており、彼らの不安を少しでも和らげようとしたのであろう。

アームストロング博士は自宅からキーチ夫人に電話連絡し、一二月一二日にエラ・ローウェルが彼の家を訪れることを伝えている。それを受けてキーチ夫人はカレッジビルに向かい、夫人とエラは対面を果たした。エラは夫人をこの世の師として讃え、トランス状態に入ってブラウニング博士の声で一二月二一日が破滅の日であることを断じ、またレイクシティの情報源（つまりキーチ夫人にメッセージを送るサナンダ等の高次存在）や「師」への恭順の意を表している。さらに、キーチ夫人はエラと話し合い、選ばれた者が個々にＵＦＯにピックアップされるだろうというブラウニング博士の（既述の）言葉を正しいものと承認している。こうなればメンバーのなすべきことは、静かにその瞬間を待つだけである。

この後、シーカーズ・メンバーはエラをスティールシティまで送っていき、交霊会に参加している。ところがカレッジビルの若者たちはその場で、出席者たちが大洪水について何も聞かされていないことを知ってしまう。またブラウニング博士の語りに一貫性のないことにも気づいてしまっている。シーカーズたちの不安は募る。

一二月一四日の第三回目のミーティングには――四人の観察者を除けば――一〇人が参会した。ベルタ・ブラッキーも出席していたが、この時点で彼女はグループをコントロールすることができなくなっていた。彼女の夫が彼女に、ＵＦＯグループとの関係を断たねば精神鑑定を受けさせると迫ったため、彼女は委縮してしまっていたのである。指導者の役割はキーチ夫人に戻った。

このミーティングでは、大洪水発生に備えての具体的な準備が行われている。ＵＦＯに乗り込む際に提示すべき「パスポート」が発行され、合言葉も教えられた。さらにキーチ夫人は、先の博士の言葉をメンバーに紹介している。そうすることでメンバーの信念を強化しようと努めたのだろう。またメンバーに秘密保持を誓わせて、教義にかかわる書類の多くを焼却している。教義は公共のものではなく、「内輪の仲間」のためだけのものなのである。ミーティングは朝四時半に閉会した。

一六日の朝になって、多くのマス・メディア関係者がキーチ夫人宅を訪れてきた。この日の新聞がアームストロング博士失職の記事を掲載したからである。失職の理由が大洪水予言に関連し、しかも予言の「その日」が間近に迫っているとなれば、メディアが興味を示すに十分であろう。殺到するメディアへの対応でメンバーたちは疲労困憊したようである。もちろん対応は、「無差別的布教の禁止」方針に則って行われた。取材に訪れながら冷たくあしらわれたメディアが――懇切な説明を受けたメディアであっても――ＵＦＯグループについてどのような報道を行ったかを想像することは難くない。ＵＦＯグループの面々は世間からの嘲笑を浴びることになった。彼らは傷つき、立腹したに違いない。

一七日にもキーチ夫人宅への訪問者や電話は相次いだ。そのなかには真剣に情報を求める人もいたらしい。そうした人が「選ばれた者」であれば、彼らにはＵＦＯグループの指導を受ける資格がある。しかし誰が「選ばれた者」なのか、その基準は定められておらず、判断は対応したグループ・メンバーの個人的見解に拠った。したがって改宗するやもしれない者が放っておかれたこともあっただろう。この機会はグループにとって大きなチャンスであったはずであるが、グループは何の教化プランも準備していなかった。

4　直　前

記事を見て憤り、また傷ついたはずのＵＦＯグループのメンバーたちは、ＵＦＯがやってきて彼らをピックアップすることを一層強く待望するようになっただろう。そうしたなか、一二月一七日の昼前、外宇宙から来たキャプテン・ビデオ(9)と称する男性がキーチ夫人に電話をかけてきて、当日の午後四時頃にメンバーたちをピックアップするためＵＦＯが夫人宅の裏庭に到着すると伝えている。悪戯ではないかと疑うメンバーもあったが、ほとんどがその情報を真に受けた。彼らは身体から金属を取り去って四時を待った。ところがＵＦＯは来ない。メンバーたちは激しい不安に襲われたはずである。さらにキーチ夫人がその日の夜遅くに、彼女の家にＵＦＯが向かいつつあるというメッセージを受けたため、メンバーたちは真夜中の寒空の下、凍えながら見張りを続けた。このときもUFOは現れない。

メンバーたちは失望した。そしてその後、彼らは話し合って一つの結論を得ている。人間たちが本番の際にミスすることがないよう、高次存在がメンバーたちに寒空の下でのUFO待機という訓練を課したのだ、という結論である。それでも、メンバーたちの不安（認知的不協和状態）は拭い去られたわけではなかっただろう。戸惑うメンバーに高次存在は、その日の夜にミーティングを開くよう命じている。

UFOは来なかった。この二日にわたる予言の失敗の後、メンバーたちの部外者に対する態度に変化が生じてきている。UFOが到着する（はずの）時間まで、多くの人がキーチ家を訪れてきていたが、彼らの大部分は――改宗させてくれるようにと乞うばかりであったとしても――無視されていた。UFOを待つメンバーには、回心者をつくり出すことに関心が向かわなかったのである。それがあろうことか、メンバーは訪問者を積極的に受け入れ、真剣にレクチャーをするようになっていった。若い訪問者には若いメンバーが、大人の訪問者にはキーチ夫人とアームストロング博士が懇切に対応した。「社会的支持」獲得のため、布教に努力が傾注されたのである。

そして一八日のミーティングのため、来ることになっていたメンバー全員がキーチ夫人宅に結集した。夫人は（意外にも）意気軒昂であった。彼女は、間もなく宇宙人が彼女宅を訪れてくることを期待していたからである。その期待の根拠には二日前の出来事があった。その日キーチ夫人は「未確認飛行物体学会」に招かれていた――夫人はそこでは大洪水を話題にせず、それについて質問されてもはぐらかした――のだが、その不在中に惑星クラリオンから来たと自称する二人の若い男からキーチ夫人に電話があったのである。そして彼女は帰宅後、テレビの上に「クラリオンの少年から」とサインされた「我々はここに居たのに、おまえは居なかった」というメモを見つけている。その「少年」からは何度も電話があり、それで夫人は宇宙人の直接の訪問を確信するようになっていったというわけである。そしてとうとう一八日の夕刻、事前の電話で自分がサナンダであると告げていた少年が四人の仲間とともにやってきて、彼らは別室でアームストロング博士そしてキーチ夫人と話し合っている。彼らが宇宙人であることに懐疑的であったメンバーはもちろんいた。しかしメンバーの多くは、彼らの訪問を喜び、興奮した。ところが合計五人の宇宙人は、キーチ夫人が書いてきたものはすべて間違いであること、予言もまた間違いであることを告げている。夫人は激しく動揺した。

彼女は反論した。絶望感に襲われた自分を励まし、懸命に反論したと推測される。程なく、彼らの間で交わされた白熱した議論は終わる。訪問の目的が夫人を試すためであったと、宇宙人が告げたからである。議論は夫人の信仰の強さを問うテストであった。そのテストに夫人は合格したのである。それにより彼女の確信は強まった。彼女の説明を聞いたメンバーたちの確信も、また強まった。夜の一〇時半にサナンダは、プランが寸分の狂いもなく進行しているとのメッセージをキーチ夫人に送っている。一方で脱落者も出た。この二日間で三人である。

自信を回復したキーチ夫人は一二月二〇日の朝、グループ全体に向けたメッセージを受け取っている。二一日へと日付が変わる午前零時ちょうどにメンバーをＵＦＯに乗り込ませるため宇宙人がやってくる、という内容である。彼らが待ち望んでいたメッセージが、ようやく届いたのである。この日にキーチ家を訪問した者たちはもてなされ、彼らが選ばれた者の仲間であって心配することは何もないと告げられている。メンバーの喜びがこの上ないものであったことが、ここからうかがえる。

その時がいよいよ間近に迫り、メンバーは地上での最後のセッションのために集合した。出発の準備が開始されようとしたとき、居間にいたのは（観察者五人を含む）一五人である。合言葉のリハーサルが行われ、身体から金属が入念に取り除かれた。

5　「その日」、そしてその後

二一日になったことを知らせる時計の音が響く。何も起こらない。メンバーたちの顔はこわばり、身じろぎする音すら聞こえない。こうした状況下、造物主（ベルタ）の語りがあったが、メンバーたちにはそれも「苦し紛れ」と感じられ、彼らの認知的不協和を解消させるには至らなかったようである。察するに余りある状況といえよう。彼らは、大洪水も起こらないだろうと感じ始めていた。

彼らにとって耐え難い時間が続く。なぜ宇宙人は迎えに来なかったのか。UFOは飛来しなかったのか。その理由について満足できる説明を、誰もが渇望していた。

沈鬱な時間は四時四五分頃に終わる。キーチ夫人が全員を居間に招集し、たったいまメッセージを受け取ったと述べて、それを声に出して読んだのである。

大洪水は取り消されていた。夜を徹して座っていた小さなUFOグループが大いなる光を放っていたために神がこの世を破壊から救ってくれた、というのである。予言では洪水は夜明け前に発生することになっていた。その直前に、神は人類を救ってくれたのである。この説明はメンバーに熱狂的に受け入れられた。もっとも、一人のメンバーが出ていって二度と戻らなかったが。

室内の空気は一変した。落胆に沈んでいたメンバーは、グループが世界を救ったという「事実」を知らせるべく、新聞社（記者）に連絡を入れ始めた。メディアの取材・報道を苦々しく感じていたメンバーが一転、記事になることを貪欲に求める者たちへと変貌した。

夜が明けて、連絡を受けた新聞やテレビ・ラジオ局からの訪問者がキーチ家に殺到する。彼らはすべて温かく迎えられ、メンバーから教義と洪水の起きなかった理由の説明を受けた。明らかに冷やかしとわかる訪問者さえ、愛想よく応接された。しかしながらメンバーたちは訪問者たちを指導し続けるためのプランを欠いていた。彼らに手渡すべき書き物はなく、与えるべき任務も、参与させるべき儀式も持たなかった。

何より彼らには、次にすべきことを教える指示がなかった。高次存在からのメッセージをキーチ夫人は筆記し続けていたが、ことごとくが彼らの期待に沿うものではなかった。彼らは必死になって高次存在からの指令を待ち、高次存在の意図を読み取りうる兆しに気づこうとしていた。何をすべきかを教えてくれる何かを、教えてくれる誰かを切望したのである。

翌日にはもう、マス・メディアはUFOグループへの興味を失いつつあった。その午後にキーチ夫人はメンバーたちに、クリスマスイブの午後六時にキーチ家の前の歩道に集合してクリスマス・キャロルを歌うよう命じている。その場でグループは宇宙人たちの訪問を受けるだろうと、予言したのである。このイベントの開催はマス・メディアに通知され、一般の人々も招待された。約二〇〇人が集まったが、何事も起こらずにイベントは終わる。メンバーは、その場に宇宙人は確かに現れたという。メンバー以外の人間にはそれが見えず、また判別できなかったのだと主張した。さらに、宇宙人は野次馬たちがパニックを引き起こすことを危惧してUFOを着陸させなかったのだ、とも。

この一件はキーチ夫人の隣人たちの怒りを招くことになり、警察に苦情が申し立てられた。警察は夫人に、訴訟沙汰になるかもしれないことを告げている。さらに法的措置が採られれば、夫人が精神病院に送られることもありうると示唆している。この警告の効果は大きく、夫人をはじめ残っていたメンバーたちは怯み、逃亡することになってしまった。

かくしてたった一人の回心者さえUFOグループは獲得することができなかった。カレッジビルに残されていたシーカーズたちについては、レイクシティのメンバーたちと同じく困惑し、レイクシティとは異なって信者間で支え合う状況下になく、冷厳な現実を受け入れるほかなく信仰から離れていった。

約一週間にわたり、ＵＦＯグループの言動は全米のトップ・ニュースであったらしい。それに対する反応は嘲弄的なものが大半であったものの、グループが真面目な関心を抱いた数多の人々の電話や手紙、訪問を受けていたことも確かである。資金援助の申し出もあったという。それを考えれば、ＵＦＯグループが消散する事態を免れて確固たる宗教組織へと発展する可能性はあったのだろう。

第三節　ＵＦＯグループにおける集団属性の変動

ＵＦＯグループに生起した出来事の主なるところを、時系列的にまとめておこう。集団属性はこれらとの関連で理解することができ、これらが契機となって集団属性は変動すると考えられ、以下に示すことは変動の軌跡をたどることを容易にする。

一九五X年八月一日	「ＵＦＯリヨンズフィールド着陸」の日(予言の失敗)
八月一五～二七日	「大洪水」メッセージをキーチ夫人が受け取る
八月三〇日	マス・メディアに向けての声明文発送(第一回目)
九月一七日	マス・メディアに向けての声明文発送(第二回目)
九月二三日	『ヘラルド』紙、大洪水予言を掲載
日時不明	アームストロング博士、シーカーズに大洪水予言について話す

一〇月半ば	博士宅で交霊会開催(霊的存在が大洪水と救いについて語る)
一〇月～一一月	文書作成とシンパサイザーへの文書の送付
一一月二一日	シーカーズ・ミーティングで「大洪水とその後」が説明される
一一月二三(?)日	アームストロング博士失職
一一月二三・二四日	初めてのUFOグループ・ミーティング開催(「造物主」の発言)
一一月二八・二九日	シーカーズ・ミーティング (一〇月半ばの交霊会の説明。博士は「戻らない」ことを伝える)
一二月三・四日	UFOグループ・ミーティング (キーチ夫人からの金属除去の指示と「造物主」の支配欲顕示)
一二月某日	アームストロング夫妻、交霊会に出席(霊的存在による「信じている者はピックアップされる」という言葉、そして夫妻の安堵)
一二月九日	シーカーズ・ミーティング(交霊会とUFOミーティングの内容が伝えられる)
一二月一二・一三日	キーチ夫人、霊媒師と対面(夫人の確信が強まる)
一二月一四日	UFOグループ・ミーティング(「造物主」の地位低下、「出発」準備が開始される)
一二月一六日	「アームストロング博士失職」報道
一二月一七日	UFO到着の日(予言の失敗)
一二月一八日	UFO到着の日(予言の失敗と、それ以降の部外者への態度の変化) 「クラリオンの少年」キーチ家訪問(夫人の確信が強まる) UFOグループ・ミーティング(「プランに停滞なし」とのメッセージ)
一二月二〇日	「UFOによるピックアップ」メッセージをキーチ夫人が受信 メンバー集合、「出発」準備
一二月二一日	その日
一二月二四日	クリスマス・キャロル斉唱

1　自律志向型ネットワークから権威志向型ネットワークへ

最初期のUFOグループはキーチ夫人を中心に、彼女と同じく地球外の高次存在に興味惹かれる人たちが集まった、出入り自由な（微小な）ネットワークであった。八月一日にUFO着陸の予言が失敗して夫人を見限る者が現れても、彼女が何らの手立ても講じていないことから、その自由度はうかがえる。中心人物である夫人が彼女を囲む人々を信者化する意図を持っていなかったことは明らかである。そしてこのネットワークにおいて提供されたのは、参加者個々の知的好奇心を満たす情報という特定的代償と捉えてよい。

キーチ夫人を見限ることになる者たちは自らの興味関心追求を第一とする自律志向的存在で、彼女に心服するには至っていなかったのだろう。対して、このグループと最後まで行動をともにすることになるアームストロング夫妻ほかの信者は、高次存在からのメッセージを受け取る能力を持つ彼女に権威を認め彼女を憧憬していたに違いない。すなわち八月一日前後のUFOグループは、自律志向型ネットワークと権威志向型ネットワークとのハイブリッドであった。こうした二つの類型の重なるパターンは、多くの宗教集団の初期段階に該当するものであろう。

キーチ夫人が予言の失敗という現実を吹き飛ばす――サナンダがあの現場に現れていたという――メッセージを得て自身の役割についての確信を強め、さらに大洪水発生のメッセージを受信するようになると、興味本位から夫人と交流していたメンバーの多くは困惑の度合いを深めて離脱していったと思われる。一方、彼女に送られ続けたメッセージを受け入れたメンバーは、その個人環境の不確実性を一層認知するようになり、「選ばれた存在」たる彼女の権威をあらためて強く志向するようになっていっただろう。当初の興味本位の姿勢を変じ、彼女に権威を認め心服するようになっていった者もいたかもしれない。かくして、このハイブリッド・ネットワークは徐々に自律志向型の側面を薄れさせ、権威志向型の色合いを濃くしていったと想像されるところである。

このグループは、キーチ夫人の暮らすレイクシティに形成されたネットワーク単体ではなく、それにもう一つのネットワークが附設されたものと捉えることができる。カレッジビルにある後者も、当初は自律志向型のそれであっただろう。しかし中心人物であるアームストロング博士がキーチ夫人に接触し、大洪水予言がネットワークにおける中心テーマとなるにつれ、その集団属性は――レイクシティのネットワークと同様――権威志向型へと変動していったと思われる。権威を仰いだのが、真理探究に関心を寄せるシーカーズの若者たちであることはいうまでもない。ただ、そこにおける権威的存在は――レイクシティとは異なって――キーチ夫人ではない。若者たちは夫人を直接に知ってはいない。カレッジビルの権威的存在とは、夫人の受け取る(大洪水予言を含む)メッセージを解説しうる(ほどの見識を有すと評価される)アームストロング博士である。そして博士は、シーカーズたちを管理・掌握しようとの意図を毫も持ち合わせていない。

二つの街のネットワークではその初期、メンバーに特定的代償(非正統的な宗教情報)が提供されていた。しかし大洪水予言が下された限り、メンバーが各自の知的好奇心を満たす情報だけで満足できなくなることは自明の理である。大洪水は彼らの人生にも押し寄せるのであるから。そして「救済」という普遍的代償を、すべてのメンバーが心底から欲するようになったであろう。それが提供され、メンバーに受容されれば、ネットワークは組織へと変動する。

ところが普遍的代償はなかなか提供されない。ここに至ってもキーチ夫人はメンバーとの「個別面談」を専らとし、そこで特定的代償を提供していたと推測される。アームストロング博士の失職直後に初めてのグループ・ミーティングが開催されるが、それは全メンバーに普遍的代償を提示する好機であった。にもかかわらず夫人

(高次存在)はそれを行わず、あまつさえもう一人の権威的存在が台頭して――社会の危機からのメンバーの救済とは無関係であるという意味で――不毛な文言を繰り返す状況に介入していない。

カレッジビルの権威志向型ネットワークに属するシーカーズたちにも、普遍的代償は提供されていない。彼らはアームストロング博士から、かつてない大洪水の発生と浄化された後の地球の再建について聞かされているが、彼らがこの問題に単独で対処する決意をしえたとは思えない。これからどうなるのか、自分たちはどうすべきか、その疑問への答えを博士が示してくれることを彼らは望んだだろう。彼らにとっての個人環境は不確実性を高めているのである。彼らは博士をますます権威的存在と仰ぎ、彼の口から発せられる言葉を待っただろう。しかし博士はその熱望に応えていない。彼らに「準備」があれば「派遣されてくる」とした博士の――キーチ夫人と同様の――基本姿勢に、シーカーズ・メンバーのために普遍的代償を提供しようとの意図はうかがえない。「準備」させるためのトレーニング・メニューをシーカーズが課された形跡もない。それどころか博士は一一月末に彼らに、カレッジビルにはもう戻らないかもしれないと告げている。彼は指導者の役割を投げ出したも同然である。シーカーズたちは、驚くべき予言を聞かされながら、(身近にいない)アームストロング博士という権威的存在を志向するネットワークの一員であり続けねばならない。

2　普遍的代償――そこにおける約束・実践・時期

ここであらためて、普遍的代償について述べておくべきであろう。普遍的代償とは宗教指導者がすべての信者を対象に提供する一つの約束であり、それが未来において叶えられるとする信者の信念をいう。したがって「救済」は普遍的代償といえるが、救われるかどうかは信者の能動的な取り組みがそれを左右することを看過してはならない。救われるという約束の実現を望む限り、信者は自ら進んで代償提供者にかかわり、その指導を受ける必要があるはずである。同じ約束を与えられた数多くの信者が指導者に従い、指導者は信者に対する約束を実現する(させる)ため、彼らになすべき具体的行動を教えてその実践を促し続ける。それが必然的に、人々の組織化を伴うのである。すなわち組織化を促す普遍的代償とは、信者すべてに与えられる約束と、それを実現する(させる)ために行う(行わせる)べき実践とのセットであると捉えることが適正である。[10] 約束と実践は連動している。信者に約束のみを提供するのであれば、彼らと指導者との継続的関与は保証の限りではない。したがって、そこに宗教組織が立ち上がってこないこともありえよう。

普遍的代償に関し、もう少し言葉を添えておかねばならない。未来における約束である普遍的代償は本来、それが提示された段階で約束の果たされることになる時期を明示するものではない。普遍的代償は信者が生涯をかけて思念し続けるもので、ゆえにそこに時期を明示できようはずのないものである。かりに明示されれば、その時期を迎えたとき――約束の履行・不履行を問わず――信者と組織との関係は原理的に終了する。これに対して、UFOグループのメンバーすべてが受けることになる普遍的代償は大洪水予言に関連したものであり、予言に示された日時を迎えればその虚実が判明して、組織の存続を保証しない。「来世での幸福」を典型とする、宗教組織が提示する通例の普遍的代償とは異なるものである。とはいえ、「組織現象がなりたつためには、組織独自の〈目標〉と組織に託される〈諸要求〉がなければならない」[塩原 一九七六、七頁]との組織論の基本に従えば、UFOグループは大洪水からの救いという独自の目標を掲げ、メンバーは救われたいとの願いをグループに託して、そのための具体的実践の教示されることを求めていると捉えられよう。そうであれば、このグループは確かに組織として成立している。ここから、普遍的代償の特殊ケースとして、UFOグループにおけるそれを認識するものである。

3　権威志向型ネットワークから権威志向型組織へ

その普遍的代償「らしきもの」がレイクシティのメンバーに与えられるのは、ようやく一二月三日になってのことである。この日に開かれることになっていたミーティングに先立ち、彼ら全員はキーチ夫人により身体から一切の金属を取り除くよう指示されているが、ＵＦＯに乗り込むことを想定して命じられたこの実践が普遍的代償(の一部)である。このとき夫人がメンバーに、彼らが救われると明言したかどうかは詳らかではない。とはいえ、その指示によってメンバーは、自分に救いの約束がなされた(救われるからこそ金属除去を指示された)と理解したことであろう。またミーティングでは、信者の一人である造物主とベルタが「選ばれた者」と「異教徒」を見分けるサインを教えている。それを聞いて、メンバーは自身が「選ばれた者」であることを自覚し、ゆえに救われることを信じるようになっただろう。この教示もまた、普遍的代償らしきものである。ただ、その教えがベルタの与えたものであったことに、メンバーは若干の違和感を覚えたかもしれない。ともあれ、ここに至り、レイクシティの権威志向型ネットワークは組織化の方向へと動き出す。メンバーはひたすら指導者からの言葉を求めていることから、自律志向型の組織にではなく、権威志向型のそれへと変動し始めたと考えられる。

一二月一四日に開かれたミーティングでは、ＵＦＯに搭乗するためのパスポートが発行され、合言葉が教えられている。これは救済へのパスポートと合言葉であるといえ、ここにおいても、メンバーたちに――明示的でないにせよ以前よりは鮮明な――救済の約束がなされている。キーチ夫人はメンバーたちに秘密保持を誓わせ、文書を焼却させるという実践も命じており、約束と実践のセットである普遍的代償がここに提供されたと解釈できよう。メンバーは出発準備を行いながら充実感を覚えていたことだろう(関与者の諸要求の満足要件)。ＵＦＯグループ全体として目指すべき目標は、UFOにピックアップされて救済されることとして整った(共同目標達成要件)。組織を成立させる要件に不足はない。また、このミーティングでは造物主が消沈しており、キーチ夫人の指導者としてのステイタスが回復されている。かくして、UFOグループは権威志向型組織への移行を完了した。なおこのミーティングでキーチ夫人は、UFOが信者をピックアップするという交霊会での霊的存在の言を添えている。その霊的存在よりも高次な存在と彼女は交信しており、よって霊媒師の口から出る言葉を敢えて紹介する必要はないはずであるが、ここに夫人の迷いが垣間見えるようである。

一方、カレッジシティの権威志向型ネットワークでは依然、メンバーが行うべき実践が指示されず、いわんや救済の明確な約束は与えられていない。メンバーはその個人環境を確実視できようはずがなく、彼らの権威への志向性は昂進する。しかし権威的存在であるアームストロング博士に彼らを統括しようという意思はなく、ゆえにその集団属性は変わらないままである。一二月九日に招集されたミーティングに、悪天候にかかわらず多くが会場のアームストロング家を訪れているのは、彼らが博士から普遍的代償の提供されることを期待していたためだろう。ただその場で博士が伝えたのは、数日前のレイクシティでのミーティングとその後に彼が——おそらく彼が自身の不安を鎮めるために——参加した交霊会の模様であった。信じている者ならUFOにピックアップされる、との霊的存在の言葉も伝えられただろう。その言葉はシーカーズたちへの普遍的代償となっただろうか。それは彼らの仰いできた人物が直接に発したものではない。ましてその人物は「もう戻らない」のである。さらに加えて、霊媒師を彼女の住む街に送り届けたシーカーズは、彼女(霊的存在)への不信感を募らせることになってしまった。彼らにとって頼るべき権威的存在がともに、ますます不確かなものになろうとしている。

レイクシティの権威志向型組織では、全員がUFOに救われる(そのためにUFOを待つ)という組織目標が確立されることになった。ここで本書の提唱する理論に依拠して、組織目標の達成のために組織は——内部・特定・全般レベルの——組織環境に目を向け、それに適応することが必要になることを確認しておこう。もっともＵＦＯグループにとって(地域社会やマス・メディア等の)特定環境や(世間というべき)全般環境といった組織外の環境は、無視してよいものであっただろう。何しろ、真剣な気持ちでグループにアプローチしてきた人ですら、相手にされていないのである。キーチ家周辺の住民や新聞・テレビがどれほどＵＦＯメンバーを不審視し、世間が彼らを嘲笑しようとも、ＵＦＯはメンバーをピックアップすべく飛来するのである。組織外の環境は彼らの組織目標達成に影響しない。

ところが、内部環境はそうはいかない。それが確実視、換言すればメンバー全員が揺るぎない信仰を持つ「選ばれた」人々であると認識される必要がある。そうでなければ高次存在はＵＦＯを彼らのもとに向かわせないかもしれない。身体からの金属除去や合言葉の練習は、「内輪の仲間」の信仰レベルを見定める実践となった。そしてレベルの高さが確認されることになっただろう。となればＵＦＯグループは、キーチ夫人を中心とした権威志向型組織として運営されてゆけばよい。

４　新たな組織目標の浮上と下位部門の分化

一二月一七日・一八日にＵＦＯは飛来するはずであった。しかし予言は失敗し、ＵＦＯグループは、それまで考えもしなかった新しい——おそらくメンバーたちが自覚していない——組織目標を持つことになった。グループへの理解者を増やすという目標である。メンバーは認知的不協和を低減せねばならず、そのために社会的支持を得なければならなくなったためである。その目標達成に向けての具体的活動が、訪問者たちの積極的な受け入れであるといえる。

ＵＦＯグループは、理解者がいる（はずの）組織外の環境に目を向け始めた。とはいえ彼らがその環境を確実視できようはずはない。彼らの活動に共感する者がグループ外に少ないことは、メンバーには了解済みであっただろう。不確実性認知の場合であれば、組織は下位部門を発達させ、その自律的活動を促すことで環境への適応を果たす可能性を高める。このケースでは、訪問者が快く迎え入れられメンバーからレクチャーを受けているが、これは布教部門が立ち上がったということである。もちろん――この組織の小規模のゆえに――指導者すら布教の最前線に立つ、きわめて未分化な下位部門ではある。ただ、それが発動したという点からは、ここにＵＦＯグループが自律志向型組織の側面を持ったと考えてよい。

このグループが配慮すべき組織環境は、特定・全般環境以上に、内部環境である。ＵＦＯにピックアップされるという目標は、まだ失われていない。よって、メンバー全員の信仰は堅くなければならない。ＵＦＯが到着しなかった事態は高次存在による訓練であったと解釈されたが、到着を見張り訓練説を受容したメンバーを、キーチ夫人は揺るぎない――彼らは信じる以外に道がなかったのだとしても――信仰の持ち主として評価したと思われる。生半可なメンバーはＵＦＯ到着予言の失敗を機にキーチ家を去っており、内部環境はさらに確実視が可能となっている。

したがって、この段階のＵＦＯグループは、自律志向型組織の一面を備えた権威志向型組織であると認識できる。ここで組織の命運を指導者が握ることは、多言を要すまい。権威志向型組織にあっては、指導者はメンバーからの期待を一身に集める。その指示に迷いがあってはなるまい。またグループが自律志向型組織の側面を有した限り、指導者は下位部門が暴走しないようコントロールしてゆくことが肝要である。

5　再び、権威志向型組織へ

その指導者たるキーチ夫人が「クラリオンの少年」によって動揺させられたことは、グループ全体を揺るがす事態であった。夫人の姿を見たメンバーたちもまた動揺したに違いなく、それは内部環境の不確実性増進に直結する。しかし彼女はその後、以前にも増して(「少年」の課したテストに合格して)自信を回復することになった。彼女は、高次存在の策定したプランが停滞なく進んでいることを確信した。彼女の信仰が最も強くなったのは、この時であったかもしれない。

その安堵からなのか、キーチ夫人はようやく、信者がピックアップされて救われることを明言している。信者が待ち望んでいた明確な普遍的代償が提供されたのである。大洪水予言の日が翌日に迫るなか、メンバーの緊張感はかつてないほど高まっていただろう。それだけに彼らは、提供された普遍的代償を歓喜して受け入れたと思われる。間もなく組織目標が達成されるのである。内部環境は一転、(これまでないほどに)確実視可能なものへと変わったであろう。ここに至れば、UFOグループはその自律志向型組織の側面を稼働させる必要はない。グループは指示に従い、権威志向型組織としてその時を待つばかりである。

そして一二月二一日。予言の時刻は過ぎ去った。何事も起こらない。UFOグループの組織目標は消え失せてしまった。

6　内部環境不確実性の高まり、そして消滅

とはいえUFOグループは、彼らが危機を救ったことを知ることになった。以前のものに代って、以前には下位目標であった理解者獲得がメンバーの喫緊の、至上の目標として浮上してくる。激しい認知的不協和を低減するため、マス・メディアや世間に彼らが地球を救ったことを知らしめねばならない。しかし、彼らが対応する特定環境は不確実視するほかない。また、メンバーの信仰が激しく揺れていることは論を俟たず、不確実性を高めた内部環境も復旧しなければならない。

メディアへの連絡や訪問者の応接が懸命になされた。布教部門がフル稼働したのである。すべての（といっても僅かであるが）メンバーが――指導者も含め――布教部門を担ったといってよい。同時にメンバーは、彼らが地球を救ったこと、その信仰の揺らいでいないことを確認し合っている。UFOグループにおいてここに、信者教育を担う下位部門――その構成員は（布教部門と同様）すべての信者である――が現れたといえる。この段階でUFOグループは自律志向型組織へと変動した、と解しうる。そうなれば指導者は、メンバーたちをコントロールすることに腐心しなければならない。

その指導者キーチ夫人は、大洪水予言の失敗した後であっても、高次存在からメッセージを受け取り続けていた。そのメッセージに従い、夫人はメンバーに対し、宇宙人が現れるのを待つために街路に出てクリスマス・キャロルを歌うよう指示している。斉唱は、招待された多くの「観衆」が見つめるなか、行われた。これも布教活動の一環なのであろう。ここで宇宙人が本当に現れれば、信者獲得は容易い。しかし、その時のメンバーの気持ちはどうであったか。その現場に宇宙人の出現することを本気で信じていたのか、あるいは羞恥に塗れながら

一縷の望みを託していたか、憶測の域を出ない。さらに想像を重ねることになるが、この時点の指導者は動揺の極にあったであろう。ゆえに、信者たちへのコントロールの働きかけもなしえなかったと思われる。ここで確かなことは、布教が奏功しなかったということである。

この後、UFOグループは地域住民からの苦情そして警察の干渉という特定環境を意識せざるをえなくなった。しかし、それへの適応は試みられない。組織として目指すべき目標は消え失せ、メンバーは組織に託すべき何ものも持たなくなってしまっていたからである。グループは組織ではなくなってしまった。何より、指導者が逃亡した。カレッジビルのシーカーズたちが形成していた(権威不在の)権威志向型ネットワークも、大洪水予言の成就しなかった現実を前にしては存続できようはずがない。かくしてグループは、ここに霧散する。

第四節　UFOグループの失策

UFOグループが挫折したのは、それが行ってきた予言がことごとく失敗したからである。そしてフェスティンガーら社会心理学者の視点に立てば、予言の失敗から生じた認知的不協和を低減しうる認知要素(自分たちから放たれた光が神に届いたという信念等)を彼らは見出しながら、それへの賛同者をグループ外に誰一人として得られなかったことが、挫折の原因といえる。

とはいえ、グループに真剣な気持ちでアプローチしてきた者がいたことは間違いない。資金提供の申し出すらあったらしい。そうであれば、彼らには社会的支持を獲得する可能性があったということである。グループは雲霧消散の憂き目を見ずに済んだかもしれない。挫折の原因は社会心理学者の結論以外にもある。集団運営において重ねた失策が、それである。

社会的支持を獲得するとは、標準的な宗教集団でいうならば、信者を獲得することと同義であろう。飽くことなく獲得を続けるにせよ、一定数を確保して満足するにせよ、宗教集団は信者となった人々の共同体を維持あるいは発展させようとするものである。そしてＵＦＯグループはそれを果たすことができなかった。その理由を、本書が提唱する理論に依拠して探ってゆこう。

1　提供されない普遍的代償と消極的な権威的存在

初期ＵＦＯグループは自律志向型と権威志向型のネットワークのハイブリッド段階を経て、権威志向型ネットワークに移行している。指導者に信者を組織化する意図がない一方で信者は権威的存在たる指導者を慕うという、相反するベクトルゆえに不安定な集団がこれで、安定した集団運営のためＵＦＯグループは次なる集団類型への移行を実行するべきところである。大洪水予言がなされた限り、救いという普遍的代償を信者に提供して組織化し、安定した運営を行うべきであった。このグループの失策として指摘できるのは、それに手間取ったことである。救いの約束(そして約束を実現させるための実践)が提供されないために不安を募らせた信者のなかには、グループから離脱する者がいただろう。救われると約束してくれないグループへの加入を躊躇う者もあったと推測される。

グループが権威志向型ネットワークであった段階で、アームストロング博士は大洪水予言についての声明文、またキーチ夫人筆記のメッセージを編集した文書を作成し、マス・メディアやシンパサイザーと目された団体・人物に送付している。彼は信者獲得を考えていたのだろう。しかしこの企てが実行されたのは、グループが組織化される以前のことである。よって、送付された文書に反応する人・団体があったとしても、それらへの対応を組織的に行うことはできず、大きな成果は期待できない。グループ最初の布教活動は時期尚早に過ぎた。それなら、グループは組織化された後に布教に取り組むべきところである。ところがそれを行わず、「準備のある人」が「派遣されてくる」ことを待つばかりであったことは、このグループの――有力メンバーであったアームストロング博士の――犯した失策といってよい。潜在的回心者は存在したものの、そこにアプローチしないのなら、集団が成長しようはずがない。

アームストロング博士の心は揺れていたのだろう。彼はキーチ夫人と違い、高次存在につながるチャンネルを持たない。焦りが、彼を霊媒師(霊的存在)のもとへ赴かせる。また彼はシーカーズたちに――彼らを案じてのことであろう――「大洪水とその後」を語り、(彼らが選ばれた人間ならば)直接に外宇宙から指令を受けるであろうと語ってはいるが、それも強い確信に支えられての言ではなかったと思われる。語られた内容はキーチ夫人が書き留めたもののなかにないのであるから。博士はまた懸命に、高次存在の意思を察知しようと努めていた。それも、指示を待つ彼に指示が与えられないからである。そんな迷いの渦中にある彼が、カレッジビルのシーカーズに救済を約束できるはずがない。博士は、シーカーズが彼という権威的存在に注ぐ視線を受け止めることができなかった。それは、若者たちが熱く見つめる権威的存在が、自分自身をその器と認識していなかったからであろう。ゆえに彼らに「戻らない」と告げうるのである。かくして、カレッジビルの権威志向型ネットワークは放置されることになる。この街のネットワークにおいて、権威的存在の姿は曖昧である。

そしてレイクシティにあっても、リーダーシップを発揮しない(できない)キーチ夫人の権威は確固たるものではない。たとえメンバーが彼女を権威的存在と見なそうと、彼女は自らを高次存在からの指示を待つばかりの身と捉え、自身が指導者であるとの自覚を持ちえなかったのだろう。二つの街で権威の所在の不明瞭である状態を続けたこともまた、グループの失策といわざるをえない。かりに夫人が大洪水メッセージを契機にリーダーシップを発揮していたなら(そして普遍的代償を提供していたなら)、アームストロング博士をはじめとする信者は彼女を頂点とする組織の一員となり、さらに博士はシーカーズを夫人に引き合わせて、もっと早くに安定的な権威志向型組織が二つの街に成立していたことであろう。そうなれば「造物主」が現れることもなかったのではないか。権威的存在と憧憬された人物の、そのポジションに相応しからぬ消極的な姿勢は、集団運営に明らかにマイナスに作用している。

キーチ夫人がメンバーに身体からの金属除去を指令したところから、ようやく権威志向型ネットワークは権威志向型組織へと転じ始める。これ以降、全員でUFOによりピックアップされることを待つ、という目標が揺るぎないものとなった。組織の内部環境は確実視可能となっている(特定・全般環境は考慮せずともよい)。こうなれば、あとは指導者が信者をUFOの搭乗口まで導くだけである。ここで、キーチ夫人は明快な救済の約束を信者たちになすべきであった。霊媒師に会うことも、霊媒師を通して語られた霊的存在の言葉をUFOグループのメンバーに伝える必要もなく、指導者として堂々と振る舞えばよかったのである。そうしていればグループの凝集性は高められたはずである(そして最終的な離散は避けられたかもしれない)。それをしなかったのは夫人の失策である。

とはいえメンバーたちは、一抹の不安を抱えながらも――だからこそアームストロング博士夫妻が交霊会に向かった――キーチ夫人を信じて期待に身を震わせていたことだろう。ミーティングにおいて造物主が鳴りを潜めるようになったのも、彼女(ベルタ)に対する夫による干渉が大きく影響しているにせよ、間もなく訪れる「出発」の瞬間を思い、彼女が心躍らせたからと理解することもできる。

2　集団規模の小ささ

大きな希望と若干の不安の日々が過ぎ、大洪水の日が間近に迫る。そして二日間にわたってＵＦＯ到着予言が失敗し、グループは理解者獲得という新しい組織目標を持つことになった。いうまでもなくグループにとり、組織環境は不確実視する以外にない。よって下位部門（布教部門）が活性化し自律志向型組織にグループが移行したのは、理論的には適切な対応である。

とはいえ、布教部門が分化するだけでは十分ではない。布教活動が功を奏してメンバー候補者がキーチ家を訪れてきたとしても、その彼らを宗教的に導くためのシステムが整っていない。教義にかかわる文書は焼却されてしまっている。この点においても、グループが失策を重ねているといわざるをえない。対外的な布教部門だけでなく、教学研究部門や対内（指導）部門を分化させて自律的に活動することを許容すること、そしてそれら下位部門間の調整・統合を指導者が行うことが、この段階を迎えたＵＦＯグループのなすべきことであった。しかし、いかんせん、グループはそれを行うには小規模に過ぎた。

第三章第二節で本書は――組織環境（内部環境）を構成するファクターの一つである――組織規模が組織目標達成にあたって考慮の対象となることを述べている。もし規模が大きければいくつかの下位部門を設け、それぞれにメンバーを配置できたものの、この小さな組織のケースではメンバーそれぞれが複数の役割を担うよう求められ、この状態は厳密にいえば分化というより単なるかけ持ちに過ぎない。組織を取り巻く環境が厳しい状況下で、メンバーにそれを強いることは彼らを当惑させ疲弊させるだけであり、環境への存分な適応は不可能である。

グループの理解者を見つけて彼らを導こうとしても、そのために必要なシステムが整っていない限り、彼らの信念を既信者と同じレベルにまで高められようか。システム構築には時間を要する。そうであるのに、ＵＦＯグループは下位部門を成熟させる時間を持たなかった。もっと早くに望み通りのメッセージを彼らが手に入れていれば、成熟のための時間的余裕も持ちえたかもしれない。そして付随的に、集団規模も大きくなったであろう。ごく短い期間に、多くのことがこのグループに起こり過ぎたのである。

3　失われた組織目標

加えて――キーチ夫人を鞭打つことになるが――「クラリオンの少年」のために夫人が動揺させられたことも重大である。メンバーにとって頼るべき指導者・権威的存在が心乱しては、メンバーもまた動揺する。しかし夫人が「テスト」に合格したこと、「プランに停滞なし」とのメッセージを受け取ったことは、メンバーを安堵させた。そして一二月二一日に日付けが変わるのを彼らは待った。ＵＦＯグループの人々は、メンバーになったそのときから、常に何かを待ち続けた人々である。

結局ＵＦＯは来ず、大洪水も起こらず「その日」を迎えたＵＦＯグループは、偉大な(彼らが救ったという)事実を宣べ教えるべく、組織を布教機関に変えた。この組織に教学部門は存在しない。ただ対内(指導)部門は出現したといえる。信者が相互に偉大な事実のあったことを確認し合い信仰を確かめ合ったのであるから。しかしそれは場当たり的に過ぎ、遅きに失した。即席の下位部門では事はなせない。さらに、下位部門を調停する権威的存在がその役割を果たせなかった。クリスマス・キャロル斉唱の指令は、落胆する信者たちには荷が重過ぎたであろう。歌っている現場で宇宙人の訪問を受けるだろうという予言は、救われたいという彼らの期待からは後退したものである。信者の思いに、指導者は気づかなかったのか。

それ以上に、最も重要なことは、この段階でＵＦＯグループは組織ではなくなっていたことである。組織目標が失われてしまったなら、人々の集まりは組織ではない。そうであれば、斉唱のためにメンバーを動員することは難しい。それを行わせたキーチ夫人がこれまでになく強力なリーダーシップを発揮した、ということはできる。しかし遅きに失している。こうなれば、「集まり」に何も託しえなくなったメンバーは四散してゆくほかない。キーチ夫人も逃亡した。

アームストロング博士をはじめ、ＵＦＯグループのメンバーたちはキーチ夫人が彼らを喜ばせる(安心させる)メッセージ書き留めることを待った。そして夫人は、高次存在からメッセージが届くのを待った。夫人は待つしかなかった人であった。そして同じく待つしかなかった信者は、遂に不安から逃れることはできなかったであろう。待ち続けることがＵＦＯグループのメンバーの基調であった。そのために、集団運営は失敗したのである。

ＵＦＯグループ消滅の原因は集団運営における拙さであった。本章の論述がその説明に成功しているなら、それは結論を導くにあたって依拠した理論の有効であることを示す。同時に、理論が通(宗教)文化的比較に堪えうることも示したはずである。前章とともに本章は、宗教の集団属性(そしてその変動)への着目が、従来にない宗教集団論・組織論を展開させることを示したのである。

［註］

（1）この集団を取り上げた研究書[Festinger et al. 1956＝1995]には、その規模について明確に記されていないが、活動的メンバー数は数十と推定される。また「一時的に活動に参加したことのある人々や郵送リストに載っているだけの人々を含めても(グループの申し立てを信じるとして)三〇〇名程度であったろうと思われる」[Festinger et al. 1956＝1995, 三四四頁]。

なおこの引用は、訳者による解説文中のものである。

(2) この研究が世に問われた一年後、フェスティンガーは『認知的不協和の理論』と題した研究書を発表している[Festinger 1957＝1983]。

(3) その典型として、一九世紀にアメリカで活動したミラー派にフェスティンガーらは言及している[Festinger et al. 1956＝1995, 一四—三〇頁]。ニュー・イングランドの農民ウィリアム・ミラー(一七八二〜一八四九)が独自に聖書研究を行った結果、この世の終焉が一八四三年に訪れると確信し、その説を多くの人々が熱狂的に支持したというものである。予告された年に終末が訪れることはなかったが、それにもかかわらず信奉者たちは世界の終末の近いことを一層確信するようになり熱狂の度合いを増していったようである。その後さらに三回もしくは四回の予言がなされ、それがことごとく失敗して四五年晩春には、このグループは消滅するに至っている。なお、ミラーの支持者であったエレン・ホワイト(一八二七〜一九一五)は予言の失敗の原因を考究し、第七日目の安息日(土曜日)を聖日として守らなかったことがそれであるとの結論を得て、土曜日を安息日と定める小さなグループを結成している。それは、いまや世界の二〇〇を超える国で教会を運営するセブンスデー・アドベンチスト教会へと発展していった。

(4) 以下のUFOグループの展開についての記述は、[Festinger et al. 1956＝1995]から構成したものである。

(5) 「思われる」としたのは、この一連の出来事の起こった年がフェスティンガーらの研究に明記されていないからである。

(6) レイクシティはUFOグループの中心人物の住まいがあり、グループの活動の主舞台となった地で、仮名である。以下に現れる地名も、同じく仮名である。

(7) 地名と同様、中心人物はもとより、登場人物はすべて仮名で扱われる。

(8) 神智学 theosophy とは神秘主義的・秘教的思想体系をいい、一九世紀に活動したヘレナ・ブラヴァツキー夫人(一八三一〜一八九一)を創唱者とする。あらゆる宗教や思想・科学の根底に存在するという普遍的真理を追求し、神 theos の叡智 sophia に目覚めて神に合一することを目標に掲げる。

(9) キャプテン・ビデオは、同名のテレビ番組の主人公の名である。

(10) 普遍的代償については本書第二章第二節、およびこの概念を提唱したスタークとベインブリッジの議論[Stark and Bainbridge 1985, p. 6/p. 30]も参照されたい。もっとも、スタークとベインブリッジは彼らの議論において、未来における約束の実現のために「実践」の不可欠であることまで述べてはいない。

第六章　自律志向型ネットワークへの着目——宗教的無党派層の潜在力

第四・五章は第二章で提示された新たな宗教集団類型を用い、第三章に図式化された宗教集団類型間移行のモデルに準拠して、立正佼成会とUFOグループの展開に分析を施した。現実の団体を考察の対象としたがゆえに、そこでの議論が宗教「組織」に多くを割くことになった感は否めない。そこで本章では、宗教「ネットワーク」に照準を合わせることにしよう。第二章に示した新しい宗教集団類型論は宗教組織と並んで宗教ネットワークを提示し、さらに後者を権威志向型ネットワークと自律志向型ネットワークとに二分しているが、ここでより深く論ぜられるのは自律志向型ネットワークである。

自律志向型ネットワークは、宗教が情報化して宗教組織すなわち教団と関係を結ばずとも自律的に宗教(情報)にアクセスすることが容易になった現代社会に顕著となってきたものである。「宗教」と聞けば教団を想起し、それによる組織的拘束を厭って宗教(信仰)から距離を置こうとする現代人であっても、この類型への接近に躊躇する必要はない。自身を宗教的探求者であるとアイデンティファイせずして神秘的なものに関心を寄せウェブ・サイトに書き込みをしているなら、テレビ番組や書籍が発信する宗教的な(スピリチュアル)情報を享受しているなら、その念頭に宗教という文字がなくとも、彼らは自律志向型ネットワークの成員であると捉えてよい。宗教に関心を寄せる者はもちろん、宗教(組織)嫌いを自認する者であっても参加しうる(あるいは、結果的に参加している)のが、自律志向型ネットワークである。こうしたネットワークが――現代になって初めて登場したものではなく以前からも存在していたはずであるが――現代に数多く生成し伸張している限り、これを看過することはできない。さらに第三章第三節で指摘したように、伝統的仏教寺院の檀家に属しながらも伝統教団信者の自覚を持たず、それでいて宗教情報に関心を寄せる人々は教団内において自律志向型ネットワークを形成していると認識することができる。そしてこの教団内のネットワークは小さなものではなく、拡張しつつあると見ることが妥当であろう。この類型を本章が論じる第一の理由はこれである。「現代の国々の宗教状況を的確に理解し未来の可能性を正確に把握するため、われわれは教団とのつながりを持たず、自己流に『非宗教的』である人々が実際に何を信じているのかを知る必要があるのである」[Stark, Hamberg and Miller 2004, p. 115]。

さらに、この類型が潜在力を有すると考えられるところが、ここで取り上げようとする第二の、そしてより重要な理由である。伝統的仏教教団内の自律志向型ネットワークは、当該教団の運営を左右する勢力たりえるのではないか。また、神秘的なものにかかわる情報を自律的に探求する人々の動向は、宗教界に影響を及ぼしうるのではないか。この推測が正しいなら、伝統教団内のネットワークはかたちばかりの信者の集まりに過ぎないものではなく、コンピュータ画面に宗教(スピリチュアル)情報を検索する人々もただの神秘好きたちの一群ではない。

伝統的仏教教団内の自律志向型ネットワークの成員も、スピリチュアル情報を個人的に追求することを楽しむ人々も、伝統教団の聖職者あるいは伝統教学の研究者から見れば「素人」に過ぎない存在であるかもしれない。そんな彼らは「玄人」によって指導されるべき存在であり、したがって彼らが玄人の世界に影響を及ぼす力を発揮しうると考えることには得心のいかない向きもあろう。しかし本章は、この素人たちの集団が潜在力を有している――だからこそ現代の宗教集団研究において自律志向型ネットワークを注視する必要がある――ことを説こうとしている。ではなぜ、そう説けるのか。そのために再び、塩原勉の議論［塩原 一九九四］に依拠しなければならない。

第一節　変動する社会、そして宗教

1　社会の変動

塩原は社会生活を公式セクターと非公式セクターとからなる二元構造と単純化して把握した上で、両セクターの間の関係が一九七〇年代を転機として変化しつつあることを指摘している。(1) この変動論は、社会の一構成素である宗教の現状に考察を及ぼそうとするとき、きわめて有益な視点を提供してくれる。

塩原が注視する二つのセクターは近代化過程の所産であるといえる。近代化の開始とともに社会生活が二つのセクターへと分割されていったということである。公式セクターとは、公式組織を主成分とする近代化されたセクターであって、社会の中心部を占めるようになったものである。対して非公式セクターは、非組織的なもの（小集団、集まり、ネットワーク）を主成分とする非-、反-、脱-近代セクターであって、社会の周辺部に位置するものである。そして近代化の深化とともに公式セクターは肥大化し、多くの人々を取り囲んでゆく。対して非公式セクターはその基盤を侵食され、近代化の流れに即することができなかった、あるいはそうすることを選ばなかった人々の支持を得て命脈を保っていったのである。

しかし一九七〇年代に至り、近代化の達成とともに公式セクターの活力低下が、そして非公式セクターの活性化が、社会生活の諸局面において観察されるようになる。近代化推進の主体が振わなくなり、社会の周辺部に追いやられていた存在が復権してきた、というのである。

塩原はこうした一連の変動を、両セクター間の差別的分業から対抗的分業への移行と捉えている。さらに、対抗的分業関係は結果として二つのセクター間の相互補完関係を導く、ということも論ぜられている。すなわち非公式セクターからの対抗的インパクトによって公式セクターの変容と再編成が進み、それがフィードバックされて非公式セクターの変容と再編も進むと考えられているのである。いわば二つのセクターの共進化が想定されているわけである。

より鮮明なイメージをこの理論モデルに与えるため、まず医療の分野において看取されるとされた変動について触れておこう。この分野における公式セクターである大学病院を頂点とする近代医療システムが過度に合理化・官僚制化され、患者を分析的治療の客体と見なしてきたことに批判がなされてきたのは周知のことであろう。対して、近代化過程のなかで非科学的であるとして排除されてきた呪術的病気治しを典型とする非公式セクターが再評価される機運にある。シャーマン(霊能者)は、降りかかった病苦に戸惑うクライエントに対し、その意味を伝えることができる存在である。たとえば病苦は日頃の宜しからざる生活への神仏からの警告である等々と断じ、身体次元にとどまらず文化(意味)的な次元にも言及して、クライエントの病気に向き合うのである。そしてその意味を共有できる人々とともに共苦共同体をつくり上げ、病人の能動性を励ますことができる。それが再評価を得たポイントである。いま病となれば専ら公式セクターに頼る現代人も、意味という文化的側面が医療の分野において重要であること、そして支援システムが不可欠であることに気づくようになっているだろう。それは非公式セクターに学んだからである、といえる。

政治の分野についても同様のことが指摘できそうである。政府与党・財界・官界のパターン化された関係を軸とする集団利益政治に抗して、また重厚長大型の組織的社会運動とは一線を画して、一九七〇年代後半からは「新しい社会運動」といわれるライブリ・ポリティクス(2)が顕著となり、いま社会のそこここに活動が展開されているはずである。女性、青年、高齢者、障害者、被差別者、エスニック・マイノリティそして消費者といった、それ以前には政治世界の周辺部に退けられていた人々がその担い手である。彼らがその日常生活の延長線上に自発的に参加してつくり上げている政治行動が、日本社会の大きなうねりとなっていることも知られるところであろう。

差別的分業といえば、大企業とその下請けの零細企業との関係が連想されるであろう。日本社会の変動はこの産業・労働の分野に確実に及んでいる。情報化、サービス産業化という時代の流れのなかで重厚長大型企業が不振に喘ぎ、企業は小規模化し、またベンチャー企業が急速に展開を見せて大企業と対等に連携するという状況である。かつての産業界の差別的な二重構造は再編を余儀なくされるようになって久しい。またワーカーズ・コレクティブ(3)のような、従来の管理-非管理の区別を排除した非公式セクターも、労働の分野で形成されている。

2　宗教の変動

宗教の分野も例外ではない。現代の日本社会の様々な局面で見られるのと同様な変動が、ここでも起こっていると見ることができそうである。社会全体を視野に入れるならば、宗教それ自体が近代化によって社会の中心部から周辺部へと押し流された非公式セクターであるともいえようが(4)、ここでは宗教という分野に限定しての塩原の分析を見ておこう。

本書では何度も触れたように、塩原は制度的教団宗教、組織宗教、新新宗教、民俗宗教という四つの類型を析出し、それらが垂直に重なって層をなし、日本宗教の全体像を形成していると考えている。そしてその構造が揺らいでいる、と論じたのである。なおこの四類型について、本書第二章はそれらが新たな類型によって読み替えられることを示しているが、ここでは塩原オリジナルの類型をそのまま用いて彼の説の詳述を続けよう。

重複を怖れず、ここで四類型についてあらためて確認しておく。まず制度的教団宗教とは伝統的な仏教諸宗派によって代表されるものであり、教学の合理化を推進して呪術からの解放を果たし、組織レベルの近代化も達成しているものである。いわば時代に即しえた宗教であり、それゆえに高い威信を享受している、四層構造の最上層に位置づけられる宗教における公式セクターがこれである。

教学と教団の合理化を果たして時代と社会に適応したものとして、組織宗教も制度的教団宗教とともに公式セクターに属するものである。組織宗教とは、一九世紀後半以降に登場した新宗教のことである。それが勢力拡大期には呪術的要素によって人々を魅了し、彼らを信者として組み入れ成長を遂げてきたことは確かなことであろう。このゆえに新宗教は、近代化しゆく社会にあっては訝られた存在であった。しかし新宗教内部での世代交代が進み、入信初代の熱狂が薄れてゆくにつれて組織面での引き締めが図られ、現世利益を約する「術」よりも整備された教義への「信」が強調されるようになる。それに伴って新宗教は社会との安定的な関係を築いて、「公式宗教」へと進化したのである。

比喩を用いて公式宗教を重厚長大型の企業とするなら、新新宗教はベンチャービジネスであり、新規商品(救済財)を引っ提げて急速に台頭してきたものである。具体的には一九七〇年代以降に成立もしくは伸張した教団群がこれにあたる。相対的に創立以来の歴史が新しく、規模も小さいために第一次集団的な側面を濃厚に残し、カリスマ的資質を持つ教祖をめぐっての熱狂が保存されている。そして教祖に発する非合理的な「術」を前面に押し出して人々を魅了するがゆえにモダニズムに反する、非公式セクターの宗教がこれである。こうした霊‐術系の新新宗教以外にもここにカテゴライズされるのは、世俗の世界から離れて自閉するコミューン型教団であり、世俗との協調の結果として始祖を忘れ堕落した現状を批判し原点への回帰を主張するファンダメンタリストである。豊かさとともに腐食をもたらしたモダニズムの理念を超克しようとの志向が、そこには見える。

新新宗教とともに宗教における非公式セクターに属し、四層構造の最下層に位置するとされるのが、小・零細企業に喩えうる民俗宗教である。新新宗教よりも一層に小規模で未成熟であり、「術」も洗練されておらず素朴なものである。典型的には霊能者(カリスマ的人物)とその信者(クライエント)とによって形成されるネットワークを想起すればよい。このネットワークは中心的人物の衰え、あるいは死とともに、消散してゆく可能性が高い。なお民俗宗教といえば、一般民衆が主体となって担い、かたちづくる宗教をいうと広く理解することができようが、ここでは霊能者とクライエントによるネットワークを指すものと限定的に把握される。

いま伝統的で威信も高いと認識されているほとんどの宗教も、その萌芽期にあってはカリスマを有すと見なされた人物とその数少ない支持者とで形成されたネットワークであったことに異見はないだろう。そのネットワークが霊術によって救われたと信じる多数の人々を得て拡張し、さらに時の経過とともに教団組織としての体裁を徐々に整えて、遂にはモダニズムを標榜する社会と折り合うために教学重視へと強調点を移し、やがては伝統を誇るようになる。こう描けるのなら、宗教は民俗宗教から制度的教団宗教へと上昇進化してゆくものと考えられる。

宗教は教学を中心として彼岸を志向するようになるのが本筋で、非合理的な霊術による現世利益については進化しきっていない非公式セクターに委ねる、というわけである。換言すれば、高尚な公式セクターは洗練された彼岸での救いを、低レベルの非公式セクターには低レベルの救いである此岸での救いを、というように差別的分業関係が成立していたわけである。そしていずれ近代化によって世界が呪術から完全に解放され、その結果として非公式セクターが存在基盤を失うと、この分業関係自体この世から消えてなくなるだろう、かつてはこう予想されていたはずである。

ところが一九七〇年代からは、予想とは逆の状況が現出してきているようである。公式宗教の信者数は伸び悩む一方、新新宗教に含まれる教団には短期間で数十万人以上の信者を獲得したものが少なくない。いま我々がマス・メディアを通して触れる教団名の多くは、新新宗教のものであろう。加えて、霊能者がテレビ画面に登場して人気を博す時世である。病気であれ家庭問題であれ、ままならぬ難題に悩み苦しんだ挙句に新新宗教の門を叩き、また霊能者を訪れたという人は、身近に少なくないのではないか。宗教の分野にあっても非公式セクターは着実に勢力を伸ばし、公式セクターに対抗しつつある。彼岸での救いを唱える公式セクターに満足できなかった現代人が、いま非公式宗教に足を向けつつあるようである。

宗教における非公式セクターが復権を果たしえたのは、先に示されたその特徴が一九七〇年代以降の人々の共感を得たからと考えるべきであろう。まず、それが非組織的であり、それゆえに第一次集団の特性を保存しているという点に着眼するなら、現代人が強固な大規模組織とかかわる生活に疲弊し、その反動として宗教の領域においても非公式宗教が選ばれることになったと理解することができるだろう。冷徹な計算可能性に基づき効率性を追求する官僚制的組織は、まさにそれゆえに近代化を推進する主体となりえたとはいえ、それに参与する人々の恣意を排除せざるをえず、人間性を圧殺する脅威となりうる。この「システム」によって支配された社会で自身の「生活世界」を防衛し構築しようとするなら、合理主義に貫徹された組織の外でそれを試みるほかない(5)。その結果として現代人がたどり着いた一つの世界が宗教の世界であり、それも官僚制化されて久しい公式宗教ではない、非公式宗教だったのだろう。非公式宗教は、いずれ信者の増加に伴って強固な組織の形成を企てざるをえなくなったとしても、その初期段階では多分にネットワーク的である。つまり加入・脱退が比較的に自由な、ゆるやかな人間のつながりがその実態であろう。そこでは人は組織が加えてくる重圧から自由であり、真に人間的な触れ合いに生きることができるかもしれない。また数においてはかなり少ないとはいえ、コミューン型の教団やファンダメンタリズムを標榜する教団に現代人が魅了されるのも、それが第一次集団的であるということ、要は擬似家族的な人間関係がそこにおいて織りなされているからこそである。近代化が進行して顧みられなくなった偉大な過去、すなわち原点がそこでは再現されているとして、肯定されているのである。

もう一つの非公式宗教の特徴に目を転じよう。それがカリスマを核に持ち、非合理的な「術」を重視するというポイントである。かかる神秘主義的要素が近代化の進行のなかで排除されてゆき、その結果、現代の合理主義を是とし理性を人間行動の基とする社会が成立したことはいうまでもない。そしていま、その成果としての物質的豊かさを現代人は享受しているだろう。しかし近代化がもたらした負の成果もまた、現代人には重くのしかかっている。効率性・利便性を追求した果てに、人間の暮らす社会・自然はいかほどに悪化したことであろうか。最早バラ色の未来など描きようがない。その重さが認識され出したのが、一九七〇年代以降ということになろう。そして理性が築き上げたものがこの世界ならば、理性への絶対的な信頼は揺らぐ。代って重視されるようになったのが感性であり、感性に従った結果、非合理的なもの、非科学的なもの、神秘主義的なるものへの回帰が顕著となってきたのである。

第二節 「宗教」の停滞、宗教的無党派層の台頭

塩原の議論に従うなら、いま宗教における公式セクターは非公式セクターの急追を受け、それに学んで自らの再編に着手しているということになる。非公式セクターも、公式セクターから多くを吸収し、変容しつつあるということになるだろう。公式セクターなら、それらが「家」の宗教と化している(あるいは組織宗教の場合では、化しつつある)現状を憂慮し、非公式セクターがそうであるように、「個」の救いの強化を目論んで最前線の充実に努めているはずである。また、かつての自身の姿を想い起こし――そして宗教における非公式セクターの現況を参考に――第一次集団的な人間関係を再評価しての組織運営も行われているかもしれない。あるいは神秘主義的要素の再(最)重点化という方針を採択するところがあるかもしれない。ただその場合、あまりに神秘主義の方向に進んでゆくなら、「公式」としての威信を失うことにもなりかねない。そして非公式セクターは、社会における威信の獲得を目指し、組織化・合理化を推進して公式レベルへの上昇進化を図ろうとしているだろう。

となれば、公式宗教も非公式宗教も、対抗的・相補的分業関係のなか、共進化の道を歩みつつあるといえそうである。停滞状態から抜け出すために、より成長を遂げるために、そして何より現代人のニーズに応えるために、変容と再編成を進めつつあるだろう。そうであれば、公式・非公式を問わず、宗教は近代化に倦む新たな信者を着実に獲得し、また既に信者である者に対しては一層に魅力的になることによって、日々その勢力を拡大してゆくと予想することは自然なこととなる。

しかしながらこの展望は正しいだろうか。宗教が自助努力し、その結果、より素晴らしいものとなって人々に自己呈示して、それを(いまよりはるかに)多くの人々が受容して充実した宗教生活を送るようになる、という宗教繁栄の時代がやってくると推測して誤りはないのだろうか。

1　停滞する宗教

ここで宗教統計に言及しよう。わけても「信仰の有無」に注目するなら、「戦後継続的に実施された世論調査の結果を概観すると、戦後の日本人の信仰心は、戦後間もない頃をピークにして低下している」[石井 二〇〇七、七頁]ことがデータによって示されている。一九四〇年代後半から五〇年代前半の調査結果では「信仰あり」が全体の六～七割であったところ、三〇%を切るようになっているのが昨今の実状である。読売新聞が実施した調査は信仰比率において——各種機関による調査のなかで——最も低い数値を提示しており、オウム真理教事件の発生した九五年において「信仰あり」は二〇・三%にまで下落している。二〇〇一年調査では二一・五%、〇五年のそれは二二・九%を記録し[石井 二〇〇七、四頁]、そして〇八年では二六・一%と回復傾向にあるように見えるものの、再び三割を超えるレベルに戻ると予想させるデータは見あたらず、日本人のなかで信仰を持つ者はいまは四人のうち一人という割合である。塩原によれば、公式セクターと非公式セクターとの分業関係の変化は七〇年代以降となるが、その時代に「信仰あり」の比率が上昇していることを積極的に示すデータは存在していない。「共進化」という言葉が与えるイメージを補強するほどのデータを、そこに見出すことは難しい。統計は宗教繁栄でなく、宗教の停滞あるいは衰微を示唆しているようである。

共進化しているはずであるにもかかわらず全人口中の信仰者比率が伸びていないという事実からは、こう結論づけることができる。すなわち公式宗教も非公式宗教も、宗教に関心を寄せる数少ない人間を己が領分に引き入れるため熾烈に対抗し合っている、いわば「コップのなかの嵐」が一九七〇年代以降の宗教変動である、と。したがって宗教における二つのセクターが、それとの無縁を自認している人々までをも巻き込んで進化し、社会において巨大な発言力を獲得するという言説は現実に即したものではない。現代人の多くは宗教以外の領域で「生活世界」を築くことを選び、公式宗教も非公式宗教も、ともに社会の周辺部に生き永らえることになると判断できそうである。

2　スピリチュアリティ探求者群

同時に、こうも理解することができるのではないか。宗教における二つのセクターの共進化は――情報化の流れのなかで――人々の耳目に触れる多様な宗教情報を大量に産出することになり、それが宗教に積極的に関係してこなかった人々をも刺激して、彼らを宗教的観念・実践に向けさせる契機を提供することになった。その結果、「信・心」の大切さを説き、また「霊術・神秘」を扱う書籍や雑誌、テレビ番組、ウェブ・サイトが好まれるようになり、積極的に講座に足を運ぶ人、教団の提供する修行課程の体験コースに参加する人、そしてスピリチュアルなサイトを閲覧する人が増えてくる。ただ、そういった人々は教団に深くかかわることを望まず、個人レベルでの思索・行動にとどまりがちである。さらに、彼らのなかには自身の意識や行動を宗教という二文字に結びつけようとはしない傾向も見受けられる(6)。それゆえ「何か信仰を持っていますか」という問いには「否」と回答することになり、彼らが信仰者の統計に反映されることはない。すなわち、信仰は持たないと公言するものの、客観的に見れば「宗教的」と形容せざるをえないような意識を持ち行動をする人々が顕著になってきた、と判断することができるのである。少なからぬ研究者が指摘する一九七〇年代以降のオカルト大衆文化の普及や新霊性運動の伸張は、この推測を裏づける。また、伝統教団に所属する宗教者の執筆になるような平易な宗教書・人生論がよく読まれたというのも、この時期の事実である。そしてここでは、かくも際立つようになった人々を一括りにして、彼らの念頭には宗教(信仰)のイメージが乏しいことを重視して、宗教という言葉を用いず、スピリチュアリティ探求者群とカテゴライズしよう。

スピリチュアリティ探求者群が実数でどれだけ存在するのか、ここでは問わない。その数値がここでの議論の鍵となるというわけではないし、何よりその正確な把握が困難だからである。ともあれ、日本人全体のなかでは信仰を持たないと自認し、かつスピリチュアリティ探求への積極性を示そうとすることもない人々、いわば(宗教・スピリチュアリティに対して)無関心な無信仰者群がマジョリティである。そしてこの無関心層と、全体の二から三割程度のマイノリティである信仰者、この両者の間の汽水域にスピリチュアリティ探求者群が存在する、というのが宗教というフィルター越しに見た現今の日本人の全体像として提示できる。(7)

3　宗教的無党派層

ただ、無信仰者群が完全に宗教と無縁であるとは、到底いえるものではない。宗教の情報化は、彼らが手を伸ばしさえすれば届く範囲内に宗教情報の溢れる状況を現出させているだろう。その結果、彼らが宗教を話題にする機会は増したかもしれない。そして何より無信仰者群に連なる大多数の人々も、親しき人の逝去に接してはその死後世界での安らかなることを祈るはずである。死して後の霊魂の存在を想定しているのであり、その霊が暮らす他界の存在を前提としているのである。宗教の教えの中核に据えられる神仏の名を唱えることがないとしても、霊魂や他界をイメージしている限り、無信仰者群とて宗教的である。彼らのなかには彼らなりの宗教がイメージされていると推測される。彼らは宗教など己が人生には不要であると断ずるやもしれないが、その不要な宗教とは何より、彼らを信者として掌握しようとする組織的な宗教なのであると思われる。

本書はここで、人口全体から確信的な信仰者をマイナスした大多数を、換言すればスピリチュアリティ探求者群と無信仰者群——両者の間に明瞭な境界を引くことはできない——とをプラスした人口全体の七から八割を、政治における無党派層に喩えて、宗教的無党派層と把握しよう。(8) 政治における無党派層が特定政党へのシンパシーを表明しないとはいえ政治の動向に——程度の差こそあれ——無関心ではいないように、宗教的無党派層も、公式宗教や非公式宗教に深く関与はしないものの——程度の差こそあれ——宗教的な意識を持ち宗教的な行動を実践している。最早敢えて持ち出すまでもなかろうが、死に接しての祈り、盆・彼岸の時期の墓参、元日の有名寺社への群参、宗教や神秘現象をテーマとする番組・書籍の視聴や購入、サイトの閲覧等が、その具体的表れである。

そして政治における無党派層の動き如何によっては中央の政治が動揺することがあるように、宗教的無党派層が一つの勢力となって中央の宗教、つまり制度的教団宗教や組織宗教、さらには新新宗教や民俗宗教にインパクトを与えることがありうる。一九七〇年代前後から盛んに行われるようになった水子供養などは、その典型的な実例である。

病気や家庭問題といった何らかの困難に直面した親(とくに女親)が、この世に生を受ける前に消えていった小さな生命の存在に苦悩の原因を見出し、その霊を供養することで苦難から救済されることを望むようになったのは、日本社会の物質的豊かさが公言され出した一九七〇年代以降のことであった[宮田 一九九三、八〇—八八頁]。そうした親たちの多くは、霊的観念に囚われることのなかった無党派的存在であっただろう。苦難からの解決を模索し続け、遂に宗教的な方途に頼るに至ったのが彼らである。そして彼らの宗教的ニーズに応え、多くの教団が——水子供養を正式に認めていない教団であっても、かなりの数の傘下寺院・教会が実際上——水子供養を行うようになり、霊能者もそのクライエントに対し供養の必要性を説くようになって、ブームと称せるほどに沸き立った状況を現出させたものである。これによって教団も霊能者も、己が教えを広め信者を獲得する機会を得たことであろう。彼らの集団・組織運営にあたっての財政面にもプラスになっていると想像できる。一方、供養を願う側に抱かれていたであろう不安も、ある程度は解消されているであろう。

四国遍路が近年にブームとなっていることはよく知られていよう。平安期の弘法大師空海ゆかりの聖蹟とされる霊場に旅立つ者が増えているのである。ただ「伝統的な『信心』を動機とした遍路が少なくなっていることは確かであろう。大きな団体が減少していることも指摘されている」[星野 二〇〇一、三七頁]。増加しているのは「精神修養」や「納経帳への集印」を目的とした自律的な遍路者である。また、「歩き遍路」の数も増加の一途であるらしい。歩き通す動機は、人生のリフレッシュやチャレンジ精神、自己鍛錬(自分探し)という表現に集約されるようである[星野 二〇〇一、三六四頁]。彼らは集団・組織に拠って四国の難路を行くのではない、無党派的な存在であると認識できる。そしてその量的増加は、彼らを受け入れる側による霊場の諸設備や遍路道の整備を促すことになっている。遍路がブームとなるなかで、多くの遍路者が訪れる霊場寺院は栄え、無党派的な遍路者はより良い環境を獲得したことになる。

前記の二つのブームだけでなく、宗教に大なり小なり関係する仏像やパワー・スポットをめぐるブームは宗教的無党派層を担い手としている。宗教的無党派層の意識と行動が宗教(その公式セクターと非公式セクター)に対抗的インパクトを及ぼし、宗教側は無党派層のニーズに対応するという分業関係を現出させていると、解釈することができるだろう。

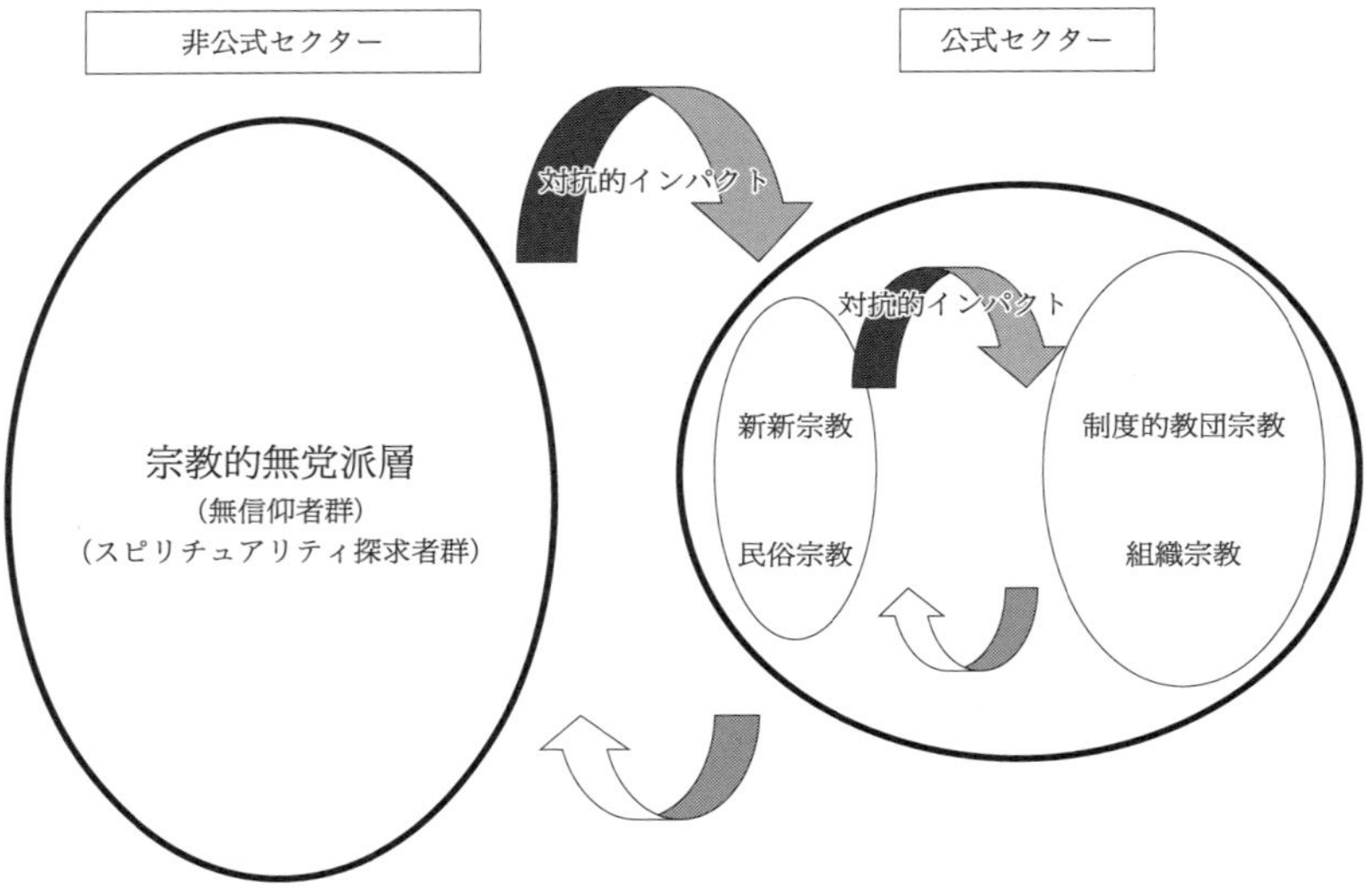

図 6-1．宗教における公式セクターと非公式セクターの対抗的分業

となれば、制度的教団宗教・組織宗教と新新宗教・民俗宗教という四つのカテゴリーだけを用いて現象を把握するという試みは、日本人の宗教全体を見渡すにあたり限られたものといわざるをえない。四つのカテゴリーに関与する人々は全体の二〜三割程度に過ぎないマイノリティであるし、残る七〜八割が決して非宗教的ではなく、むしろ二〜三割をリードすることもありうるマジョリティなのであれば、彼らも視野に入れるべきである。そこで、塩原の分析枠組みを改編し、その取り上げた四つの類型すべてを宗教における公式セクターとしてまとめ直し、宗教的無党派層を非公式セクターと読み替えるなら、日本宗教の全体像を把握するに正鵠を得ると思われる。そしてあらためて、ここで日本における宗教状況を次のようにまとめよう(図6-1)。

宗教の「玄人」が一方的に「素人」である民衆を主導する、という図式がかつては成立していただろう。ちょうど「偉い」政治家や医者に民衆がすべてを委ねていたように、そこには差別的分業関係が存在していた。いまやこの関係は変質し、威信の高い制度的教団宗教・組織宗教に対して洗練度の低い新新宗教・民俗宗教が対抗的インパクトを及ぼすほどに台頭し、同時に、いかにも「宗教」である先の四つのタイプの集団・組織からなるセクターと、宗教的無党派層を成分とするセクターとが対抗的・相補的に影響し合う、という二重の分業関係が現代日本には成立しているのである。

4　宗教的無党派層から現れる自律志向型ネットワーク

そしてこの対抗力を有する宗教的無党派層のなかから、自律志向型ネットワークは現れる。水子供養・四国遍路を含む宗教に関連するブームは、既存宗教集団・組織から自由であって、かつマス・メディアの発信する情報やウェブ上の情報に接して自律的な動きを見せた人々がつくり上げ支えているところが大であろう。宗教的無党派層は自律志向型ネットワークが発生してくる社会層と把握されるべきもので、ブームを実際に担うのは自律志向型ネットワークである。これはすなわち、自律志向型ネットワークが「宗教」に及ぼしうる潜在力を有するということであろう。そしてもちろん、スピリチュアリティ探求者群の一部であるスピリチュアル情報消費者群——もう一部はスピリチュアル・セミナーへの参加者たちである——が、この自律志向型ネットワークに対応する。

自律志向型ネットワークは非-、反-、脱-組織的である点において制度的教団宗教・組織宗教と異なり、新新宗教・民俗宗教と共通する。この特性が、自律志向型ネットワークに「教団嫌いの神秘好き」である現代人が多く連なる理由である。ただこのネットワークには、新新宗教・民俗宗教に具わりその魅力ともなっている第一次集団的性格は乏しい。「生活世界」からも離れたところに、自律志向型ネットワークは生成するのである。いかにも微弱なつながりながら、それだからこそ現代人の嗜好に適うということであろう。「自分と一次関係にない相手との間で濃密なコミュニケーションが行われるといった事態が増殖しつづけている」〔芳賀 二〇〇四、五四頁〕のである。いうまでもなくこのネットワークにおいて、効率性・合理性は追求されない。また自律志向型ネットワークには新新宗教・民俗宗教と同じく、非合理性・神秘性・感性重視を特徴とするものもあれば、制度的教団宗教・組織宗教と同様に合理性・理性を重んじるものもある。前者はたとえばオカルティックな話題をウェブ・サイト上で共有する見えない一群であり、後者については伝統仏教教団の教えに興味を抱いて関連書籍を購入する者たちの集まりがそれにあたる。いずれであれ、このネットワークにおいて、その成員は宗教的なものを情報として消費する。成員は、四類型の宗教集団・組織の信者とは異なり、会費・献金の納付や物理的空間に会する等の義務は課されず、その限りで自律志向型ネットワークに管理的要素はないに等しい。成員のつながりはただ、宗教的な情報の共有が保証する。こう認識する限り、自律志向型ネットワークはいかにも「軽い」。であるのにそれが潜在力を有していると、本章は述べる。

このネットワークの背景である宗教的無党派層が全人口中のマジョリティである、ということは大きい。数においてはるかに勝る非公式セクター（宗教的無党派層）を、宗教における公式セクター（制度的教団宗教・組織宗教・新新宗教・民俗宗教）が脅威に感じ、その意を受け入れるということはあるだろう。「世論」を無視することができない、ということである。すなわちマジョリティに共有され、自律志向型ネットワークにおいてより鮮鋭に抱かれている信念・価値を公式セクターが無視しえなくなり、それに影響されざるをえなくなったと考えるなら、両セクター間の分業関係の変質を説明するに適合的である。その信念が強い説得力を発揮して多くの現代人を首肯させるのみならず、宗教における公式セクターもまたその説得力に屈していると見るのである。では、その信念・価値とは何なのか。

第三節　人間至上の信仰

1　デュルケムの「未来の宗教」

「宗教とは、神聖すなわち分離され禁止された事物と関連する信念と行事との連帯的な体系、教会と呼ばれる同じ道徳的共同社会に、これに帰依するすべての者を結合させる信念と行事である」[Durkheim 1912=1975, 上巻八六–八七頁]。あらためて引用したエミール・デュルケムによる宗教の定義をいい換えるなら、宗教とは「聖なるもの」に対する信念、そしてその信念を行動でもって表現した行事、そして「聖なるもの」に捧げられた信念と行事とを共有する人々の道徳的共同社会たる教会を、その構成要素とするものである。さらにいえば、その中心に「聖なるもの」がないならば、宗教は成立しえない。そして聖なるものが「分離され禁止され」るとは、それがタブーを設けてでも守られるほどに不可侵であり、否定することはもちろん疑念を抱くことすら許されない、という意味と考えてよい。

あらためてデュルケムに依拠し、宗教とは何かを確認した上で、さらに彼の議論(9)を援用する。デュルケムの生涯(一八五八〜一九一七)は社会の急激な産業化の時代と重なるが、彼はその産業化を手放しで称賛するのではなく、冷徹な目で見据えようとした人物であった。彼によれば、産業化以前の人間は機械的に連帯しており、それによって社会の秩序は可能となっていた。ここでいう機械的連帯とは、すべての個人的意識が集合意識と重なり合い、成員相互が類似することで生じる融合のことである。成員すべてが同質ということになれば、社会を構成する部品としての人間の取り換えに支障はなく、社会は円滑に運営されよう。それゆえこの段階において個性の重視を主張することは社会の秩序を脅かすことになる。我々が個性的たるべしと社会的に強制されるようになるのは、この機械的連帯が崩れたからにほかならない。そしてそれは産業化に伴う分業の進展によって促されることになる。職業上の分業が進展する、つまり社会成員がそれぞれに異なる職業に就くようになるということは、彼らが全体社会に不可欠な機能を分担する「かけがえのない」存在になることを意味する。デュルケムは、相互に異質になり個性的になったがゆえに他者とは代替不可能な、そしてそれゆえに全体への発言力を強めた個人が互いを尊重してつながり合う連帯の型を、有機的連帯と呼ぶのである。[10]

もっともデュルケムは、産業化に伴い人間の連帯の型が機械的から有機的へと変化していったという単純な進化図式を提示しようとしたのではない。産業化の時代に有機的連帯は成立しておらず、現実社会はアノミー的であって、その状況はデュルケムが深く憂慮したところであった。相互に異質になった人々が、己が利害関心を優先させた結果として現出した無秩序すなわちアノミーに対し、いかに対処すればよいのか、社会の秩序はどのようにすれば可能となるのか、デュルケムはこのアポリアを考え続けたのである。そして彼によって導き出された解答は、こうである。社会の成員ことごとくが一つの価値を奉じるならば、換言すれば(希薄化してしまったとはいえ)集合意識につながることで有機的連帯は成立するはずである、と。

機械的連帯が支配的であった社会において、その時点では健在であった伝統的な宗教のもと、人々は共通の信念を持ち共通の行事に与る(ことを強制される)ことによって相互に同質な存在になり、社会の秩序をつくり上げていた。しかし分業の進展とともに人々は異質な存在へとならざるをえず、かけがえのない個性の持ち主へとなりゆくことを奨励される限り、人々を同質な型に鋳造していた伝統的な宗教の影響力は低下せざるをえない。それゆえ産業社会にあっては、既存の宗教の力によって秩序を維持し有機的連帯を現実のものとすることなど、到底不可能なことである。「現在の巨大な社会が立ち直ることのできないほど解体にひんし、そのために人が昔のような小さな社会集団に立ちかえるということでもないかぎり、すなわち、人類がその出発点に逆もどりでもしないかぎり、宗教はもはや人々の意識の上にとくに広く深い影響を及ぼすことはできないであろう」[Durkheim 1897＝1985, 四八〇頁]。

ここでデュルケムは、前近代の信念体系つまり伝統的な宗教に代る新しい信念体系、すなわち未来の宗教へと考察をめぐらせる。「人間崇拝[11] culte de l'individu」がそれである。人間の生命、人間の尊厳、人間の自由を傷つけ脅かすものは何であれ、人々に激しい恐怖感や嫌悪感を引き起こすであろう。この感情は「聖なるもの」が傷つけられ脅かされるときに人々に抱かれる感情と同じである。要は、人間の生命や尊厳が「分離され禁止され」るべき不可侵なものとして認識されているのである。そしてこの認識はほとんどすべての人間によって共有されていよう。つまり集合意識に根差すのであり、その限りで個人を超えるものであって、それゆえに超越的で神聖視される。「何がしかの強い確信が一個の人間共同体によってわかちもたれているばあい、この確信が不可避的に宗教的特質を帯びる」[Durkheim 1893＝1971, 一六四頁]というわけである。分業化の流れのなかで個性的たることを欲し、またいまとなっては個性的たらざるをえない人々による有機的連帯が可能となるためには、彼らをつなぐ共通の信念がなくてはならない。そしてそれができる共通の価値は唯一つだけではないか、とデュルケムはいう。それが「人間を信徒とし、同時に神ともする宗教」[Durkheim 1898＝1983, 三九頁]なのである。

2　人間崇拝と宗教的無党派層

この人間崇拝が、宗教における非公式セクターすなわち宗教的無党派層の宗教ではないか。無党派層中の無信仰者群に属す人々とて、身近な人間の死に接しては、その魂の死後世界での安らかなることを祈り、他界に移った魂に対して俗世に残る者たちを見守ってくれるよう祈りを捧げるだろう。そこには人間を神仏と同じ位置に見ているかのような意識がうかがわれる。地震をはじめとする天災によって多くの人命が失われたとき、「神も仏もないものか」と呟く無信仰者群に属する被災者には、本来何によってであれ侵されるべきではなかった(と彼らに考えられている)人間の生命が「理不尽にも」踏みにじられたことへの憤りが読み取れる[三木 二〇〇〇]。またオウム真理教事件をはじめ、種々の宗教絡みの事件が社会問題となったとき、それを報ずるメディアに接した無信仰者群の人々の多くは異口同音に「あんなものは本当の宗教ではない」と叫んだであろう。人々の胸中に——彼らが信仰者でないにもかかわらず——「本当の」宗教がイメージされているからこその声であろう。そして事件の当事者である宗教が「本当の」ものでないのは、それらが人間の生命を弄び、人間の自由・尊厳を粗略に扱っていると判断されたからではないか。「本当の」宗教ならば、人間を軽んずるはずがない。

スピリチュアリティ探求者群の意識と行動のなかにも、人間崇拝の要素が見出せる。スピリチュアリティ探求者は何よりも体験を重視するものであり、その体験のなかで不可知・不可視の存在とつながり、そしてそのつながりを通じて自己が高められるという感覚を得んとするものである[伊藤 二〇〇三、ii頁]。体験は自らが進んで行うものであって、不可知・不可視の存在がさせてくれるものではない。またその存在が探求者の意思とは無関係に現前してつながりをもたらし、彼(彼女)を高めてくれるものでもない。当事者が個人的に努力・体験してこそスピリチュアルな感覚を獲得することは可能となる。そこには人間の努力する能力、自省する能力、自身を「本当の自分」へと高めうる能力への信頼があるだろう。神仏の絶大な力への信頼が信仰者にとって揺るぎないものであるように、宗教的無党派層においても、至上の存在である人間が本来持つ(と考えられている)能力への信頼は揺るぎない。そしてこの能力が限られた人間だけに与えられたものであるとは、探求者たちは考えていないはずである。

デュルケムの生きた時代のヨーロッパと日本とでは、文化の質も歴史の展開も異なる。ゆえに、その学説の安直な適用は慎まれるべきかもしれない。確かにデュルケムが死して後の人間までも崇拝対象とする宗教を想定していたかどうか、人間の能力の無限であることを念頭に議論していたかどうか、これは疑問である。デュルケム説にいう人間崇拝とは本来、近代ヨーロッパの人権思想と密接にかかわるものだからである。しかし諸社会はそれぞれに異なる歴史伝統の上に形成されており、そのゆえに人間崇拝にも「歴史的事情による特殊性があるのであって、基本は似通っていても具体的細部はさまざまである。人類教にも宗派があるのだと言えよう」[宇都宮二〇〇一、九三頁]とする宇都宮輝夫の言に従い、本章はデュルケムの議論を基として、(少なくとも)この日本では人類教の一宗派が、習俗的な人間理解をその根底に据え、人間の力への無制限の信頼の上に成立していると推測するものである。消え去る人間の生命を前にして「神も仏もないものか」と嘆くことを許す宗教であり、その暮らす場が彼岸と此岸に分かれたとはいえ、生者と死者とが相互に交流し合う共同体を形成する宗教であって、超越的存在とも融合しうる人間の能力を信じる宗教がそれである。そしてここに近代ヨーロッパに発する人権思想が加味されている、と見るのである。

天災に見舞われた被災地では、人間という聖なる存在への信念で結ばれた一つの(死者をも組み込んだ)道徳的共同社会が成立しているだろう。宗教絡みの事件に接した人々の間にも、人間を蔑ろにする宗教への嫌悪を共有する、目に見えない共同社会が存在するはずである。いま、人間こそが何より尊いとする価値観に異を唱えることは難しいと思われるが、それだけこの価値観が浸透しているということである。ここから、宗教的無党派層の宗教を人間崇拝と把握して誤りではないように思われるのである。そしてこの人間の尊さ、自由の素晴らしさ、人間能力の無限の可能性を確認する行事は折に触れて家庭や教室等の教育の場で行われ、あるいは人間賛歌をメイン・テーマとするオリンピックやワールド・カップのようなスポーツの定期的な催しとして、また種々のメディア・イベントとしても執り行われているだろう。宗教を構成する要素は不足なく揃っている。デュルケムの洞察した未来の宗教を彷彿とさせるものが、現実のものとなっているのである。

いうまでもなく、宗教における公式セクター（制度的教団宗教・組織宗教・新新宗教・民俗宗教）にあっても人間が疎かに扱われようはずはない。その限りで、人間を至上とする価値観はあらゆる人間のなかに根を下ろしているということから、これを遍在宗教と呼ぶこともできるだろう[12]。しかし同時に、公式セクターは神仏を人間の上位に置いているはずである。非公式セクター（宗教的無党派層）においては、神仏の影はきわめて薄いか影すらもなく、人間の自由・生命・尊厳・能力の崇拝に特化しているのである。

大村英昭は「『遍在宗教』によく馴染んでいれば、そのことが宗教的免疫性を高め、この種の『特定（＝教団）宗教』への抵抗力を、むしろ強めるだろう」［大村 一九九六、一八四頁］と述べている。宗教的無党派層は大村のいう特定（＝教団）宗教に不審を感じ、それへの参加を躊躇する、と読むことができる。それはおそらく、宗教における公式セクターが「非宗教的な、つまりは政治的な、あるいは経済的な夾雑物によって多く汚されている」［大村 一九九六、一八二頁］と、無党派層が見るからであろう。そしてその夾雑物が人間軽視をもたらす主因であることを、人間崇拝の徒である彼らが知っているからだと思われる。

制度的教団宗教ほかの公式セクターの四類型が非公式セクターである宗教的無党派層からの対抗的インパクトを受けるのは、両セクターが人間を至上とする共通の価値を奉じていることが前提となる。それにもかかわらず集団運営のためには、前者は非宗教的な夾雑物を取り込まざるをえず、それが信仰者の――積極的あるいは消極的な――離反を招き、宗教的無党派層をして宗教集団・組織への関与を逡巡させることになる。そして近年、人間至上の価値観が両者において強く支持されるほどに高まり、制度的教団宗教を含む四類型にあっても、いま尊ばれるべきは人間であるという信念が以前にも増して強力になってきたと解すべきである。だからこそそれらは危機感を持ち、ピュアな人間崇拝を保存する宗教的無党派層(世論)を無視することができず、そこからの対抗的インパクトに晒されるのである。

人間至上の価値観の高揚は、(暴走した)近代化がもたらしたものに相違ない。社会の近代化は人間を軽視して進展してきたのである。いま近代化の負の遺産に気づいた現代人は、近代化のなかで等閑視されてきた人間を再び見つめ直そうという機運にあろう。公式・非公式の両セクターにおいて人間崇拝への支持が伸張するようになったのは、現代人のアンティ近代化の現れなのである。

この現代人のアンティ近代化の動向に加え、天災のもたらす社会的危機を契機として、そして宗教絡みの事件の多発に伴う宗教をネガティブ視する傾向の昂進が拍車をかけて、人間至上の信念は浮上を促されるのである。

第四節　自律志向型ネットワークの変動

現代における自律志向型ネットワークは、サイレント・マジョリティである宗教的無党派層のなかにあって人間至上の信仰への関心をポジティブに表明する人々が形成するゆるやかな集団である。そのゆるやかさゆえにネットワークが長く存続しえず、いつの間にか消散していると想像することは容易である。しかし消え失せず、他タイプの宗教集団へと変動してゆくことがありうる。その場合、ネットワークが一塊となって輪郭を保ったまま他タイプへと移行するというのではない。そもそも明瞭な輪郭を持たないのが、このネットワークなのであるから。そうではなく、個々にネットワークを離れた成員が同一方向に向かい、結果的に邂逅して他タイプの集団・組織を形成する、と見ることが適切である。ネットワークを離れた個々が、活動中である他タイプの集団に

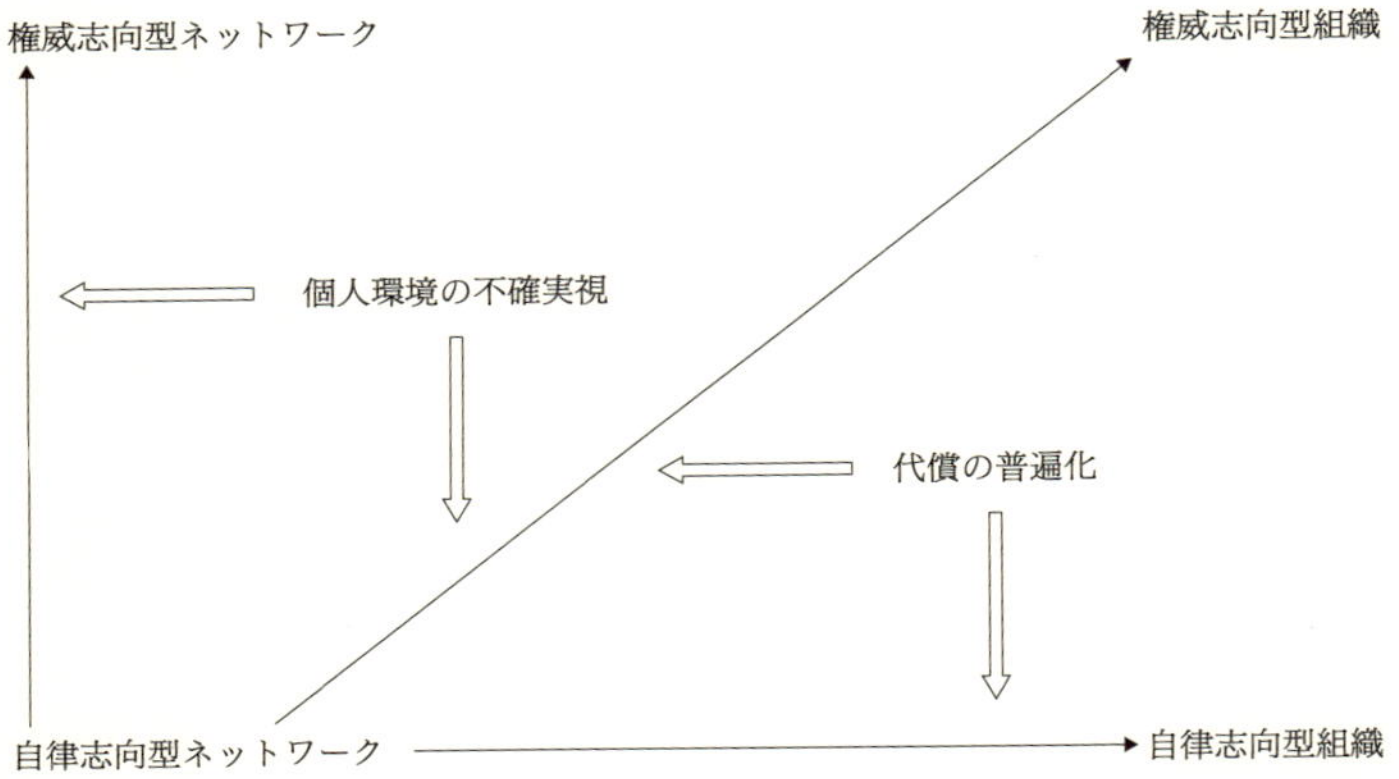

図6-2．自律志向型ネットワークの変動

合流してゆくということも考えられるが、これは移行先の集団・組織が既に存在しているというケースであるため、それをここでは直接には論じない。

第三章に則って、自律志向型ネットワークを去った個々人の向かう先が自律志向型組織・権威志向型ネットワーク・権威志向型組織であることを確認しておこう。そして第三章に示した通り、自律志向型組織への移行にあたっては代償の特定的から普遍的への転換がそれを促し、成員によるその個人環境の確実視から不確実視への転換が権威志向型ネットワークへの移行を促す。権威志向型組織への移行は代償の特定的から普遍的への転換、個人環境確実視から不確実視への転換とが相俟って進行してゆく(図6-2)。

1　自律志向型組織へ――人間賛美にかかわる普遍的代償

現代における自律志向型ネットワークにおいて、その成員である宗教(スピリチュアル)情報消費者が求めているのは、スリル・エンターテインメント・好奇心充足という一時的で各自に特定的な代償である。しかし、それを追求する消費者が情報を単純に楽しむことだけでは満足できなくなることがあるだろう。情報に触発されて自分とは何か、人間・社会・世界とは何か、それらがどうあるべきか等を考えるようになり、さらには超越的存在に思いを致すようになることもあるはずである。とはいえ彼らの念頭に浮かんだ問いは、すぐに答えが出るようなものではない。それゆえ彼らは思惟を繰り返して解答へと至る道を探し求めようとする。その解答はすべての人間にかかわるものであり、かつ容易にその正誤が判明しないものであるために常に念頭に置き続けねばならないもの、すなわち普遍的代償である。そして普遍的代償が彼らのなかから創出されるのであれ、彼らの眼前に提示されるのであれ、それを受容する側は供給する側(指導層)と持続的関係を結ぶことになり、そこに組織が形成される。

では、彼らが見つけ出す(あるいはつくり出す)であろう普遍的代償とはどういうものであるか。彼らは宗教的無党派層に属するものであり、その信念は人間崇拝に基づいているのであるから、普遍的代償は人間の生命・尊厳・自由・能力の賛美にかかわるものであると考えられる。おそらくは彼ら個々の能力を(果てしなく)開発させるもの、彼ら自身の尊さを(不断に)確認させるもの、何ものにも囚われることなく自由に生きることの素晴らしさを(終わりなく)実感させてくれるものであろう。

自律志向型ネットワークの成員がこの普遍的代償を受容するとき、成員が(指導層もまた)その自律性を重んじる限りにおいて、自律志向型ネットワークは自律志向型組織へと移行する。本書第二章にいうスピリチュアル・セミナーが、現実世界でのその移行後の姿である。それらが掲げる「気づき」「本当の自分」「癒し」といったキイ・ワードは、確かに人間至上の信仰に結びつくものであろう。スピリチュアル・セミナーは、人々が自由で尊厳に満ちた「本当の自分」を生きていないと主張し、尊厳を実現するための能力が開発されないままであることへの「気づき」の必要性を説き、厳しい現状を生きざるをえないことから生じる――「癒し」に値する――苦しみ・痛みを現代人が抱えていることを指摘し、それを克服して生命力を高める方途を指し示す。そしてこれらキイ・ワードに魅力を感じた人々は、生命を輝かせ続け、自己の尊さを忘れることのないよう、自由を手放すことなく本来的な能力を発揮し続けるため、代償提供者と不断にかかわるべく組織の一員となって、自分という人間を一層高めるため自律的に精励する。

2　権威志向型ネットワークへ――「聖なる人間」の危機

次に、自律志向型ネットワークが権威志向型ネットワークに移行する契機に目を転じよう。それは、アイデンティティにかかわる内部環境、人間・社会関係にかかわる特定環境、そして全体社会のなかでの個人の位置にかかわる全般環境についての確実性認知から不確実性認知への転換である。自律志向型ネットワーク内の情報消費者は自分という存在に疑念を抱かず(内部環境)、人間関係や既存組織との関係に不満を持たず(特定環境)、全体社会に確たる地歩を占めていると自己認識して(全般環境)、安定的生活を営みえているからこそ、スリルやエンターテインメントを享受する余裕を持ちうるのであり、知的好奇心の充足への一時的没頭を繰り返すことができる。特定的代償はいわば彼らの生活上の「潤い」というべきものである。しかし、その個人環境の認識の揺らぎを人生において感じることは、人間であればままあることである。確実視できない個人環境に生きることは苦しい。その苦境から脱するため人は自助努力するが、努力の限界を感じ取ったとき、人は他者を頼る。そして、その他者を全面的に信頼して自らによる判断を停止し、その指導に服すばかりになるなら、他者は権威的存在となる。

自律志向型ネットワークの成員が人間至上の信仰を――同じ宗教的無党派層の部分である無信仰者群よりも――ポジティブに意識する人々であることを考えれば、それぞれのレベルの個人環境認知が確実から不確実へと転ずることは、人間の生命・尊厳・自由・能力への信念・信頼の動揺に結びついているであろうことが想像できる。内部環境レベルでは病苦を第一とする生命の危機を自覚するときであり、自己の能力への疑念が浮かび上がってきたときであろうか。特定環境では、人間関係に生きるなかでの自由の縮減、尊厳の被侵害、気力の低減といったところである。そして全般環境については、社会全体のなかにある自身の現状への懐疑が生まれたときであって、そうなれば個人環境は不確実であると認知されざるをえなくなる。

個人環境を不確実視していた人々が権威的存在に全面的に服するようになるのは、その存在が「奇跡」をもたらしてくれたからにほかならない。しかし、自律志向型ネットワーク成員は健康・自由・尊厳・自信の回復が果たされたという事実だけで満足することはないだろう。彼らは宗教的(スピリチュアル)なものに対してポジティブであるがゆえに、「奇跡」を現実化させたそのメカニズムにも関心を寄せる者たちである。そしてそのメカニズムと同義といえる(知られざる)「真理」を知り奇跡をもたらしてくれた存在は、彼らにとって高く評価するに値するだろう。その人物が真理を語らない(語れない)のなら、彼らは彼(彼女)を単なる術者として利用するだけであるが、開陳される言説に彼らが納得するならば、彼らが当該人物を権威的存在として仰ぎ、その指導に服そうとすることは自然である。そして、その人物が自身のもとに集まる人々の組織化を意図せず、彼らによるネットワークが形成されているだけで自足するなら、この時点において自律志向型ネットワークは権威志向型ネットワークへと移行している。

3　権威志向型組織へ

この権威志向型ネットワークの成員は、権威的存在との濃密な関係を形成することを望みがちである。おそらくはシャーマン的人物を訪れるクライエント以上に、その傾向は強い。成員はもともと普遍的代償にかかわる

「真理」に興味を抱く者たちであり、それを究めていると見られ、しかも現実的な「力」をも有していると見られる権威的存在は彼らにとっての理想的な人間であって、目標とすべき憧憬の対象だからである。その熱い視線に応えて権威的存在が自らの知りえた「真理」に基づく普遍的代償を提示し、それを受容する支持者が次々に現れてくるなら、権威志向型ネットワークは権威志向型組織へと変動することになる。権威志向型ネットワークは本来的に、指導層のネットワーク形成への志向と成員の権威志向との不調和によって不安定なものである。よって早晩の再変動が予想されるところであるが、自律志向型ネットワークが変動して成立した権威志向型ネットワークは——シャーマンとクライエントによる権威志向型ネットワークよりも——次なる段階として権威志向型の組織に移行しがちであると推測される。このネットワーク成員は単なるクライエントではなく帰依者というべき人々であり、その彼らが指導者の背中を押し、集団タイプの移行を促す。

自律志向型ネットワークの変動後の姿である自律志向型組織も、権威志向型組織への次なる変動の蓋然性が高い。組織運営への指導層の志向と成員の自律性への志向の不調和が、この組織を不安定ならしめるからであるが、何より、スピリチュアル・セミナーの成員が魅力を感じる普遍的代償の提示者である組織指導者に彼らが魅かれ全面的に信頼するようになるのは——彼らの宗教的なものへの関心の高さを考えれば——至極当然のことだからである。宗教組織における自律志向から権威志向への転換を促すものは組織環境の不確実視から確実視への変化であるが、スピリチュアル・セミナー成員が彼らにとって魅力的な普遍的代償の供給者を一様に仰ぐようになれば、指導者による組織成員の掌握レベルは高まり、組織の内部環境は安定する(環境確実視)。他組織との関係をいう特定環境、そして当該社会の文化や制度とのかかわりである全般環境についても、セミナーが——明白に宗教(制度的教団宗教・組織宗教・新新宗教・民俗宗教)的なニュアンスを表出せず——人間至上の信仰を説き実践しようとする限り、他組織はそれを不審視し難く、また既存文化や制度との間に軋轢が生じることはなく、したがってこの組織は安定した活動を営めるであろう。かくして三つのレベルの組織環境が確実視されるなら、自律志向型組織の権威志向型組織への移行は実現されやすい。抵抗を喚起しがちな「宗教」色濃厚な自律志向型組織より、移行は円滑に遂げられるであろう。

自律志向型ネットワークが直接に――権威志向型ネットワークや自律志向型組織を経由せずに――権威志向型組織へと移行することもあるだろう。このケースでは、自律志向型ネットワークの(一部の)成員間に指導者を核とした一体感が醸成されていること、あるいは指導者が(一部の)成員から全面的信頼を得ていることなど、換言するなら、成立するであろう組織の内部環境が確実視されていることが必須である。同時に、指導者の提示する普遍的代償を成員(の一部)が受容する方向に動いていることも条件となるだろう。このケースで指導者として最も適格な人物とは、宗教(スピリチュアル)情報の発信者に相違ない。そして上記の二つの要件は、情報発信者が組織運営への意欲を示すことによってクリアされうる。ここにいう移行パターンを現実に生起させた実例として、新新宗教にカテゴライズされる幸福の科学を挙げておこう。多くの書籍を刊行した著者が読者を糾合し成立させた組織が、これである。(13)

4　理想的な人間への憧憬

現代における自律志向型ネットワークの変動パターンは、これまで考察してきたところであるが、その変動の現実を数値によって明示することはできない。ただ、推し量れるのは、権威志向型組織への(最終的な)移行が相対的に円滑に遂げられるであろうことである。加えて、変動した後の姿である宗教ネットワーク・宗教組織が神仏を中心に据えるような、明瞭に「宗教」的なネットワーク・組織にはならない可能性が小さくないことである。

それらは神仏の賛美でなく、人間の賛美をこそ主要テーマとすると考えられるからである。となれば、そのネットワーク・組織は人間を(限りなく)豊かにし高めることを目的とする修養団体・教育団体的な様相を呈すようになるだろう。人間崇拝が現代社会における遍在宗教である限り、世論の大部分を担う宗教的無党派層がそれらを警戒対象と見る可能性は低い。いわゆる宗教側も、それらへの警戒を公然と唱えることはできない。

現代社会に現れた宗教ネットワーク・宗教組織のなかには、世俗的な修養・教育団体との識別の容易でないものが含まれるであろうと予想できる。そして宗教社会学は、それらを研究対象とすることを怠ってはならない。それらは指導者の考え如何によっては、社会に影響力を発揮しうる勢力となりうる。

自律志向型ネットワークが変動した後に成立する自律志向型組織・権威志向型ネットワーク・権威志向型組織それぞれにおいて、指導者の卓越が看取されるはずだからである。とりわけ権威志向型組織において、その傾向は顕著であるはずである。指導者は普遍的代償をつくり出した(あるいは見つけ出した)存在ゆえに、また人々を苦境から救い出してくれた存在であるがゆえに、成員はその人物に傾倒する。それだけでなく、指導者は支持者と同じ「人間」なのである。崇拝されるべき人間存在のなかで、最も崇拝されるべき人間と評価されることになる指導者は、絶大な存在となる。また指導者は神仏のような遠い存在でなく、彼(彼女)を支持する者たちと同じ人間ゆえに、模範となすに相応しい存在となりうる。そしてそれだけ、その人物に傾倒することへの躊躇は少ない。強烈な「指導者(という人間への)崇拝」が、ここにおいて成立しうるのである。そして指導者の考え次第では、その率いる権威志向型組織は「カルト」化することもありえよう。日本社会を震撼させたオウム真理教は、この実例だったのではないか。

最後に、伝統教団に内棲する自律志向型ネットワークの変動に言及して、本章を終えることにしよう。その成員各自がネットワークを離れて同一方向に向かい、結果的に邂逅して独自の宗教集団を形成するとは考え難い。

伝統教団に属する末端信者が彼らだけの集団(ネットワーク・組織)を形成するというイメージであるが、彼らが——程度の差こそあれ——当該教団信者であるという意識を共有する限り、教団を飛び出して一丸になって独自の宗教活動を展開すると予想することは現実的とは思えない。それよりも、内棲する自律志向型ネットワークを離れた個々が既存の宗教集団に合流してゆくという場合が現実的なものとして考えられる。その合流先には種々の——伝統的なもの、新たに勃興したものを問わず——集団が考えられるところであるが、彼らにとって最も身近な宗教組織、すなわち彼らの現に属している伝統教団もまた、一つのオプションである。伝統教団も末端信者の「再生」には意欲を示すはずである。そしてその場合では、当該伝統教団の中枢は合流してくる彼らからの対抗的インパクトを受け、その結果、人間至上の信仰を意識した信者指導に勤しむことになるのではないか。そうなれば伝統教団もまた、修養・教育団体の側面を鮮明化してゆくことになるだろう。そしてそれは、現代社会における伝統教団(また世代交代を経て既成化しつつある、創立以来の歴史の新しい諸教団)が社会に適応してゆくことでもあるのである。

［註］

（1）以下に展開される塩原による議論は、［塩原　一九九四］の第一章「社会変動をどうとらえるか——二元構造モデルと対抗的相補性」に拠った。

（2）「生と生活に関連した、活き活きとした政治」の意である。

（3）ワーカーズ・コレクティブとは、そこに参与する者一人ひとりが出資者となり、経営する「労働者たちの協同組合」というべきものである。そこでは営利が第一目的ではなく、労働する者の生き甲斐(働き甲斐)を重視し、人々の暮らしやすい街を創出することが目指される。

（4）宗教の非公式セクター化は、「世俗化」という概念のもと、一九六〇年代後半から八〇年代前半にかけて盛んに論じられている。[Luckmann 1967＝1976][Berger 1969＝1979][Wilson 1976＝1979]等を参照のこと。

(5)　ユルゲン・ハーバマスは社会を、道具的行為からなり脱言語化されたメディアによって統御された見通し難い機能連関から成り立つ「システム」と、コミュニケーション行為を行う主体が言語を媒体としつつ討議によって了解を形成してゆく生活領域である「生活世界」とに二分している。そしてその上で、「生活世界」が「システム」によって「植民地化」されてゆく状況を懸念するのである[Habermas 1981＝1987]。

(6)　たとえば一九九五年に発生した阪神淡路大震災の被災地では、各地で犠牲者を追悼する震災モニュメントが建立され、それらモニュメントを経巡る「震災モニュメント交流ウォーク」という催しが多くの参加者を得て行われるようになった。主催者、参加者とも、自身の考えや行動を宗教的なものであるとは認識していない。しかしその催しは、客観的に見れば、宗教儀礼としての巡礼にほかならない。詳細は[三木 二〇〇〇]を参照のこと。

(7)　本書第二章第一節に提示した図「現代日本人と宗教(集団類型)」を参照のこと。

(8)　本書の提示するこの宗教的無党派層という概念に似るものとして、グレース・デイヴィーによる「教団非所属型信仰者 believing non-belongers」があるが[Davie 1994]、前者は勢力を有する集合体のニュアンスを持つという点で、後者と異なる。なおデイヴィーは現代のイギリスや西ヨーロッパの多くの人々が教団非所属型信仰者となっていることを論じており、その状況は日本における宗教状況を彷彿させる。

(9)　以下のデュルケムの議論は[Durkheim 1893＝1971]に拠った。

(10)　ここにいう分業は、本書においてこれまで用いられてきたものと同じでなく、「職業上の」分業という限定的な意味で用いられる。

(11)　デュルケムの人間崇拝について、より詳細な解説は[宮島 一九八七、一四九―一八〇頁][宇都宮 二〇〇一、七五―九八頁][望月 二〇〇九、四四―七三頁]を参照のこと。またデュルケムが人間崇拝のアイディアへと至るまでの思索の変遷については、[Marske 1987]がよくフォローしている。なお、culte de l'individu は「個人崇拝」と訳すべきかもしれないが、その「個人」とは産業社会において相互に異質となった(ならざるをえない)すべての社会成員、すなわち人間をいうものであり、かつ特定個人の神格化の意と捉えられることを怖れ、ここでは「人間崇拝」とするものである。

(12)　ここにいう遍在宗教はロベルト・チプリアーニのいう拡散宗教 diffused religion の概念に近いものである[Cipriani 1984, pp. 29-51/2006, pp. 123-142]。彼のいう拡散宗教とは、教会宗教 church religion の枠を越えて人口のほとんどを包み込むものであり、強力な宗教制度の長期にわたる影響力のもとでの人々の社会化の歴史的・文化的帰結として浸透したものと捉えられている。なお拡散でなく遍在という言葉を用いたのは、もともと（どこにでも）存在している宗教、という静的なイメージを伝えたいためである。「拡散」という言葉はやや動的ニュアンスを含むがゆえに、本書の意図とは異なると思われる。

（13）　幸福の科学の原点は、後に教祖（教団では総裁と呼ばれる）となる人物が二四歳の時に霊界からのメッセージを受け取った、という経験である。それ以降、彼は多くの霊的存在と対話したとされ、その内容の記録は一九八五年（教祖二九歳のとき）より書籍として逐次刊行されて、そのいずれもがかなりの売り上げを記録したという。そして八六年には早くも、現行名称の集団が結成されるに至ったものである。なお宗教法人となったのは九一年であり、この頃から信者数の急増していることをアピールするようになっている。

結語　宗教社会学を、前へ

本書は宗教社会学の発展に寄与することを目指し、執筆されたものである。こう意図したのは、近年の日本の社会学による宗教研究が低調であると認識するからにほかならない。また、宗教社会学研究が今後停滞することを予想し、それを憂うからであり、加えて、いまがこの学問が進化するための時機であるとも考えるからである。

現在、日本の社会学会が主催する学術大会のプログラムに載る、宗教にかかわる報告は多いとはいえない。以前に比較すれば、むしろ減少気味であろう。社会学雑誌に掲載される宗教社会学の論文は、さらに少ないようである。とはいえ、宗教社会学的な研究は数多く実施されている。学術大会での報告本数、また発表される論文・書籍の数において、それが減少気味であるとはいえない。むしろ増えているといってよいだろう。この一見の矛盾は、日本の社会学において宗教が周辺的なテーマとなっている一方で、主に宗教学者による社会学的アプローチが盛況である[1]という事情によって説明されるだろう。自らの拠って立つディシプリンのみを尊しとするほど偏狭ではないので、日本における宗教研究の現状は喜ばしいことであると思う。とはいえ、本家というべき社会学による宗教研究の不振は懸念されるところである。

宗教社会学は社会学の下位分野であり、その研究は社会学の理論・方法に則って遂行される。近年その方法は種々模索され、とりわけ量的調査研究におけるそれは発展目覚ましく、宗教研究の分野にも適用されている。社会学雑誌に掲載される宗教を対象とした研究の――さほど多くはない――成果には、調査研究のそれが顕著であろう。日本にあって宗教学者による社会学的研究の旺盛であることは先に述べたところであるが、彼らは社会学からその理論と方法を学び、その営為を活性化してきたといえる。とりわけ一九七〇年代以降はフィールドに出ての研究が盛んとなり、それにあたって社会学的方法つまり調査技法が取り入れられた(2)。いま宗教学者の産出する社会学的業績には、調査研究の成果が多くを占める。それらは質問紙調査によって量的データを蒐集し分析を施した研究であり、質的調査研究もそれに並ぶ。ディシプリンの境界に囚われず総じていうならば、日本における宗教社会学は盛況であると見ることができるが、それは活発な調査研究の賜物である。しかしこの学問の内実に目を転じ、理論面の充実の度合いを検討するならば、それは芳しからぬ状態であるといえるのではないか。宗教学者による宗教社会学理論の研究も、管見によれば、乏しい。

一九七〇年代後半以降に日本におけるこの分野を主導した――社会学者・宗教学者らの結成した――宗教社会学研究会(3)は実証的研究を重んじ、「既存の宗教理論の妥当性と限界性を検証」［山中・林 一九九五、三〇五頁］しようとしたもので、妥当性に疑義を唱え限界性を指摘することに成果を収めてきたことは確かであろう。では、その次段階として取り組まれるべき理論面での充実も達成したかといえば、疑問符が付く。「生命主義的救済観(4)」［対馬・西山・島薗・白水 一九七九、九二―一一五頁］という新しい概念が提唱されたことは、この間の宗教社会学研究会の主なる成果として評価することができようが、この概念は日本における新宗教に通底すると見られるところが抽出されたものであり、それが用いられる研究のフィールドは、あくまでも日本である。普遍的であるべき理論にかかわる仕事としては――本書で日本産の宗教集団類型論を批判したとの同じ根拠で――もの足りなさを覚えざるをえない。また実証的研究の進められた結果――先行研究の少ない新宗教研究が主要課題であったために分析概念が不足していたという事情があるものの――「必要以上に新しい概念が噴出し、混乱を呈している研究状況」〔山中・林　一九九五、三〇三頁〕が現出しているとの声も聞かれる。こうした状況下、概念の研究者間での共有化がなされないまま、研究者個々が己が新概念を奉じて他研究者と交わらないままの研究活動の並立を現出させるようならば、「研究の秘教化という不健全な事態をまねく危険性をはらんでいる」〔山中・林　一九九五、三〇三頁〕とも、危惧されている。そうであればなおさら理論面での整備が求められるところながら、この課題は残されたままである。

理論と方法(調査)は相携えて進んでゆくことで、豊かな研究成果の生み出されることが期待されるはずである。しかるに現今の宗教社会学研究にあっては、いわば片肺飛行が続いているように思われる。そしてそれが、社会学による宗教研究の停滞の一つの、大きな原因ではないだろうか。宗教学からの社会学的研究も、理論面での進化が果たされず、具体的事象を対象に蒐集したデータの分析への傾きが過ぎることになるようなら、活発な議論の交わされている現今の盛況があるにせよ、いずれ社会学における宗教研究のように頭打ちとなることも予想されるところである。

ロドニー・スタークは理論駆動型調査 theory-driven research の必要性について説いている〔Stark 2004, pp. 163-182〕。調査は、理論に駆られて行われるべきものであって、理論は何処を見るべきか、何を見ようと求めるべきかを、我々に示してくれるものである。それゆえ、我々の貴重な時間と調査経費を浪費することになるような無目的な「事実蒐集」を防ぎうると、スタークはいう。いま求められるのは、理論を前へと進めてゆくことであろう。

そしてその推進役は、社会学サイドによって担われることが望ましい。宗教社会学の主なる研究対象である宗教集団（組織・ネットワーク）の考察には、社会学の下位分野である集団論・組織論の議論を参考にする——そして本書はコンティンジェンシー理論に手がかりを求めた——ことが有益である。集団論・組織論は宗教学というディシプリンにおいて、蓄積が乏しいはずである。

「緒言」で述べたように、日本の宗教社会学は欧米理論の輸入段階である戦後第一期を終え、新宗教を主対象とした調査研究の盛んに行われた第二期を経て、いま日本から海外に向けて研究成果を発信する第三期を迎えている（迎えるべきである、と筆者は考えている）。発信されるべきコンテンツは、日本宗教にかかわるデータ（そしてその解釈）ばかりであってはならない。理論もまた、提示されるべきである。日本は宗教社会学先進国の議論を消化し、国内の具体的事象について研究を蓄積してきた。そしてその営みのなかで、欧米発の理論の異（宗教）文化圏への適用の難しいことを痛感していたはずである。そうした日本から投げかけられる理論は宗教文化の境界を越えるものであるべきであり、それはキリスト教世界を専らにフィールドとしてきた欧米の斯界にインパクトを与えることが期待される。整備された共通枠組みに拠ってこそ有効な比較研究は可能であり、それが延いては、宗教社会学の前進に寄与するはずである。このことを念頭に、本書は理論構築を企てたのであった。

本書を閉じるにあたり、その論点を再提示しておきたい。宗教集団論は宗教社会学の主要な研究分野であるが、既存理論はキリスト教世界におけるそれへのバイアスが看取されるものであり、またそれに触発されて日本で行われた研究もまた日本というフィールドと密接にかかわるものであった。有効な比較分析のためには、宗教文化の境界を越えうるツールが必要となる。そこで本書は新たな宗教集団の類型を案出したのである。ただ新類型創出だけでは宗教集団の静的把握に供するにとどまりがちであり、宗教集団が社会的なイシューとしてその動向が注目される限り、動的分析をも考慮すべきであって、そのゆえに宗教集団の変動（類型間移行）は論じられねばならない課題であった。そして理念型的な宗教集団展開パターンを整理し、展開に影響を及ぼすファクターを指摘して図式化を試みたのである。その図式は権威志向型組織すなわち教団として一般に認識される宗教集団の、成立あるいは変容過程を読み解くための枠組みを提供しているはずである。そして同時に、図式は宗教ネットワークをも組み込むことによって、従来の宗教集団論よりも広い射程を有している。教団離れ、宗教の情報化といった洋の東西を問わない近年の現象を背景とした、また一枚岩的で強固な組織とイメージされがちな教団とはいえ現実には――いつの時代であれ――名目的信者を多数含み入れている実状を睨んでの、図式化である。そして本書は、宗教と聞けば教団（組織）を連想する傾向のいまだ強い現代にあって、宗教ネットワークとりわけ自律志向型ネットワークの、今後に見せるであろう展開の重要性を指摘したのである。

おそらく近年の日本の宗教社会学において、理論研究は珍しい部類に入るに違いない。理論は抽象化されたものゆえ、この枠組みによっては捕捉の難しい現実もありうるかもしれない。そうなれば理論の不備という批判を頂戴することになるが、それを怖れては理論構築などできないだろう。望むらくは本書の主張が受容され、「秘教化」することなく、後進の準拠するに値するものと評価されることであるが、本書を契機に日本宗教社会学が理論面での充実へと向かい、宗教社会学の発展が実現してゆくならば、幸甚の至りである。

［註］

（1）日本の宗教学は、欧米の宗教学とは異なり、社会科学的思考との親和性を当初から有していたという点において特徴的であるとされる。欧米宗教学は、特定宗教ドグマ（キリスト教）を離れて諸宗教を研究するという立場であるものの、実証的・客観的にそれらを研究することを目的としたものではないのである。日本の宗教学の歴史は一九〇五年に姉崎正治を初代教授として東京大学に宗教学講座の開かれたことから始まるといえるが、姉崎の、宗教を客観的に研究するという学的態度は彼の後継者たちに受け継がれて、現今に至っている。この日本における宗教（社会学）研究の展開については、［山中・林 一九九五、三〇一―三一六頁］を参照のこと。

（2）戦前においてはデュルケムやヴェーバー等に、戦後にあっては彼らと並んでタルコット・パーソンズの機能主義理論に日本の宗教研究は大きな影響を受けている。そして一九七〇年代以降は「フィールド重視」の姿勢が顕著となって、質問紙調査や参与観察法を駆使しての研究が実施されるようになり、それが現在も継続されている［山中・林 一九九五、三〇六頁］。

（3）宗教社会学研究会は一九七五年に結成されたものである。その主要メンバーは本書中にもその研究を引用した島薗進・井上順孝・西山茂・対馬路人・山中弘・林淳のほか、孝本貢・中牧弘允等である。上記メンバーが編者および主要執筆者となって作成した『新宗教事典』は、この会の最大の業績といえるが、このことからも理解されるように、研究会メンバーが主に取り組んだ対象は新宗教であった。なお、この研究会は一九九〇年に解散している。

（4）日本における新宗教の教えは多様ながら、それらに共通するものとして抽出されたものが生命主義的救済観である。すなわち、日本の新宗教には万物を生み、生かし続ける根源的生命という中心的存在があり、その生命が分かたれて生まれた人間の生命は根源的生命と調和することによって充実し、また開花させることができるとし、それこそが新宗教の提示する救いであると論じるものである。

あとがき

本書は、二〇一一年に母校・大阪大学に提出した学位論文『宗教集団の類型と変動の理論』を基としている。構想してから世に送り出すまで、かなりの年月を要したが、四半世紀にわたる私の研究活動の集大成である。

学位論文の執筆は、一九八七年にアカデミック・ポストを得て以来、常に念頭にあった。そして、理論で書きたいという思いも、当初からのものである。その意志を何とか貫くことができたいま、安堵感を覚えている。同時に、本書が宗教研究の分野にどれほどの影響を与えることができるか、不安でもある。学問研究の世界に一石を投じ、波紋が広がってゆかないのなら、その仕事は自己満足の域を出ないと思う。果たしてインパクトを与えられるだろうか。ともあれ、賽は投げられた、というところか。

本書の原点は、最初の勤務校の紀要に寄せた論文（「宗教集団の一類型としてのカルトと日本の新宗教」『高知女子大学保育短期大学部紀要』第一三号、一九八九年）である。その脱稿後、続篇執筆にすぐにも取り組んでいれば本書はもっと早くに陽の目を見たのだろうが、残念ながら停滞した。それは偏に、勉強不足に因る。研究テーマが――我ながら――大きく、到達すべきポイントは遠くに微かに見えるばかりで、道程の厳しいことを思って怯んでしまい、集中した勉強ができなかった。「次」が書けたのは一〇年後である。日本社会学会の英文雑誌に掲載された論文（"Towards a New Paradigm of Religious Organizations", *International Journal of Japanese Sociology*, vol. 8, 1999）がそれで、海外の研究者にも自説を発信したいという思いを込めた。この二篇それぞれを修正した上で合体させ、若干の加筆を行ったものが本書の第二章となっている。また一九九九年に発表したもう一篇（「宗教的無党派層の時代――浮上する『人間至上』の宗教」宗教社会学の会編『新世紀の宗教――「聖なるもの」の現代的諸相』創元社、一九九九年）が、本書第六章の原型となった。

前記の三篇をベースキャンプとして目指す頂上に向かう準備は整ったのだが、その後またも停滞してしまう。二〇〇〇年から三つ目の勤務校に移り、職場環境が変わって業務に追われる日々を送るうち、焦りばかりが昂進して、結果的に無為な時間を費やすばかりになってしまっていた。環境適応力不足、集中力の欠如は、自嘲するほかない。

そうこうしているうち、二〇〇七年に思いがけず、「宗教と社会」学会の会長職をお引き受けすることになった。本人には青天の霹靂というべき事態である。学会は五五〇名ほどのメンバーを擁する規模で、小さなものではない。自身、人様の上に立ってリーダーシップを発揮しうる器とは毫も思っておらず当惑したが、望んで得られる職でもなし、真摯に務めさせていただいた。関西ローカルを自認している私にとり、全国の多くの研究者と知り合うまたとない機会が与えられたと思っている。そして何より、研究へのモティベーションを与えていただいた。逃げまくっていても仕方ない、完成目指して励むしかないと心を定めることができたのは、この学会のお蔭である。そしてようやく学位を得ることができ、本書出版に漕ぎ着けることができたという次第である。

前述三篇は、かくして活かせるようになった。本書の第一章・三章・四章は学位論文のため執筆したものである。そして本書第五章は、こうして単行本として出版するにあたって新たに書き加えたものである。

理論研究を謳う本書の、その心臓部というべきところは第二章と第三章である。その第二章は二〇世紀中に何とかできあがっていたものの、そこから先に進むことが長くできず、停滞を続けた。新しい類型を構築したはいいが、それを基にどう議論を展開してゆけばよいのか、斬新な議論展開をしなければ、という思い込みに囚われていたがゆえに前へと一歩踏み出すことができなかったのである。それで余計の一〇年を費やすことになってしまった。そして結果が、類型間移行というアイディアによる議論の展開である。これには早くから気づいていながら、これ以外にも道があるのではないかと考えて、結局はこのオーソドックスな展開を避けていたことになる。困ったものだが、その気になればやれる(かもしれない)ことを、ほかにも手はあるのではと考えて逃げを打って手をつけず、何となく時を過ごしてきたのが私の研究者人生だったように思う。

大学生として大阪大学人間科学部に何とかもぐり込み、院生として大学院人間科学研究科に拾ってもらい、研究者としてポストを与えられて何とかここまでやってこられたのは、いま振り返れば何とも不思議に思える。いつ落下してもおかしくなかった綱渡りの研究者人生、と自覚しているからである。学部・大学院と、厚東洋輔先生のご指導をいただくことができたことは、何より幸運なことであった。先生なくしていまの私は到底ありえない。何者でもなかった私を研究者につくり上げて下さった。

塩原勉先生に御指導いただいたことも、幸運なことであった。集団論・組織論の泰斗である先生は、私が大学院に進む少し前あたりから宗教研究に、しかもフィールドに出ての民俗宗教調査に着手されており、博士前期課程を終えた私を「宗教社会学の会」に導き入れて下さった。多彩な研究者によるこの集まりで痛感した己が未熟は、常に私を悩ませたものの、間違いなく糧となった。追いつきたいという思いに駆られたからである。そして塩原理論は、調査研究を始めた私にはきわめて鮮やかなものに映った。その理論に拠れば現実の宗教現象が読み解けると見えたからである。そしてこの理論は、本書の議論展開にあたり活用させていただいている。

院生の頃、厚東先生には「木を見るばかりで森を見ていない」旨の叱責を幾度も頂戴した。そう指摘される度にへこみながら、学問とは「木も見て森も見る」、そうあらねばならないのだと自分にいい聞かせた。本書は先生の教えに応えようとしたものである。ご指導を活かしえたかどうかは、先生のご判断に委ねたい。読者の皆様には、本書が木も森も見ていると、評価していただけようか。木だけしか見ていないのなら、国内限定の仕事である。森も見ているなら、世界で勝負できる。いずれ拙研究を海外の宗教社会学者たちに向け発信してゆく所存であるが、その前にまず国内に自説をアピールしたい。受け入れられるかどうか、心許ないが、投じなければ試合は始まらない。単行本としての発表が、火蓋を切るには最適である。

本書刊行にあたっては、平成二五年度科学研究費補助金(研究成果公開促進費)を得た。科研費申請に応えてくださった日本学術振興会に感謝したい。そして、北海道大学出版会の理事長である櫻井義秀先生にお力添えいただいたからこその、本書刊行である。深謝したい。博士論文をベースとした著書の一日でも早い刊行を模索していた私に、北大出版会からの刊行を勧めて下さったのは先生である。当出版会は先生の著作をはじめ、宗教研究の分野ですぐれた研究書を多く出版されており、その末席に連なることができるお誘いは、有難いものであった。大阪大学出身の私の仕事が北の大地で単行本へとつくり上げられることになった学縁を喜びたい。そして出版会の今中智佳子氏には、いろいろと面倒な作業を引き受けていただいた。心より御礼申し上げる。

最後に、私的なことを記させていただく。本書は父・先と母・律子に捧げたい。父は私の大学三年次が終わろうとしている頃に病の床に就き、六月に世を去った。将来何をしようかと決めかねていた私は、息絶えんとしている父に向かって博士になると口走った。大学でろくな勉強をしていなかった身が、大それたことをいったものである。やっと約束を果たすことができたが、ここまでまったく長くかかったことに父はあの世で苦笑しているに違いない。そしていまも独りで故郷に暮らす母には、文字通りの愚息の心配ばかりをさせ続けた。本書が恩返しの一部になればと、心底から思う。そしてこの際、二人には、まだまだ仕事に励んでゆくつもりだと口走っておこう。

本書が宗教社会学研究者の目を引き議論の対象となることを切に願いつつ、この小文を終える。

二〇一三年六月

三木　英

三 木　英（みき　ひずる）

1958 年　兵庫県生まれ

1987 年　大阪大学大学院人間科学研究科博士後期課程単位取得満期退学

現　在　大阪国際大学教授。博士（人間科学／大阪大学）

主な研究業績として，『復興と宗教――震災後の人と社会を癒すもの』（編著，2001 年，東方出版），『よくわかる宗教社会学』（共編著，2007 年，ミネルヴァ書房），『日本に生きる移民たちの宗教生活――ニューカマーのもたらす宗教多元化』（共編著，2012 年，ミネルヴァ書房），『新世紀の宗教――「聖なるもの」の現代的諸相』（共著，2002 年，創元社），『聖地再訪　生駒の神々――変わりゆく大都市近郊の民俗宗教』（共著，2012 年，創元社）などがある。

現代宗教文化研究叢書 3

宗教集団の社会学――その類型と変動の理論

2014 年 2 月 10 日　第 1 刷発行

著　者　　三 木　英

発行者　　櫻 井 義 秀

発行所　北海道大学出版会

札幌市北区北 9 条西 8 丁目　北海道大学構内（〒060-0809）

Tel. 011（747）2308・Fax. 011（736）8605・http://www.hup.gr.jp/

アイワード／石田製本

ISBN978-4-8329-6785-4

事項索引

タ　行

ナ　行

ハ　行

マ　行

ヤ　行

ラ　行

人名索引

ア　行

カ　行

サ　行

タ　行

ナ　行

ハ　行

マ　行

ヤ　行

ラ　行

ワ　行

参考文献

欧文文献

Becker, Howard, 1932, *Systematic Sociology on the Basis of the Beziehungslehre and Gebildelehre of Leopold von Wiese*, New York, John Wiley & Sons, Inc.

Berger, Peter, 1969, *The Sacred Canopy: Elements of a Sociological Theory of Religion*, New York, Doubleday.（薗田 稔訳『聖なる天蓋――神聖世界の社会学』新曜社，1979）

Bromley, David G. and Anson D. Shupe, 1981, *The Strange Gods: The Great American Cult Scare*, Boston, Beacon Press.（稲沢五郎訳『アメリカ「新宗教」事情』ジャプラン出版，1986）

Burns, Tom and George M. Stalker, 1961, *The Management of Innovation*, London, Tavistock Publications.

Cipriani, Roberto, 1984, "Religion and Politics, The Italian Case: Diffused Religion", *Archives de Sciences socials des Religions*, vol. 58, No. 1.

———, 2006, "Secularization or 'Diffused Religion'?", in Manuel Franzmann, Christel Gärtner and Nicole Köck (Hrsg.), *Religiosität in der Säklarisierten Welt: Theoretische und Empirische Beiträge zur Säklarisierungsdebatte in der Religionssoziologie*, Wiesbaden, VS Verlag.

Cowan, Douglas E. and David G. Bromley, 2008, *Cults and New Religions: A Brief Story*, Oxford, Blackwell.（村瀬義史訳『カルトと新宗教――アメリカの８つの集団・運動』キリスト新聞社，2010）

Davie, Grace, 1994, *Religion in Britain since 1945: Believing Without Belonging*, Oxford, Blackwell.

Duncan, Robert B., 1972, "Characteristics of Organizational Environment and Perceived Environment Uncertainty", *Administrative Science Quartery*, vol. 17, Issue 3.

Durkheim, Émile, 1893, *De la division du travail social: etude sur lórganisation des sociètés supérieures*, Repr., Paris, P.U.F., 1998.（田原音和訳『社会分業論』青木書店，1971）

———, 1897, *Le suicide: etude de sociologie*, Repr., Paris, P.U.F., 1930.（宮島 喬訳『自殺論』中公文庫，1985）

———, 1898, "L'individualisme et les intellectuals", *Revue bleue 10*.（小関藤一

郎訳「個人主義と知識人」同編訳『デュルケーム宗教社会学論集』行路社，1983）

————, 1912, *Les formes élémentaires de la vie religieuse: Le système totémique en Australie*, Repr., Paris, P.U.F., 1985.（古野清人訳『宗教生活の原初形態』上・下，岩波書店，1975）

Evan, William. M., 1976, *Organizaiton Theory: Structures, Systems and Environments*, New York, John Wiley and Sons.

Festinger, Leon, 1957, *A Theory of Cognitive Dissonance*, CA, Stanford University Press.（末永俊郎監訳『認知的不協和の理論——社会心理学序説』誠信書房，1983）

Festinger, Leon, Henry W. Riecken and Stanley Schachter, 1956, *When Prophecy Fails: An Account of a Modern Group that Predicted the Destruction of the World*, Minneapolis, University of Minnesota Press.（水野博介訳『予言がはずれるとき——この世の破滅を予知した現代のある集団を解明する』勁草書房，1995）

Fromm, Erich, 1941, *Escape from Freedom*, New York, Henry Holt and Company.（日高六郎訳『自由からの逃走』東京創元社，1951）

Glock, Charles Y. and Rodney Stark, 1965, *Religion and Society in Tension*, Chicago, Rand McNally.

Habermas, Jürgen, 1981, *Theorie des Kommunicativen Handelns*, Frankfurt a. M., Suhrkamp.（丸山高司・厚東洋輔訳『コミュニケイション的行為の理論（下）』未来社，1987）

Hill, Michael, 1973, *A Sociology of Religion*, London, Heinemann.

Jeanmaire, Henri, 1951, *Dionysos: Histoire du culte de Bacchus*, Paris, Payot.（小林真紀子・松村一男・福田素子・前田寿彦訳『ディオニューソス——バッコス崇拝の歴史』言叢社，1991）

Johnson, Benton, 1963, "On Church and Sect", *American Sociological Review*, vol. 28, no. 4.

Laurence, Paul R. and Jay W. Lorsch, 1967, *Organization and Environment: Managing Differentiation and Integration*, Boston, Harvard Business School, Division of Research.（吉田　博訳『組織の条件適応理論』産業能率短期大学出版部，1977）

Luckmann, Thomas, 1967, *The Invisible Religion: The Transformation of Religion in Modern Society*, New York, Macmillan.（赤池憲昭・ヤン・スィンゲドー訳『見えない宗教——現代宗教社会学入門』ヨルダン社，1976）

Marske, Charles, 1987, "Durkheim's 'Cult of the Individual' and the Moral Recon-

struction of Society", *Sociological Theory*, vol. 5.

McFarland, Neil, 1967, *The Rush Hour of Gods*, New York, Macmillan.（内藤豊・杉本武之訳『神々のラッシュアワー』社会思想社，1969）

McGire, Meredith, 2002, *Religion: The Social Context (5th edition)*, Belmont, Wadsworth Thompson Learning.（山中 弘・伊藤雅之・岡本亮輔訳『宗教社会学――宗教と社会のダイナミックス』明石書店，2008）

Moberg, David, 1962, *The Church as a Social Institution: The Sociology of American Religion*, New Jersey, Prentice-Hall.

Niebuhr, Richard, 1929, *The Social Sources of Denominationalism*, New York, Holt, Rinehart and Winston.（柴田史子訳『アメリカ型宗教の社会的起源』ヨルダン社，1984）

Pfeiffer, Jeffrey, 1992, "The Psychological Framing of 'Cult': Schematic Presentations and Cult Evaluations", *Journal of Applied Social Psychology*, vol. 22.

Richardson, James, 1993, "Definitions of Cult: From Sociological-Technical to Popular-Negative", *Review of Religious Research*, vol. 34, no. 4.

Robertson, Roland, 1970, *The Sociological Interpretation of Religion*, Oxford, Blackwell.（田丸徳善監訳『宗教の社会学――文化と組織としての宗教理解』川島書店，1983）

Robbins, Thomas, 1988, *Cults, Converts and Charisma: The Sociology of New Religious Movements*, London, Sage Publications.

Shupe, Anson D., David G. Bromley and Donna L. Oliver, 1984, *The Anti-Cult Movement in America: A Bibliography and Historical Survey*, New York, Garland.

Stark, Rodney, 2004, *Exploring the Religious Life*, Baltimore, Johns Hopkins University Press.

Stark, Rodney, Eva Hamberg and Alan S. Miller, 2004, "Spirituality and Unchurched Religions in America, Sweden, and Japan", in Rodney Stark, *Exploring the Religious Life*, Baltimore, Johns Hopkins University Press.

Stark, Rodney and William Sims Bainbridge, 1980, "Towards a Theory of Religion: Religious Commitment", *Journal for the Scientific Study of Religion*, vol. 19.

――――, 1985, *The Future of Religion: Secularization, Revival and Cult Formation*, Berkley, University of California Press.

Troeltsch, Ernst, 1965, *Die Soziallehren der christischen Kirchen und Gruppen: Gesammelte Schriften, Erster Band*, Tübingen, J.C.B. Mohr.

Turner, Bryan, 1983, *Religion and Social Theory*, London, Heinemann.

Wach, Joachim, 1971, *Sociology of Religion*, Chicago and London, University of Chicago Press.

Wallis, Roy, 1984, *The Elementary Forms of the New Religious Life*, London, Routledge and Kegan Paul.

Wallis, Roy and Steve Bruce, 1986, *Sociological Theory, Religion and Collective Action*, Belfast, The Queen University.

Weber, Max, 1920a, *Die protestantische Sekte und der Geist des Kapitalismus* in *Gesammelte Aufsätze zur Religionssoziologie*, Bd. 1, Tübingen, J.C.B. Mohr. (中村貞二訳「プロテスタンティズムの教派と資本主義の精神」『ウェーバー：宗教・社会論集〈世界の大思想II-7〉』河出書房新社，1968)

———, 1920b, *Die protestantische Ethik und der »Geist« des Kapitalismus* in *Gesammelte Aufsätze zur Religionssoziologie,* Bd. 1, Tübingen, J.C.B. Mohr. (大塚久雄訳『プロテスタンティズムの倫理と資本主義の精神』岩波書店，1989)

———, 1920c, *Zwishcenbetrachtung: Theorien der Stufen und Richtungen religiöser Weltablehnung (Die Wirtschafstethik der Weltreligionen)* in *Gesammelte Aufsätze zur Religionssoziologie*, Bd. 1, Tübingen, J.C.B. Mohr. (大塚久雄・生松敬三訳「世界宗教の経済倫理　中間考察――宗教的現世拒否の段階と方向に関する理論」『宗教社会学論選』みすず書房，1972)

———, 1922, *Wirtschaft und Gesellschaft: Grundriß der verstehenden Soziologie,* Tübingen, J.C.B. Mohr. (世良晃志郎訳『支配の社会学II』創文社，1962)

Wilson, Bryan, 1970, *Religious Sects: a Sociological Study*, London, Weidenfeld and Nicholson. (池田　昭訳『宗教セクト』恒星社厚生閣，1991)

———, 1976, *Contemporary Transformation of Religion*, New York, Harper and Row. (井門富二夫・中野　毅訳『現代宗教の変容』ヨルダン社，1979)

Worsley, Peter, 1957, *The Trumpet Shall Sound: A Study of "Cargo" Cults in Melanesia*, London, Methuen. (吉田正紀訳『千年王国と未開社会――メラネシアのカーゴ・カルト運動』紀伊国屋書店，1981)

Wuthnow, Robert, 1986, "Religious Movements and Counter-movements in North America", in James Beckford (ed.), *New Religious Movements and Rapid Social Change*, London, Sage Publications.

Yinger, Milton, 1970, *The Scientific Study of Religion*, New York, Macmillan.

和文文献

赤池憲昭，1978，「教団としての宗教」井門富二夫編『講座宗教学第3巻　秩序への挑戦』東京大学出版会。

———，1985，「宗教集団の類型」上田閑照・柳川啓一編『宗教学のすすめ』筑摩

書房。

朝日新聞社会部，1984，『現代の小さな神々』朝日新聞社。

井門富二夫，1972，『世俗社会の宗教』日本基督教団出版局。

————，1973，「チャーチ・セクト・デノミネーション」小口偉一・堀　一郎監修『宗教学事典』東京大学出版会。

————，1974，『神殺しの時代』日本経済新聞社。

生駒孝彰，1987，『ブラウン管の神々』ヨルダン社。

————，1999，『インターネットの中の神々——21世紀の宗教空間』平凡社。

石井研士，1994，「布教・教化メディア」井上順孝・孝本　貢・対馬路人・中牧弘允・西山　茂編『[縮刷版]新宗教事典　本文篇』弘文堂。

————，2007，『データブック現代日本人の宗教　増補改訂版』新曜社。

伊藤雅之，2003，『現代社会とスピリチュアリティ——現代人の宗教意識の社会学的探求』溪水社。

稲場圭信・櫻井義秀編，2009，『社会貢献する宗教』世界思想社。

井上順孝，1992，『新宗教の解読』筑摩書房。

————，1999，『若者と現代宗教』筑摩書房。

井上順孝・孝本　貢・対馬路人・中牧弘允・西山　茂編，1994，『[縮刷版]新宗教事典　本文篇』弘文堂。

————，1996，『新宗教教団・人物事典』弘文堂。

上田紀行，2004，『がんばれ仏教！ お寺ルネサンスの時代』NHK ブックス。

宇都宮輝夫，2001，「ポストモダンの多元的社会とその宗教性」『宗教研究』第75号第2輯329号，日本宗教学会。

梅津礼司，1994，「霊友会の影響」井上順孝・孝本　貢・対馬路人・中牧弘允・西山　茂編『[縮刷版]新宗教事典　本文篇』弘文堂。

大村英昭，1996，「宗教社会学の現状と課題——プロ宗教の終焉」井上　俊・上野千鶴子・大澤真幸・見田宗介・吉見俊哉編『〈聖なるもの/呪われたもの〉の社会学』岩波書店。

加護野忠男，1981，「コンティンジェンシー理論」安田三郎・富永健一・塩原　勉・吉田民人編『基礎社会学第Ⅲ巻　社会集団』東洋経済新報社。

岸田民樹，2005，『現代経営組織論』有斐閣。

小池　靖，2004，「精神世界におけるカルト化——ライフスペースを事例に」伊藤雅之・樫尾直樹・弓山達也編『スピリチュアリティの社会学——現代世界の宗教性の探求』世界思想社。

櫻井義秀，2006，『「カルト」を問い直す——信教の自由というリスク』中央公論新社。

塩原　勉，1976，『組織と運動の理論』新曜社。

————，1978，「政治集団における組織論の課題——開放的民主集中制への提言」

『世界』第 390 号。

――――，1994，『転換する日本社会――対抗的相補性の視角から』新曜社。

島薗　進，1982，「カリスマの変容と至高者神話――初期新宗教の発生過程を手がかりとして」中牧弘允編『神々の相克――文化接触と土着主義』新泉社。

――――，1984，「初期新宗教における普遍主義」南山宗教文化研究所編『神道とキリスト教――宗教における普遍と特殊』春秋社。

――――，1986，「日本の新宗教のシンクレティズム」『文化人類学 3』第 2 巻第 1 号，アカデミア出版会。

――――，1987，「教祖と宗教的指導者崇拝の研究課題」宗教社会学研究会編『教祖とその周辺』雄山閣。

――――，1992a，『新新宗教と宗教ブーム』岩波書店。

――――，1992b，『現代救済宗教論』青弓社。

――――，1996，「聖の商業化――宗教的奉仕と贈与の変容」島薗　進・石井研士編『消費される〈宗教〉』春秋社。

――――，2001，『ポストモダンの新宗教――現代日本の精神状況の底流』東京堂出版。

宗教社会学の会編，1985，『生駒の神々――現代都市の民俗宗教』創元社。

――――，2012，『聖地再訪　生駒の神々――変わりゆく大都市近郊の民俗宗教』創元社。

関　一敏，1993，『聖母の出現――近代フォーク・カトリシズム考』日本エディタースクール出版部。

対馬路人，1994，「教祖の後継者」井上順孝・孝本　貢・対馬路人・中牧弘允・西山茂編『[縮刷版]新宗教事典　本文篇』弘文堂。

――――，2002，「宗教組織におけるカリスマの制度化と宗教運動――日本の新宗教を中心に」宗教社会学の会編『新世紀の宗教――「聖なるもの」の現代的諸相』創元社。

対馬路人・西山　茂・島薗　進・白水寛子，1979，「新宗教における生命主義的救済観」『思想』第 665 号。

寺田喜朗・塚田穂高，2007，「教団類型論再考――新宗教運動の類型論と運動論の架橋のための一考察」『白山人類学』第 10 号，白山人類学研究会。

戸頃重基，1970，『立正佼成会々長・庭野日敬論』冬樹社。

中野　毅，2002，『宗教の復権――グローバリゼーション・カルト論争・ナショナリズム』東京堂出版。

西山　茂，1975，「我国における家庭内宗教集団の類型とその変化」『東洋大学社会学研究所年報』Ⅷ。

――――，1979，「新宗教の現況――『脱近代化』にむけた意識変動の視座から」『歴

史公論』第 5 巻第 7 号，雄山閣。

————，1986，「戦後新宗教の変容と新新宗教の台頭」『宗務時報』第 73 巻，文化庁宗務課。

————，1988，「現代の宗教運動——〈霊＝術〉系新宗教の流行と『2 つの近代化』」大村英昭・西山　茂編『現代人の宗教』有斐閣。

————，1989，「教団組織者のリーダーシップ——立正佼成会創立者・庭野日敬の場合」『組織科学』第 21 巻 3 号，組織学会。

————，1995，「新宗教の特徴と類型」山下袈裟男監修・東洋大学白山社会学会編『日本社会論の再検討——到達点と課題』未来社。

————，2000，「家郷解体後の宗教世界の変貌」宮島　喬編『講座社会学 7　文化』岩波書店。

庭野日敬，1976，『庭野日敬自伝——道を求めて 70 年』佼成出版社。

————，1999，『この道——一仏乗の世界をめざして』佼成出版社。

沼尻正之，2002，「宗教市場理論の射程——世俗化論争の新たな一局面」『社会学評論』第 53 巻第 2 号，日本社会学会。

芳賀　学，2004，「匿名的で，かつ『親密』なかかわり」伊藤雅之・樫尾直樹・弓山達也編『スピリチュアリティの社会学——現代世界の宗教性の探求』世界思想社。

藤田庄一，2008，『宗教事件の内側——精神を呪縛される人びと』岩波書店。

文化庁編，2012，『宗教年鑑　平成 23 年版』ぎょうせい。

星野英紀，2001，『四国遍路の宗教学的研究——その構造と近現代の展開』法蔵館。

三木　英，2000，『復興と宗教——震災後の人と社会を癒すもの』東方出版。

————，2002，「宗教的無党派層の時代——浮上する『人間至上』の信仰」宗教社会学の会編『新世紀の宗教——「聖なるもの」の現代的諸相』創元社。

宮島　喬，1987，「聖－俗の社会理論」同『デュルケム理論と現代』東京大学出版会。

宮田　登，1993，『「心なおし」はなぜ流行る——不安と幻想の民俗誌』小学館。

望月哲也，2009，「デュルケーム社会理論における宗教社会学の位置」同『社会理論としての宗教社会学』北樹出版。

森岡清美，1962，「調査結果の分析——宗教団体の諸類型」『宗教団体類型調査の解説』文部省調査局宗務課。

————，1975，『現代社会の民衆と宗教』評論社。

————，1981，「宗教組織——現代日本における土着宗教の組織形態」『組織科学』第 15 巻第 1 号，組織学会。

————，1988，「日本における教団組織の諸類型」『宗務時報』第 78 号，文部省宗務課。

————，1989，『新宗教運動の展開過程』創文社。

柳川啓一，1987，『祭と儀礼の宗教学』筑摩書房。

山形孝夫，2010，『聖母マリア崇拝の謎——「見えない宗教」の人類学』河出書房新社。

山口素光，1966，「宗教集団の類型とその社会的特質（上）（下）」『密教文化』第 74 号・第 76 号，高野山大学。

————，1968，「宗教組織の発展と分派の歴史」『富大経済論集』第 14 巻第 2 号，富山大学。

山中　弘・林　　淳，1995，「日本における宗教社会学の展開」『愛知学院大学文学部紀要』第 25 号。

弓山達也，2005，『天啓のゆくえ——宗教が分派するとき』日本地域社会研究所。